TREINAMENTO DE

VELOCIDADE, AGILIDADE E RAPIDEZ

TREINAMENTO DE VELOCIDADE, AGILIDADE E RAPIDEZ

3ª edição

Lee E. Brown
Vance A. Ferrigno
(Organizadores)

Tradução: Obá Editorial
Revisão técnica: Eveline Moreira Moraes

Phorte editora
São Paulo, 2020

Título do original em inglês: *Training for Speed, Agility and Quickness*

Rua Rui Barbosa, 408
Bela Vista – São Paulo – SP
CEP 01326-010
Tel.: (11) 3141-1033
Site: www.phorte.com.br
E-mail: phorte@phorte.com.br

CIP-BRASIL. CATALOGAÇÃO NA PUBLICAÇÃO
SINDICATO NACIONAL DOS EDITORES DE LIVROS, RJ

T722
3. ed.

Treinamento de velocidade, agilidade e rapidez / organizadores Lee E. Brown, Vance A. Ferrigno ; tradução Obá Editorial ; revisão técnica Eveline Moreira Moraes. - 3. ed. - São Paulo : Phorte, 2020.

368 p. ; 28 cm.

"Inclui acesso online a vídeos de exercícios"
Tradução de: Training for speed, agility, and quickness
Inclui bibliografia
ISBN 978-85-7655-747-0

1. Educação física e treinamento. 2. Esportes. 3. Capacidade motora. 4. Velocidade. 5. Treinamento (Atletismo). I. Brown, Lee E. II. Ferrigno, Vance A. III. Obá Editorial. IV. Moraes, Eveline Moreira.

19-61037 CDD: 796.42
CDU: 796.012.13

Vanessa Mafra Xavier Salgado - Bibliotecária - CRB-7/6644
ph2396.3

Este livro foi avaliado e aprovado pelo Conselho Editorial da Phorte Editora.

Impresso no Brasil
Printed in Brazil

Para Theresa. Devo tudo a você.

– Lee

Pelo amor de um Salvador, que morreu para me salvar.

Para Ann Marie, que me ama e acredita em mim.

Para Anthony e John: não poderia ter mais orgulho de ser pai de vocês dois.

– Vance

Agradecimentos

Eu agradeço aos meus incríveis alunos da Universidade Estadual da Califórnia em Fullerton, por sua assistência voluntária ao filmar os exercícios para este livro.

– Lee

Agradeço a Gary Gray e a Dave Tiberio, pela amizade, pelos ensinamentos e pela paciência para me ajudar a compreender a *dádiva* do movimento humano.

– Vance

Apresentação

Bem-vindo à terceira edição de *Treinamento de velocidade, agilidade e rapidez*! Como organizadores, esperamos que você desfrute dos novos recursos que irão melhorar o desempenho atlético e, ao mesmo tempo, aumentar sua capacidade de criar para você ou para seus atletas programas de treinamento para esportes específicos.

Nesta edição, adicionamos novos materiais para o treino de habilidades mentais e, também, programas individuais de treino para esportes específicos. Acreditamos que os novos capítulos irão aprimorar seu desempenho atlético, bem como o dos atletas que você treina.

Ademais, esta edição usa uma plataforma na internet para dar acesso a vídeos de exercícios. Isso permite que você e seus atletas assistam a eles em campo usando qualquer aparelho com acesso à internet, obtendo instantaneamente exemplos visuais da execução correta. Os exercícios que são acompanhados de vídeo são indicados no índice de exercícios e também são marcados com o seguinte símbolo no texto: ▶. Além disso, o *layout* visual do livro também foi aprimorado, com mais exercícios por capítulo do que na edição anterior, incluindo instruções detalhadas complementadas por imagens obtidas diretamente dos vídeos.

A seguir, os destaques de cada capítulo.

- *Capítulo 1 – Como o treinamento funciona*: este capítulo discute a importante conexão entre velocidade, agilidade e rapidez e os treinos para esportes específicos. Ele explica a ciência por trás do treinamento de explosão ao passo que discute a manipulação de variáveis críticas na formulação de programas.
- *Capítulo 2 – Avaliação do atleta*: aqui discutimos os fundamentos da avaliação para desenvolver adequadamente programas de treino individualizados. Explicamos como criar uma estratégia de avaliação que use os próprios exercícios como ferramentas para avaliar necessidades e melhorias no desempenho.
- *Capítulo 3 – Incorporando o treinamento de habilidades mentais*: neste capítulo, explicamos como formular, avaliar e integrar habilidades mentais em um programa de treinamento. O capítulo inclui exercícios e atividades que irão melhorar o aspecto psicológico de seus atletas.
- *Capítulo 4 – Treinos de velocidade*: a velocidade é uma habilidade composta de várias partes, incluindo aceleração, frequência de passos e amplitude de passos. Este capítulo analisa cada uma dessas partes e explica como treiná-las de maneira eficaz, para obter o melhor desempenho possível. Além disso, a técnica correta para executar *sprint* é definida explicitamente, incluindo dicas de orientação.

- *Capítulo 5 – Treinos de agilidade*: mudanças de direção melhoram as condições atléticas. Tendo isso em vista, o capítulo fornece estratégias de avaliação e modelos de treinamento para aumentar a agilidade, com base em fundamentos fisiológicos para um melhor desempenho.
- *Capítulo 6 – Treinos de rapidez e tempo de reação*: rapidez é, muitas vezes, definida como o primeiro passo para obter velocidade. Neste capítulo, exploramos como a rapidez é obtida e melhorada em esportes específicos. Em adição a isso, explica-se por que formar um programa a partir de exercícios de tempo de reação é um aspecto integral de qualquer esporte.
- *Capítulo 7 – Desenvolvendo um programa personalizado*: este capítulo é uma discussão introdutória de como desenvolver e implementar adequadamente cada aspecto de uma sessão de exercícios, do aquecimento ao desaquecimento. Há, também, uma seção especial sobre como ajustar a sessão para obter os melhores resultados individualmente.
- *Capítulos 8 a 16 – Programas de exercícios para esportes específicos*: os capítulos finais oferecem uma visão geral das necessidades específicas de beisebol, *softball*, futebol americano, rúgbi, basquete, *netball*, esportes de combate, atletismo, futebol, *lacrosse*, tênis, *badminton*, raquetebol e *squash*. Eles fornecem um programa detalhado de oito semanas de treinos de força, de agilidade e de rapidez, com exercícios, séries e repetições.

Aproveite o livro e os vídeos. Esperamos, sinceramente, que os programas e os princípios apresentados nesta obra melhorem o desempenho de qualquer atleta. Por fim, lembre-se de que há apenas uma velocidade... *rápido*!

Índice de exercícios

Nome do exercício	Número do exercício	Ênfase do exercício	Nível do exercício	Vídeo incluso?
Capítulo 4 – Treinos de velocidade				
Aceleração com chutes de calcanhar	10	Aceleração	I	
Aceleração com elástico e auxílio de um parceiro	38	Aceleração com assistência de um parceiro	A	▶
Agachamento com salto unilateral	54	Velocidade máxima	I	
Alpinista com aceleração	28	Aceleração	A	▶
Arquibancada	32	Aceleração	A	
Atravessando barreiras	52	Velocidade máxima	I	
Balanço de braços em pé	7	Aceleração	P	
Balanço de braços sentado	6	Aceleração	P	
Cinto de tração com *sprint*	37	Aceleração com assistência de um parceiro	I	
Corrida com paraquedas	58	Velocidade máxima	A	
Corrida com e sem paraquedas	59	Velocidade máxima	A	
Corrida com o tornozelo	11	Aceleração	I	
Corrida com pernas estendidas	14	Aceleração	I	▶
Corrida na areia	60	Velocidade máxima	A	
Corrida saltada	22	Aceleração	P	▶
Corrida saltada com aceleração	26	Aceleração	A	▶
Corrida saltada para altura e distância máximas	13	Aceleração	I	▶
Corridas de aceleração em subida	31	Aceleração	A	
Corridas de velocidade da descida para o plano	57	Velocidade máxima	A	
Corridas de velocidade da subida para o plano	55	Velocidade máxima	A	
Corridas de velocidade em descidas	56	Velocidade máxima	A	
Dentro e fora	19	Aceleração	I	
Empinada	12	Aceleração	I	▶
Fast leg alternado	50	Velocidade máxima	I	▶
Fast leg com barreiras	53	Velocidade máxima	A	
Fast leg contínuo	51	Velocidade máxima	A	▶
Fast leg unilateral	49	Velocidade máxima	I	▶
Galopada	47	Velocidade máxima	P	▶
Lançamento de *medicine ball* agachado	44	Exercícios de largada	I	▶
Lançamento de *medicine ball* ajoelhado	43	Exercícios de largada	I	▶

Continua

Continuação

Nome do exercício	Número do exercício	Ênfase do exercício	Nível do exercício	Vídeo incluso?
Capítulo 4 – Treinos de velocidade				
Largada em postura de dois apoios desbalanceada	39	Exercícios de largada	P	
Largada em postura de dois apoios, em paralelo	40	Exercícios de largada	P	
Largada em queda	41	Exercícios de largada	P	
Marcha com joelhos altos	8	Aceleração	P	
Marcha com joelhos altos e estendidos	45	Velocidade máxima	P	▶
Passos rápidos com aceleração	24	Aceleração	I	▶
Paw drill (ciclismo)	48	Velocidade máxima	I	▶
Pés rápidos e joelhos altos	9	Aceleração	P	
Puxada com cinto de tração	36	Aceleração com assistência de um parceiro	I	▶
Puxar trenó de peso leve	29	Aceleração	I	
Puxar trenó de peso pesado	30	Aceleração	A	
Resistência e perseguição	35	Aceleração com assistência de um parceiro	I	
Resistência frontal	33	Aceleração com assistência de um parceiro	P	▶
Resistência traseira	34	Aceleração com assistência de um parceiro	P	▶
Salto largo com aceleração	27	Aceleração	A	▶
Saltos com pernas estendidas	15	Aceleração	A	▶
Saltos com pernas estendidas e aceleração	25	Aceleração	A	▶
Saltos unilaterais	23	Aceleração	A	▶
Skipping alto	16	Aceleração	I	▶
Skipping alto com extensão de joelhos	46	Velocidade máxima	I	▶
Skipping alto unilateral	17	Aceleração	A	▶
Sprint básico de 36,6 metros	18	Aceleração	I	
Tiro de 10 metros	21	Aceleração	P	
Transição de marchas	20	Aceleração	I	
30 metros com saída lançada	42	Exercícios de largada	P	
Wall drill com abaixamento da perna	2	Aceleração	P	▶
Wall drill com elevação da coxa	1	Aceleração	P	▶
Wall drill com um, dois, três, cinco abaixamentos	3	Aceleração	P	▶
Wall drill contínuo	4	Aceleração	P	▶
Wall drill sob comando	5	Aceleração	I	▶

A: avançado; I: intermediário; P: principiante.

Nome do exercício	Número do exercício	Ênfase do exercício	Nível do exercício	Vídeo incluso?
Capítulo 5 – Treinos de agilidade				
Cambalhota frontal sobre o ombro	171	Agilidade de corpo inteiro	I	
Cambalhota para trás sobre o ombro	172	Agilidade de corpo inteiro	I	
Combinação de cambalhota frontal e para trás	173	Agilidade de corpo inteiro	I	
Combinação de passada lateral e joelho elevado sobre os *steps*	158	Exercícios com *steps*	I	
Combinação de passada lateral, *sprint* e corrida de costas pelos *steps*	162	Exercícios com *steps*	I	▶
Corrida de 15 metros em Z	111	Exercícios com cone	I	
Corrida de costas	164	Exercícios de corrida de costas	P	
Corrida de costas com virada de 180° e *sprint* lineares (40 metros)	68	Exercícios em linha	I	
Corrida de costas com virada de 45°	73	Exercícios em linha	I	
Corrida de costas com virada de 90°	72	Exercícios em linha	I	
Corrida de costas costurada	168	Exercícios de corrida de costas	I	
Corrida de costas e *sprint* (30 metros)	71	Exercícios em linha	I	
Corrida de costas e *sprint* em X	91	Exercícios com cone	A	
Corrida de costas e *sprint* lineares (40 metros)	67	Exercícios em linha	I	
Corrida de costas em W	166	Exercícios de corrida de costas	I	
Corrida de costas–Deslocamento lateral–*Sprint*	109	Exercícios com cone	I	
Corrida de costas–Joelhos altos–*Sprint*	167	Exercícios de corrida de costas	I	
Corrida de costas–*Sprint* linear	165	Exercícios de corrida de costas	I	
Corrida de ir e vir de 100 metros	70	Exercícios em linha	I	
Corrida de passos cruzados	78	Exercícios em linha	P	
Corrida de salto cruzado para a frente	145	Exercícios com escada de agilidade	A	▶
Corrida de salto cruzado para trás	146	Exercícios com escada de agilidade	A	▶
Corrida em S	101	Exercícios com cone	I	
Corrida em Z	88	Exercícios com cone	I	
Corrida frontal com deslocamento lateral	110	Exercícios com cone	I	
Corrida lateral com joelhos altos	169	Exercícios com minibarreiras	I	
Corrida lateral resistida com joelhos altos	170	Exercícios com minibarreiras	A	
Corrida rápida pela escada com *sprint*	149	Exercícios com escada de agilidade	I	

Continua

Continuação

Nome do exercício	Número do exercício	Ênfase do exercício	Nível do exercício	Vídeo incluso?
Capítulo 5 – Treinos de agilidade				
Costura lateral	152	Exercícios com *steps*	I	
Costurando pelos *steps*	151	Exercícios com *steps*	I	
Deslocamento em quadrado de 40 metros	90	Exercícios com cone	A	
Deslocamento lateral	81	Exercícios em linha	P	
Deslocamento lateral cruzado	147	Exercícios com escada de agilidade	I	
Deslocamento lateral cruzado em zigue-zague	148	Exercícios com escada de agilidade	I	
Deslocamento lateral dentro-fora	124	Exercícios com escada de agilidade	I	
Deslocamento lateral dentro-fora duplo	133	Exercícios com escada de agilidade	I	
Deslocamento lateral diamante	108	Exercícios com cone	I	
Deslocamento lateral em M	106	Exercícios com cone	I	
Deslocamento lateral em Z na diagonal	100	Exercícios com cone	I	
Deslocamento lateral linear de 40 metros	66	Exercícios em linha	I	
Deslocamento lateral padrão Ali	82	Exercícios em linha	P	
Deslocamento lateral para a frente	144	Exercícios com escada de agilidade	A	▶
Deslocamento lateral para trás	143	Exercícios com escada de agilidade	A	▶
Deslocamento lateral–Deslocamento lateral na diagonal–*Sprint*	105	Exercícios com cone	I	
Estrela	120	Exercícios com cone	A	
Exercício da serpente 1	113	Exercícios com cone	I	
Exercício da serpente 2	114	Exercícios com cone	I	
Exercício de mudança de direção (15 metros)	85	Exercícios com cone	I	
Exercício em forma de oito com cone	122	Exercícios com cone	I	
Exercício em T de 30 metros	65	Exercícios em linha	P	
Exercício em triângulo	103	Exercícios com cone	I	
Exercício em V	115	Exercícios com cone	I	
Ickey shuffle	123	Exercícios com escada de agilidade	I	
Ickey shuffle para trás	138	Exercícios com escada de agilidade	A	▶
Ir e vir simples	76	Exercícios em linha	I	
Movimento em A	116	Exercícios com cone	A	
Movimento em E	117	Exercícios com cone	A	

Continua

Continuação

Nome do exercício	Número do exercício	Ênfase do exercício	Nível do exercício	Vídeo incluso?
Capítulo 5 – Treinos de agilidade				
Movimento em F	118	Exercícios com cone	A	
Movimento em H	119	Exercícios com cone	A	
Mudança de direção	150	Exercícios com *steps*	I	
Mudança de direção em Z	95	Exercícios com cone	I	
Múltiplas habilidades em quadrado de 40 metros	112	Exercícios com cone	A	
Múltiplas habilidades em X	87	Exercícios com cone	A	
Passada lateral na escada	129	Exercícios com escada de agilidade	P	
Passada lateral na escada com passo duplo	130	Exercícios com escada de agilidade	P	
Passada lateral sobre os *steps*	157	Exercícios com *steps*	I	
Passada lateral sobre os *steps* com passo duplo	159	Exercícios com *steps*	I	▶
Passada lateral sobre os *steps* com *sprint*	161	Exercícios com *steps*	I	
Passada lateral sobre os *steps* com toque das duas mãos	160	Exercícios com *steps*	I	▶
Passadas largas	155	Exercícios com *steps*	I	▶
Passadas largas com passo duplo	156	Exercícios com *steps*	I	▶
Passo carioca	128	Exercícios com escada de agilidade	P	
Passo duplo	127	Exercícios com escada de agilidade	P	
Passo tesoura	83	Exercícios em linha	P	
Pé direito dentro	135	Exercícios com escada de agilidade	I	
Pé esquerdo dentro	134	Exercícios com escada de agilidade	I	
Post–Corner	74	Exercícios em linha	I	
Post–Corner–Post	75	Exercícios em linha	I	
Pró-agilidade (ir e vir de 20 metros)	61	Exercícios em linha	P	
Quadrado de 20 metros	86	Exercícios com cone	I	
Quadrado de 40 metros em passo carioca	89	Exercícios com cone	A	
Retângulo de 20 metros	102	Exercícios com cone	I	
Roda	154	Exercícios com *steps*	I	
Salto com giro	132	Exercícios com escada de agilidade	I	
Salto com giro para trás	137	Exercícios com escada de agilidade	A	▶
Salto em *slalom*	131	Exercícios com escada de agilidade	I	

Continua

Continuação

Nome do exercício	Número do exercício	Ênfase do exercício	Nível do exercício	Vídeo incluso?
Capítulo 5 – Treinos de agilidade				
Salto em *slalom* para trás	136	Exercícios com escada de agilidade	A	▶
Salto em zigue-zague com os dois pés	79	Exercícios em linha	P	
Salto para a frente com um pé	80	Exercícios em linha	I	
Salto sobre *steps* com virada de 180°	163	Exercícios com *steps*	I	▶
Skipping de passos cruzados	77	Exercícios em linha	P	
Skipping multidirecional	121	Exercícios com cone	I	
Sprint e corrida de costas em X	92	Exercícios com cone	A	
Sprint e corrida de costas lineares (55 metros)	69	Exercícios em linha	I	
Sprint e passo carioca rápido em W	107	Exercícios com cone	I	
Sprint linear de 40 metros	63	Exercícios em linha	P	
Sprint linear de 60 metros	64	Exercícios em linha	I	
Sprint–Deslocamento lateral–Corrida de costas–*Sprint* na diagonal	94	Exercícios com cone	A	
Sprint–Deslocamento lateral–*Sprint*	104	Exercícios com cone	I	
Sprint–*Sprint*–Corrida de costas	99	Exercícios com cone	I	
Squirm	62	Exercícios de linha	I	
Todos os quadrados	126	Exercícios com escada de agilidade	P	
Virada de 180° na escada de agilidade	125	Exercícios com escada de agilidade	I	
Virada de 180° na linha	84	Exercícios em linha	I	
Volta ao redor de cones	93	Exercícios com cone	I	
Zigue-zague combinado	98	Exercícios com cone	I	
Zigue-zague de costas	97	Exercícios com cone	I	
Zigue-zague em cones	96	Exercícios com cone	I	
Zigue-zague frontal com um pé só na escada	141	Exercícios com escada de agilidade	I	
Zigue-zague frontal na escada	139	Exercícios com escada de agilidade	I	▶
Zigue-zague para trás com um pé só na escada	142	Exercícios com escada de agilidade	I	
Zigue-zague para trás na escada	140	Exercícios com escada de agilidade	A	▶
Zigue-zague pelos *steps*	153	Exercícios com *steps*	I	▶

A: avançado; I: intermediário; P: principiante.

Nome do exercício	Número do exercício	Ênfase do exercício	Nível do exercício	Vídeo incluso?
Capítulo 6 – Treinos de rapidez e tempo de reação				
Afundo com salto em potência	205	Pliometria	A	
Agachamento, arremesso, quicada e pegada de *medicine ball*	176	Exercício de reação com bolas	I	
Amarelinha	211	Exercícios de reação em meia escada de agilidade	P	
Amarelinha com reação	253	Exercícios de reação de corpo inteiro	A	
Arremesso lateral de *medicine ball* na parede	187	Pliometria	A	▶
Bola maluca	242	Exercícios de rapidez usando o chão	A	
Braços travados com impacto na bola suíça	181	Pliometria	A	
Cambalhota lateral com reação	250	Exercícios de reação de corpo inteiro	A	
Cambalhota para trás em reação	251	Exercícios de reação de corpo inteiro	A	
Carrinho de mão	183	Pliometria	A	▶
Chubby Checker com reação	259	Exercícios de *quick feet*	A	
Corrida de costas	260	Exercício reativo biomotor	P	
Corrida de costas com mudança de direção sob comando	234	Exercícios de mudança direcional	I	
Deslocamento lateral com mudança de direção sob comando	236	Exercícios de mudança direcional	A	
Deslocamento lateral com passe de *medicine ball*	175	Exercício de reação com bolas	I	▶
Deslocamento lateral com resistência de parceiro e perseguição	217	Reação	I	
Deslocamento lateral dentro--fora com reação	257	Exercícios de *quick feet*	A	
Deslocamento lateral em dois quadrados com parceiro	221	Reação	I	
Desviar dos oponentes	219	Reação	I	▶
Desvio de golpe	215	Reação	I	
Desvio por baixo	216	Reação	I	
Dois quadrados com parceiro	227	Reação	A	
Exercício de goleiro	179	Exercício de reação com bolas	A	▶
Exercício em T com arremesso de bola	254	Exercícios de reação de corpo inteiro	A	
Exercício em X	237	Exercícios de mudança direcional	A	▶

Continua

Continuação

Nome do exercício	Número do exercício	Ênfase do exercício	Nível do exercício	Vídeo incluso?
Capítulo 6 – Treinos de rapidez e tempo de reação				
Exercício sobre discos coloridos	228	Reação	A	
Flexão com salto	192	Pliometria	A	
Flexão com salto na caixa	193	Pliometria	A	
Flexão de braços com uma mão sobre a *medicine ball*	190	Pliometria	A	
Flexão de braços e passe de *medicine ball* com parceiro	186	Pliometria	A	
Flexão de braços pliométrica	184	Pliometria	A	
Flexão pliométrica com *medicine ball*	191	Pliometria	A	
Fogo rápido	249	Exercícios de reação de corpo inteiro	A	
Ickey shuffle com reação	255	Exercícios de *quick feet*	A	
Ickey shuffle de costas com reação	256	Exercícios de *quick feet*	A	
Jogada de bola às cegas	180	Exercício de reação com bolas	A	
Lançamento de *medicine ball* à frente com *sprint* para pegá-la	177	Exercício de reação com bolas	I	▶
Lançamento de *medicine ball* na parede	188	Pliometria	A	
Lançamento de *medicine ball* na parede com passe de peito	185	Pliometria	A	▶
Lançamento de *medicine ball* na parede, por cima da cabeça	189	Pliometria	A	▶
Levantamento a partir da posição de quatro apoios	238	Exercícios de rapidez usando o chão	I	
Levantamento a partir da posição deitado	240	Exercícios de rapidez usando o chão	I	
Levantamento a partir da posição sentado	239	Exercícios de rapidez usando o chão	I	
Manopla de boxe	247	Exercícios de velocidade das mãos	P	
Mãos quentes	243	Exercícios de velocidade das mãos	P	
Movimento direcional da mão	230	Reação	P	▶
Movimento direcional do pé	229	Reação	P	▶
Movimentos direcionais com parceiro	231	Reação	P	
O pêndulo	214	Reação	I	
Passos laterais de patinador	198	Pliometria	I	▶
Pegue a carta	245	Exercícios de velocidade das mãos	P	

Continua

Continuação

Nome do exercício	Número do exercício	Ênfase do exercício	Nível do exercício	Vídeo incluso?
Capítulo 6 – Treinos de rapidez e tempo de reação				
"Pés de fogo" com reação	224	Reação	A	
Pular corda com saltos multidirecionais	207	Pliometria	I	▶
Puxões explosivos reclinados	194	Pliometria	A	▶
Quatro quadrados com acréscimo de desafios	226	Reação	A	
Queimada	248	Exercícios de reação de corpo inteiro	I	
Quick feet	209	Exercícios de reação em meia escada de agilidade	I	
Reação a lançamento de bola na escada de agilidade	213	Exercícios de reação em meia escada de agilidade	A	
Reação em círculo	235	Exercícios de mudança direcional	A	
Rope skipping	195	Pliometria	I	
Saltitos em velocidade	204	Pliometria	A	
Salto com joelhos dobrados	199	Pliometria	I	▶
Salto horizontal parado	201	Pliometria	I	
Salto lateral sobre a caixa	206	Pliometria	A	
Salto sobre obstáculo com mudança de direção e *sprint*	203	Pliometria	A	
Salto sobre obstáculos	202	Pliometria	A	
Salto unilateral	212	Exercícios de reação em meia escada de agilidade	P	
Saltos com o antepé	196	Pliometria	P	
Saltos de coelho	210	Exercícios de reação em meia escada de agilidade	P	
Saltos na bola suíça com as mãos	182	Pliometria	A	
Saltos padrão tesoura	197	Pliometria	I	▶
Saltos verticais	200	Pliometria	I	
Serpente com reação	258	Exercícios de *quick feet*	A	
Slalom com reação	252	Exercícios de reação de corpo inteiro	A	
Soltar a bola com parceiro	178	Exercício de reação com bolas	I	
Solte a bola	244	Exercícios de velocidade das mãos	P	
Solte a régua	246	Exercícios de velocidade das mãos	P	
Sprawl seguido de levantamento	241	Exercícios de rapidez usando o chão	A	

Continua

Continuação

Nome do exercício	Número do exercício	Ênfase do exercício	Nível do exercício	Vídeo incluso?
Capítulo 6 – Treinos de rapidez e tempo de reação				
Sprint com mudança de direção sob comando	233	Exercícios de mudança direcional	I	
Sprint e corrida de costas sob comando	232	Exercícios de mudança direcional	I	
Sprint em dois quadrados com parceiro	220	Reação	I	
Sprints com parceiro como espelho	218	Reação	I	▶
Touro na arena com *medicine ball*	174	Exercício de reação com bolas	I	
Três toques de pé com *sprint*	223	Reação	A	
Três toques de pé com *sprint* até a bola	225	Reação	A	
Triângulo com comandos	222	Reação	A	
Variações de polichinelo	208	Pliometria	I	

A: avançado; I: intermediário; P: principiante.

Acessando os vídeos *online*

Este livro inclui acesso a 64 vídeos *online*, mostrando alguns dos exercícios mais dinâmicos discutidos adiante. No Índice de exercícios e ao longo do livro, exercícios com conteúdo ampliado por vídeos *online* são indicados com a figura: ▶

Siga os passos abaixo para acessar os vídeos:

1. Visite www.humankinetics.com/trainingforspeedagilityandquickness.
2. Clique no *link* "**View online video**", próximo da capa do livro.
3. Você será direcionado à tela exibida na Figura A. Clique no *link* "**Sign In**" presente no topo ou à esquerda da página. Se você não tiver uma conta na Human Kinetics, você terá de criar uma clicando em "New to Human Kinetics? Create an account now!".

Figura A

4. Se o vídeo *online* não aparecer na lista ao lado esquerdo da página, clique na opção "**Enter Pass Code**", presente na lista. Insira o código de acesso informado abaixo, incluindo os hifens. Clique no botão "**Submit**", para liberar os vídeos *online*. Após inserir esse código pela primeira vez, você nunca mais precisará inseri-lo novamente. Para visitas futuras, bastará acessar sua conta no *website* do livro e seguir o *link* que aparece no menu esquerdo.

Código de acesso para o conteúdo *online*: **Brown-SKZQM-OLV**

5. Após você se cadastrar no *site* e inserir o código de acesso, selecione "**Online video**", na lista ao lado esquerdo da tela. Você verá, então, uma página com informações sobre os vídeos *online*, como visto na Figura B. Você poderá ir diretamente aos vídeos de cada tópico, clicando nos *links* azuis ao fim da página.

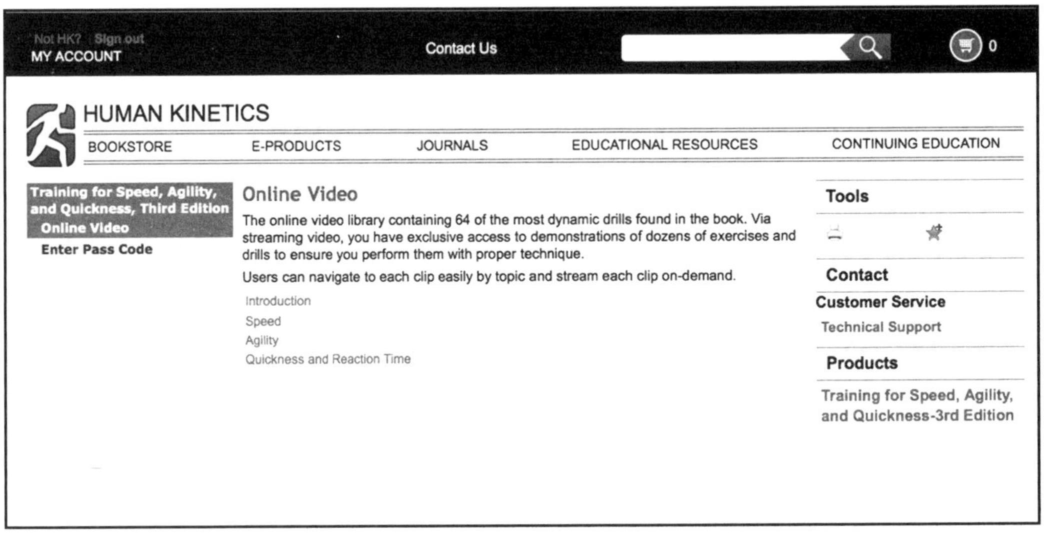

Figura B

6. Agora, você poderá ver vídeos do tópico selecionado na tela anterior, assim como todos os demais associados a este produto. No topo da página, você verá um conjunto de botões que correspondem aos tópicos no texto que são acompanhados de vídeo. Assim que você clicar em um tópico, um reprodutor de vídeo surgirá. Dentro dele, os vídeos para o tópico irão aparecer verticalmente, ao lado direito. Assim como no livro impresso, cada tópico contém duas ou mais subcategorias de exercícios; você pode escolher essas categorias clicando nas abas no topo do reprodutor. Selecione o vídeo que você gostaria de reproduzir e assista a ele na janela principal do reprodutor. Você pode usar os botões abaixo da janela principal para ver o vídeo em tela inteira, ligar ou desligar legendas ou pausar, avançar ou retroceder no vídeo. Os vídeos estão dispostos da seguinte maneira:

Treinos de velocidade

Aceleração

Aceleração com auxílio de um parceiro

Largada

Velocidade máxima

Treinos de agilidade

Escada de agilidade

Steps

Sumário

PARTE I – FUNDAMENTOS DO TREINAMENTO

PARTE II – PROGRAMAS DE TREINAMENTO

Parte I

Fundamentos do treinamento

Capítulo 1

Como o treinamento funciona

Tori L. Beaudette e Lee E. Brown

Treinos de velocidade, agilidade e rapidez se tornaram uma forma popular de treinar atletas. Com a contínua necessidade de promover capacidades atléticas, esse tipo de treinamento comprovadamente melhora habilidades práticas em campo de participantes em uma variedade de esportes. Praticado em conjunto com treinos de resistência convencionais, esse tipo de treino ajuda na transferência de força adquirida na academia para o desempenho na arena de jogo. Quase qualquer esporte exige movimentos rápidos nos braços ou nas pernas, e treinos de velocidade, agilidade e rapidez podem melhorar as habilidades nessas áreas. Portanto, todos os atletas podem se beneficiar quando velocidade, agilidade e rapidez são integradas aos seus programas de treinamento.

Embora esse tipo de treinamento exista há alguns anos, muitos atletas não o praticavam. Isso ocorre sobretudo pela falta de educação em relação aos benefícios específicos e a como integrar os exercícios em um programa de treinamento completo. Em particular, treinos de velocidade, agilidade e rapidez têm o propósito de aumentar a capacidade de exercer força máxima durante movimentos de alta velocidade. Eles manipulam e se aproveitam do ciclo alongamento-encurtamento (CAE) ao mesmo tempo que preenchem a lacuna entre o treinamento de resistência tradicional e os movimentos de função específica. Alguns benefícios dos treinos de velocidade, agilidade e rapidez incluem potência muscular ampliada em todos os movimentos multiplanares e aumento da eficiência da sinalização cerebral, da percepção cinestésica, das capacidades motoras e dos tempos de reação. Adquirir mais equilíbrio e um tempo de reação mais longo permitirá que o atleta mantenha a posição corporal correta durante a execução técnica e reaja com mais proficiência a qualquer mudança no ambiente de jogo. Movimentos rápidos são inúteis se o atleta tropeçar nos próprios pés.

Muitos atletas e treinadores também não estão cientes de que treinos de velocidade, agilidade e rapidez podem contemplar todo o espectro de intensidade de treino, de baixo a alto. Cada atleta começa o programa de treinamento em um nível distinto, então, a intensidade deve corresponder à habilidade do atleta. Por exemplo, no extremo da baixa intensidade, as diversas habilidades biomotoras ilustradas ao longo deste livro podem ser usadas para ensinar movimentos, aquecimento ou bases do condicionamento físico. Nenhum preparo significativo é necessário para participar nesse nível de treinamento de velocidade, agilidade e rapidez. Exercícios de maior intensidade exigem um nível de preparação maior. Uma abordagem simples para uma participação segura e máxima eficácia seria o início concomitante de um programa de treino de força e dos treinos de velocidade, agilidade e rapidez.

Agora, vamos analisar como o treinamento de velocidade, de agilidade e de rapidez funciona e como pode ser implementado em sessões de exercícios para obter um condicionamento completo.

Compreendendo a atividade dos músculos

Entender a fisiologia básica das funções musculares tem um valor incomensurável para compreender por que esse tipo de treino em particular é tão eficaz.

Dentro de nosso corpo, cada músculo esquelético é composto de tecido conjuntivo, de tecido muscular, de nervos e de vasos sanguíneos, e é controlado por sinais enviados pelo cérebro. Esses componentes atuam em conjunto de forma coordenada para fazer que ossos – e, portanto, membros – se mexam de acordo com os padrões desejados. O tecido muscular está conectado aos tendões, tecidos não contráteis que ligam os músculos aos ossos. Dessa maneira, a tensão criada no músculo é transferida ao tendão, e, só então, ao osso.

Em um nível mais profundo, cada fibra muscular contém centenas ou até milhares de fibras longitudinais finas. Essas fibras contêm duas proteínas contráteis e digitiformes: actina e miosina, que formam conexões chamadas pontes cruzadas, as quais podem ser puxadas uma em oposição à outra. Por meio de uma série de reações químicas controladas por estímulos nervosos, essas proteínas operam para puxar e soltar, repetidamente. Isso causa contração muscular, resultando em força. A soma dessa atividade é o que medimos como força muscular. Treinar aumenta a habilidade do músculo de produzir essa força.

O CAE está no cerne dos treinos de velocidade, agilidade e rapidez, pois essas habilidades requerem momentos de explosão com mudanças de direção e de velocidade (Plisk, 2000). O ciclo envolve uma combinação de ações excêntricas (alongamento muscular) e concêntricas (encurtamento muscular); é como um elástico que é esticado e, depois, encolhido novamente. Uma ação muscular excêntrica acontece quando um atleta abaixa um peso, por exemplo, durante a desaceleração descendente do movimento ao voltar ao solo em um salto ou ao mudar de direção devagar. Já uma ação muscular concêntrica ocorre durante a fase ascendente, ou o movimento oposto aos dos exercícios descritos. Quando uma ação excêntrica precede uma ação concêntrica, a força exercida resultante da ação concêntrica é aumentada por mais estímulos nervosos e pela adição da força elástica criada pelo músculo. Esse é o princípio tanto do CAE como do treinamento de velocidade, agilidade e rapidez.

Exemplos do CAE nos esportes ocorrem numa rebatida de beisebol ou numa tacada de golfe, durante as quais o movimento pretendido é precedido por um movimento preparatório ou por um pré-alongamento. No entanto, se houver uma pausa entre a ação precedente e a sua continuação, a saída de força aumentada não ocorrerá durante a fase concêntrica do exercício. O CAE também ocorre durante atividades cotidianas, como caminhar e correr, mas é consideravelmente intensificado durante o treinamento de velocidade, agilidade e rapidez.

As vantagens do CAE são tanto proeminentes quanto mais discretas, em todos os níveis de competição esportiva. Um exemplo é o salto vertical. Quando se precede o salto flexionando os joelhos e os quadris, e, logo em seguida, explode-se para cima, a altura resultante do salto será maior do que se o indivíduo tivesse parado no ponto mais baixo da flexão dos joelhos por alguns segundos. Outro exemplo pode ser observado no arremesso no beisebol. Se o arremessador não faz o movimento completo antes do arremesso, ele não consegue gerar o mesmo nível de força que seria possível ao criar um movimento de pré-alongamento, e, por isso, a velocidade do arremesso resultante é mais baixa.

Atividades de CAE podem ser realizadas tanto para membros superiores como para membros inferiores, e podem ser potencializadas por instrumentos externos, como pesos livres, extensores elásticos e *medicine balls*. Instrumentos como esses ajudam o atleta a realizar tanto as partes concêntricas do exercício quanto as excêntricas, na medida em que eles exigem aceleração ou desaceleração. Porém, o treinamento de velocidade, agilidade e rapidez pode ser realizado sem o auxílio de instrumentos, simplesmente usando o peso do próprio corpo como resistência.

Integrando treinos de velocidade, agilidade e rapidez

É muito importante lembrar-se de que treinos de velocidade, agilidade e rapidez servem como complemento ao treinamento tradicional de resistência. Em outras palavras: eles devem ser conduzidos como uma adição, e não uma substituição a levantamentos de peso. Treinos de velocidade, agilidade e rapidez em intensidades mais altas devem começar após o estabelecimento de uma fundação sólida de condicionamento físico em geral. Isso pode significar de seis meses a um ano de treinamento para um iniciante. O ponto principal é que se tenha uma base de força suficiente para que se possa completar adequadamente cada exercício de velocidade, agilidade e rapidez, sem causar fadigas excessivas. Além disso, treinos intensos de velocidade, agilidade e rapidez devem ser implementados um ou dois meses antes do início de temporada, e, para iniciantes, devem durar aproximadamente 30 a 45 minutos por sessão, duas vezes por semana.

Ao criar um programa de exercícios para qualquer atleta, treinadores devem levar em consideração vários parâmetros. Primeiramente, deve-se levar em conta os anos de treinamento, o nível de condicionamento físico e a frequência que o atleta realizará treinos de velocidade, agilidade e rapidez. Além dessas considerações, há sete variáveis de treinamento críticas que precisam ser discutidas. São elas: escolha, ordem, frequência, intensidade, volume, repouso e progressão (EO-FIVR-P).

Escolha

A *escolha* do exercício para um programa de treinamento deveria refletir as demandas de um atleta durante a competição. Exercícios devem ser específicos ao esporte em relação à direção do movimento, à velocidade de movimento, a quais músculos são utilizados e à exigência metabólica do respectivo esporte. Cada programa deve ser desenvolvido com uma meta específica em mente. Por exemplo: um programa para um velocista pode incluir exercícios de velocidade curtos e lineares; no entanto, um programa de treinamento para um jogador de futebol incorporaria mais exercícios multidirecionais e seria realizado com múltiplas repetições e durações mais longas.

Ordem

A *ordem* dos exercícios deve seguir três padrões principais: exercícios devem ser executados do simples para o complexo, da baixa para a alta intensidade e do geral para o específico ao esporte. Essa ordem deve ser usada tanto dentro de uma única sessão de treino como ao longo de todo o programa de treinamento. Ordenar os exercícios dessa maneira permite que o atleta se prepare gradualmente para realizar os movimentos mais complexos, intensos e específicos requeridos durante o evento principal.

Frequência

Frequência de treinamento se refere ao número de sessões de treinamento completadas em determinado período de tempo, em geral, durante uma semana. A frequência deve ser alterada de acordo com os níveis de habilidade dos atletas e a fase do programa de treinamento em que se encontram. Para o atleta iniciante, comece adicionando um ou dois exercícios básicos de velocidade, agilidade e rapidez ao cronograma atual de treinamento. Em particular, é importante que atletas comecem com as técnicas básicas de cada exercício antes de avançar para aspectos mais técnicos. Ademais, aprender a mecânica correta de exercícios básicos permitirá que se parta para exercícios avançados mais rapidamente. Conforme um atleta fica mais avançado, sua frequência de treino irá aumentar: de duas para três ou mais vezes por semana.

Intensidade

Intensidade se aplica à qualidade do trabalho realizado durante a atividade muscular e é medida em termos de potência (ou seja, trabalho realizado por unidade de tempo). Intensidade de treino também pode ser definida pela facilidade ou dificuldade de um exercício em particular. A intensidade de um exercício pode ser alterada com base na velocidade de movimento, no planejamento ou não dos movimentos e no grau do ângulo para o movimento. Intensidade e volume são inversamente relacionados e, portanto, têm influência significativa um sobre o outro.

Volume

Volume é a quantidade, ou o número total, de séries e repetições completadas em uma sessão de treino. A relação inversa entre intensidade e volume afirma que, ao passo que a intensidade aumenta, o volume diminui. No começo do programa, o volume é alto e a intensidade é baixa. Conforme o atleta se aproxima do período de competição, o volume vai diminuindo e a intensidade aumenta. Medir o volume de treino (número de séries × número de repetições) é imprescindível para avaliar o progresso do treinamento. O volume de treino dentro de determinada sessão é baseado no nível de condicionamento físico do atleta. A combinação adequada de número de séries e de repetições, com variações em intensidade de treino, pode também ajudar a aumentar as adaptações a treinos. Essas adaptações se tornam evidentes ao longo das várias sessões de testes realizadas.

Repouso

O *repouso* é, muitas vezes, a variável esquecida. Ele previne o excesso de treino e é fundamental para o sucesso de um programa de treinamento. A progressão de um programa deve incluir o repouso, para obter o máximo da adaptação a treinos específicos a cada esporte. Quanto mais rígida for uma sessão ou atividade de treino, mais tempo será necessário para que o atleta se recupere; portanto, o repouso deve aumentar com a progressão da intensidade.

Progressão

A *progressão* do programa deve ocorrer gradualmente conforme os atletas alcancem suas metas e, também, ser específica ao esporte em questão. A intensidade deve progredir de baixa para moderada, até que os movimentos sejam dominados, seguidos pela redução do volume em conjunto ao aumento da intensidade. A progressão de baixa para alta intensidade pode depender do ponto no qual o atleta se encontra no ciclo anual de treinamento. Em geral, o nível de intensidade é menor para iniciantes, de modo a garantir que eles estejam aptos a realizar os exercícios prescritos corretamente e evitando lesões. Baixa intensidade pode consistir em exercícios que usem entre 40% e 50% da potência máxima; intensidade moderada, de 50% a 80%; e alta intensidade, de 80% a 100%. A progressão do volume está ligada à intensidade. Conforme a intensidade aumenta, o volume diminui. Lembre-se de que enquanto um atleta progride, o repouso deve ser aumentado tanto dentro de uma sessão de treino como entre sessões, de modo que permita uma recuperação suficiente.

Treinadores podem aplicar diferentes programas que permitam de dois a três dias de repouso por semana. Contudo, conforme a competição se aproximar, esse número provavelmente deve diminuir.

Cada variável de treinamento crítica deve ser manipulada de acordo com o nível de treinamento do atleta. Atletas podem ser divididos entre três categorias principais: iniciante, experiente e avançado. O atleta iniciante está apenas começando a se exercitar com vistas a práticas esportivas. Pode ser um adolescente, ou, até mesmo, um adulto que escolhe praticar um esporte mais tardiamente na vida. O potencial para melhora é grande. Um atleta experiente já tem entre um e cinco anos de treinamento e está envolvido em um programa regular de exercícios e práticas esportivas. Embora compita em um nível mais alto, ainda há bastante espaço para melhora. O atleta avançado compete em nível nacional ou internacional, em que competições são decididas por centímetros ou centésimos de segundo. Atletas avançados estão próximos de seus limites genéticos, e, portanto, seu potencial de melhora é pequeno. Os detalhes de seus programas devem ser precisos. A idade de treinamento (número de anos treinando para um esporte) é, muitas vezes, um fator mais significativo do que a idade cronológica quando se classifica um atleta. Ao aplicar e manipular as variáveis de treino críticas, todos os atletas podem ter sucesso nos seus programas de treinamento rumo ao auge durante as competições.

Pode-se obter o máximo das variáveis críticas EO-FIVR-P em um programa de treinamento por meio da periodização, que envolve a alteração gradual sobretudo de escolha, de frequência, de intensidade, de volume e de repouso ao longo do ano, de modo que atinja picos de condicionamento físico para as competições mais importantes (Plisk, 2004). Essa variação planejada é relacionada principalmente à progressão e organiza o programa de treinamento anual em fases, durante as quais o atleta treina para atingir as metas relativas àquela fase em particular. Juntas, todas as fases de um programa periodizado constituem um macrociclo que pode durar um ano. Por conta própria, cada fase constitui um mesociclo, que pode se alongar por várias semanas ou vários meses, dependendo das metas estabelecidas pelo atleta e pelo treinador. O mesociclo pode ser dividido em seções ainda menores, chamadas microciclos, que, em geral, são períodos de treinamento de cerca de uma semana, dependendo do tipo de evento para o qual o atleta está se preparando. Microciclos são como peças de quebra-cabeça: cada um é necessário para completar a meta geral do programa de treinamento.

Em um programa de periodização linear, volume e intensidade são manipulados ao longo de cada fase para produzir tendências de volume decrescente e intensidade crescente (Bradley-Popovich, 2001; Graham, 2002). A intensidade de sessões de treino varia atravessando um espectro do fácil ao difícil. Cada uma dessas sessões de treinamento têm volumes e intensidades variados. Sem a variação das variáveis críticas, atletas ficam sob o risco de treinar demais e podem não estar preparados em seu auge na hora da competição.

A periodização deve ser usada por atletas de todos os níveis; contudo, a implementação do programa irá divergir de um atleta para o outro. É importante avaliar e monitorar as necessidades de cada atleta individualmente para desenvolver um programa apropriado. A Tabela 1.1 é um exemplo de um mesociclo dentro de um programa de periodização linear para um atleta avançado. São adotadas tendências de intensidade crescente e de volume decrescente, bem como variação na frequência e no repouso. A escolha de exercícios deve ser baseada nas necessidades do atleta e progredir do geral para o específico.

Tabela 1.1 Mesociclo demonstrando manipulação de FIVR para um atleta avançado

Semana	Frequência	Distância	Intensidade (%)	Séries	Repetições	Volume*	Repouso
1	2	10 m	60	6	12	72	30 s
2	2	10 m	75	5	10	50	30 s
3	3	20 m	80	4	10	40	45 s
4	3	20 m	70	5	10	50	45 s
5	2	10 m	80	4	8	32	60 s
6	3	20 m	85	3	8	24	60 s
7	4	30 m	90	3	6	18	90 s
8	2	40 m	80	3	8	24	90 s

* Volume = séries × repetições.

Prevenindo lesões e permanecendo seguro

Um aquecimento apropriado deve preceder cada sessão de exercícios. Rotinas de aquecimento devem começar com uma atividade de corpo inteiro e de baixa intensidade, como correr em ritmo lento. Isso aumenta a frequência cardíaca e o fluxo de sangue nos músculos, e, consequentemente, prepara o atleta para os exercícios de maior intensidade que virão depois. Esse aquecimento geral deve ser seguido por um aquecimento específico que consista em alguns dos exercícios da sessão sob baixa intensidade (Abad et al., 2011).

Atletas de ambos os sexos têm estruturas musculares similares, o que permite que eles sigam o mesmo programa de treinamento. No entanto, há algumas diferenças entre os sexos. Atletas do sexo masculino têm mais força física absoluta, por isso, mais potência. Essa potência contribui para o uso do CAE e melhora o desempenho em exercícios de velocidade, agilidade e rapidez. O decréscimo na potência exercida e o maior risco de lesão em atletas do sexo feminino são mais comumente explicados por fatores neurológicos. Quando se projeta um programa, porém, o sexo não é um dos fatores de maior importância. Em vez disso, o enfoque deve ser no tempo de treinamento do atleta, no esporte que ele pratica e em suas habilidades.

O desempenho de atletas do sexo feminino pode ser afetado pela tríade da atleta. Casos de baixa energia podem estar associados a distúrbios alimentares, alterações menstruais e baixa densidade mineral óssea. A prevalência da tríade é comum entre mulheres que participam de esportes nos quais massa corporal magra é um fator crítico (Nazem e Ackerman, 2012). É importante estar ciente da seriedade desses distúrbios e reconhecer seus indícios e sintomas.

Um atleta adolescente deve seguir um programa periodizado similar aos de adultos de ambos os sexos. Uma avaliação de necessidades é fundamental, pois irá identificar se o atleta adolescente dominou padrões de movimento básicos. É imprescindível que se desenvolva uma base firme em relação às funções motoras antes de progredir para um programa de treinamento com exercícios mais intensos e voltados a esportes específicos. Um programa periodizado deve ser baseado nas necessidades e nas limitações do atleta, não na idade cronológica.

A prevenção de lesões é uma parte importantíssima de qualquer programa de treinamento. É necessário que todo atleta avance de maneira progressiva e sistemática ao embarcar nos treinos de velocidade, agilidade e rapidez. Um programa de força corretamente conduzido, que enfatize a força nos joelhos, nos quadris, nas costas e nos tornozelos, irá reduzir a possibilidade de lesão quando os treinos de velocidade, agilidade e rapidez forem introduzidos pela primeira vez. O treinamento deve progredir de movimentos simples para complexos, de intensidade baixa para alta e de padrões motores gerais para os de esportes específicos. Além disso, fatores como frequência, intensidade, volume, estrutura corporal, especificidade do esporte, tempo de treinamento e fase de periodização sempre devem ser considerados ao se projetar um treinamento de velocidade, agilidade e rapidez.

Eis aqui algumas recomendações adicionais a atletas para ajudar a prevenir lesões:

- Siga a progressão correta de exercícios e vista roupas e calçados adequados.
- Atente para os procedimentos de segurança ao aprender e dominar os exercícios de velocidade, agilidade e rapidez contidos neste livro.
- Garanta que todos os equipamentos estejam em ordem e funcionando antes de utilizá-los.
- Se estiver se exercitando ao ar livre, verifique se a área está livre de objetos perigosos, como pedras ou árvores.
- Tenha certeza de que compreende completamente cada exercício novo antes de tentá-lo pela primeira vez.

Quando atletas tentam um exercício novo pela primeira vez, é comum que eles sintam dor muscular. Essa dor, chamada de dor muscular de início tardio (ou DMIT, do inglês *delayed-onset muscle soreness*), normalmente ocorre 24 horas após a sessão de exercícios, atingindo o auge entre 48 e 72 horas (Dierking e Bemben, 1998). A porção excêntrica do exercício é a causa primária da DMIT, e a explicação prevalente é a de rasgos micromusculares. A única forma de reduzir a DMIT é adaptar-se ao desgaste do exercício. Isso exige que se repitam sessões de exercícios durante semanas, com repouso suficiente entre as sessões. Como todos os treinos de velocidade, agilidade e rapidez envolvem exercício excêntrico utilizando o CAE, recomenda-se que atletas iniciantes não façam mais que duas sessões de exercício por semana, separadas entre si por dois ou três dias (Parsons e Jones, 1998). Atletas experientes e avançados podem se exercitar três ou quatro dias por semana, dependendo de sua fase de treinamento.

Em suma, o treinamento de velocidade, agilidade e rapidez é um trabalho de alta intensidade que exige um alicerce de força física. Ele pode resultar em dores musculares brandas até que o atleta se adapte aos exercícios prescritos. Independentemente de sexo e de idade, esses exercícios devem ser introduzidos lentamente antes de progredirem para exercícios de maior intensidade e complexidade. Nos capítulos a seguir, descrevemos os exercícios que compõem o treinamento de velocidade, agilidade e rapidez e mostramos como integrá-los a um plano completo de treinamento.

Capítulo 2

Avaliação do atleta

Logan K. Schwartz e Vance A. Ferrigno

Para determinar se um programa de treinamento está de fato conduzindo um atleta rumo à meta, avaliar e reavaliar o atleta deve ser uma parte integral do processo (Gambetta, 1998). O teste inicial serve para definir uma linha de referência da situação do atleta em termos de velocidade, agilidade e rapidez. É difícil saber se um atleta está progredindo se você não sabe como ele estava quando começou. Após esse teste inicial, testes subsequentes devem ser feitos periodicamente, para garantir que o atleta está avançando.

Em edições anteriores de *Treinamento de velocidade, agilidade e rapidez*, esta seção relativa a testar a força funcional do atleta era baseada em modelos de avaliação tradicionais: força básica, recursos reativos e *deficit* de força. Nesta edição, usamos uma nova abordagem para avaliar o atleta, baseada puramente no estabelecimento de linhas de referência para velocidade, agilidade e rapidez. É uma abordagem simples, mas eficaz, que utiliza os mesmos exercícios que um atleta realiza para treinar. Há mais de 200 exercícios neste livro, e cada um deles pode ser usado como uma ferramenta de avaliação. O atletismo é baseado na simetria e na fluidez de movimento. Todos os atletas de elite podem se mover em todas as direções com igual fluidez e graça. Eles fazem a transição entre uma habilidade e outra parecer automática.

Movimento eficiente é o alicerce das conquistas atléticas. Em outras palavras: quanto maior a eficiência no movimento de uma pessoa, melhor o desempenho que ela obtém. Movimentos eficientes e eficazes são demonstrados mediante a qualidade da velocidade, da agilidade e da rapidez. O movimento humano é complexo, dinâmico, individual, variável, e, no nível mais alto de desempenho, realizado em um nível inconsciente (Gray, 2006b).

Avaliando seu atleta

Um problema que muitos treinadores enfrentam é descobrir como avaliar o movimento humano de forma eficiente e eficaz. Para avaliarmos movimento com autenticidade, precisamos entender um princípio de treinamento fundamental: o "teste é o exercício e o exercício é o teste" (Gray, 2004). O princípio da especificidade de treinamento afirma que o corpo irá se adaptar aos estímulos específicos impostos. Portanto, se um atleta deseja aprimorar-se em uma habilidade, um movimento ou um exercício específico, é preciso realizar aquele exercício no treino com múltiplas variações ou ajustes a ele. Em virtude da complexidade da estrutura humana e do movimento humano, a especificidade é um aspecto importantíssimo do treinamento para alcançar o resultado desejado. Outra camada para essa filosofia é a de que se o teste é o exercício, então, se o exercício for corretamente ajustado (variações complexas), ele fornecerá a melhor oportunidade para um resultado melhorado (Gray, 2006b).

As avaliações de movimentos apresentadas neste livro dão a treinadores um exemplo de uma forma de avaliar a habilidade de movimento fundamental do atleta. Os exercícios podem ser ajustados da forma que o treinador considerar necessária para adequá-los à sua situação pessoal e a seus atletas individualmente (*vide* Quadro 2.1). Em geral, qualquer exercício apresentado neste livro pode ser usado para avaliar ou testar um atleta em qualquer parâmetro de treinamento que o treinador considerar que precisa ser melhorado.

Para escolher exercícios adequados, o treinador deve avaliar as demandas do esporte para aquele atleta e desenvolver ou selecionar exercícios que imitem essas demandas. Após um exercício ser selecionado, ele pode ser usado para monitorar o progresso funcional do atleta em relação ao programa de treinamento após reavaliações subsequentes. Dessa forma, as necessidades do atleta podem ser avaliadas e, então, levadas à reorientação ou à progressão para exercícios mais complexos (Brown, Khamoui e Jo, 2008). As metas de qualquer programa de treinamento devem ser baseadas inteiramente nas necessidades do atleta e nos requisitos do esporte em questão.

Quadro 2.1 Ajustes e variações de exercícios

Ajuste	Variações
Distância	Mais curta Mais longa
Carga	Colete de peso Corda elástica Peso livre Trenó de peso
Direção	Mudar plano de movimento dominante do exercício Inverter a ordem das mudanças de direção Mudar a angulação do exercício
Velocidade	Meia velocidade Três quartos de velocidade Velocidade máxima
Duração	Aumentar séries ou repetições Diminuir séries ou repetições
Tarefas múltiplas	Combinar execução do exercício com uma tarefa adicional (por exemplo, pegar e jogar uma bola) Reagir a uma sinalização (apito)
Ambiente	Mudar a superfície na qual o exercício é feito (por exemplo, da grama para o chão da academia) Mudar a nivelação da superfície (por exemplo, subida, descida, superfície plana)
Angulação ou mudança de plano	Mudar os ângulos ou planos nos quais o exercício é feito
Retorno do atleta	Muitos atletas sabem intuitivamente do que eles carecem; o *feedback* deles pode ser crucial para fazer ajustes e progressões adequados

Atletas se movem de uma maneira poderosa, porém sem esforço, e são capazes de se adaptar a qualquer demanda necessária para cumprir as tarefas de seus esportes. A qualidade do movimento precisa ser medida primeiro de modo que um padrão de movimento ineficiente seja submetido a um treinamento carregado, o que pode levar a um aumento da ineficiência no movimento ou, pior, a uma lesão.

Uma vez que um exercício tenha sido selecionado por determinada qualidade de treino, ele pode ser cronometrado para dar ao atleta o tempo-base para aquele exercício em particular. Durante o treino, o mesmo exercício deve ser repetido usando uma ou mais variáveis listadas no Quadro 2.1 ou as variações complexas para alguns dos exercícios neste livro. Isso irá criar um novo estímulo para a adaptação, permitindo que o atleta aprimore seu desempenho para aquele exercício. Após um período de quatro a seis semanas, o exercício original pode ser reavaliado, permitindo que o treinador e o atleta vejam seu progresso em relação ao tempo-base.

A principal meta de qualquer avaliação de movimento é determinar o sucesso nas habilidades de cada atleta. Assim que isso for identificado, o treinador pode se concentrar em melhorar essas habilidades, para facilitar a formação de um atleta mais completo. Não há uma forma exata de realizar cada movimento – cada indivíduo realiza os movimentos de forma diferente por causa de sua estrutura única –, mas todo movimento humano eficiente tem características em comum. O treinador não deve se prender a detalhes mínimos para avaliar movimento, mas, sim, fazer uma avaliação mais global, buscando movimento eficiente, suave e gracioso. Isso facilita a identificação dos ajustes específicos que um atleta precisa para fazer em seus exercícios para promover o resultado desejado.

Por exemplo: o atleta A pode realizar certo exercício de uma forma descoordenada, tropeçando nas mudanças de direção, ou ser incapaz de mostrar graciosidade durante o movimento, ao passo que o atleta B parece bastante confortável com a coordenação do exercício. Contudo, o atleta B tem problemas em desacelerar e acelerar a cada mudança de direção. Para o atleta A, o ajuste adequado pode ser reduzir sua velocidade durante o treino, permitindo que ele aprenda o exercício sob um ritmo mais lento. Sua velocidade pode ser aumentada aos poucos, após a adaptação de seu corpo. O atleta B, por sua vez, poderia beneficiar-se do uso de um colete de peso, corda elástica ou outro aparelho que permita a ele desenvolver potência e força funcionais em relação ao exercício. Esse ajuste permitirá que o atleta B progressivamente desenvolva a habilidade de desacelerar mais cedo e acelerar com mais explosão ao longo do treinamento.

Ajustes como esses são variações complexas que permitem adaptações específicas ao exercício. As variações complexas neste livro apenas tocam a superfície do que é possível realizar. Use sua imaginação e lembre-se de que um atleta deve sempre progredir do fácil para o difícil, do simples para o complexo (Gambetta, 1998).

Garantindo validade e confiabilidade

Os resultados do teste só são úteis se este de fato mede o que deve medir. Isso é chamado de validade. Para testes subsequentes serem úteis, eles precisam ser repetíveis. A isso, denomina-se confiabilidade (Harman, 2008). Para o teste ser válido e confiável, o responsável pelo teste deve garantir que o ambiente permaneça o mais consistente possível de um teste para outro. Como esses testes são medidos em segundos, não em minutos, eles precisam ter a sensibilidade e a confiabilidade suficientes para fornecer os dados desejados. Isso significa que superfície do chão, calçados, condição da pista e condições ambientais (por exemplo, calor, vento) devem todos estar sob controle, para garantir uma medida precisa que descubra se o atleta está melhorando na qualidade biomotora ou no movimento atlético que está sendo avaliado. Se o primeiro teste é realizado em um campo seco e oito semanas depois é repetido em um campo encharcado de orvalho, o teste não será válido ou confiável.

Seguem os procedimentos para obter testes confiáveis.

Ambiente de teste

Primeiramente, a segurança do atleta deve ser a preocupação número um. Garanta que a área de teste seja segura e não tenha buracos, irrigadores automáticos ou qualquer outra coisa que possa fazer o atleta tropeçar, escorregar ou torcer um tornozelo. Assegure-se de que as condições ambientais (por exemplo, temperatura, umidade) sejam o mais similares possível entre os testes. Para esportes de campo, um dia quente e úmido apresentará resultados diferentes dos de um dia frio e nublado, especialmente em testes metabólicos. Isso é uma questão menor para esportes de quadra, porque ambientes *indoor* são mais controláveis do que lugares ao ar livre.

Nível de fadiga do atleta

Durante o treinamento, atletas irão desenvolver certo nível de fadiga. Fornecer um dia de repouso entre treino e teste permite que eles deem seu máximo e contribui para a validade e confiabilidade do teste. Além disso, verifique se eles estão alimentados e hidratados. Com comunicação anterior em relação à data do teste, não há razão para a qual os atletas não devam estar descansados, alimentados e hidratados.

Formulários de registro

Os formulários devem ser preparados antes do teste para que o responsável possa registrar os dados com facilidade, eficiência e sem erros. Não há nada pior do que quando um atleta coloca cada gota de esforço em seu teste de desempenho e o avaliador, por sua vez, não registra o teste corretamente.

Sequência de testes

Testes de potência explosiva e aqueles com maior complexidade devem ser realizados antes de testes mais cansativos, como exercícios de resistência anaeróbia. Caso contrário, os resultados dos testes de potência serão prejudicados e invalidados.

Instruções ao atleta

As instruções devem ser claras e fáceis de entender. Caso contrário, o atleta estará concentrado em realizar o teste corretamente, e não em obter o desempenho máximo (Gambetta, 1998). Além disso, padronize qualquer sugestão verbal para encorajar o atleta entre um teste e outro (Brown, Khamoui e Jo, 2008).

Equipamento

Mantenha o mínimo necessário de equipamento de testes e registre exatamente o que for usado. Além disso, cada atleta deve usar no teste o mesmo calçado que usa em competições.

Protocolo de teste

Considere o mesmo número de tentativas por teste, usando o mesmo intervalo de repouso entre tentativas e entre testes se estiver realizando uma bateria de testes.

Medidas de campo ou de quadra

Quando for demarcar a área de teste (por exemplo, com cones), use um aparelho de medida para garantir que você está usando medidas exatas. Fazer a média em passadas é impreciso e torna os resultados inválidos e não confiáveis.

Embora a maioria dos exercícios neste livro possa ser usada para testes, recomendamos que se usem os seguintes como ponto de partida:

Testes de velocidade
Tiro de 10 metros (exercício 21)
30 metros com saída lançada (exercício 42)
Testes de agilidade
Exercício em T de 30 metros (exercício 65)
Movimento em F (exercício 118)
Pró-agilidade (exercício 61)
Teste de rapidez
Saltos com o antepé (exercício 196)

Vejamos um exemplo de avaliação usando o exercício em T de 30 metros. O avaliador deve começar explicando ao atleta exatamente o que ocorrerá durante o teste programado para aquele dia. Após receber as instruções, o atleta começa um aquecimento. Detalhes do aquecimento devem ser registrados, para que procedimentos idênticos possam ser usados na próxima sessão de testes. O responsável pelo teste também deve registrar com precisão detalhes dos fatores ambientais, do equipamento utilizado, do nível de motivação do atleta, do calçado e de outros fatores que envolverem o teste.

O atleta realiza três tentativas do exercício em T de 30 metros, com 2 a 3 minutos de repouso entre tentativas. Todos os tempos devem ser registrados, assim como o tempo exato de repouso entre as tentativas. O tempo mais rápido se torna a base do atleta para esse exercício. Técnicos devem sempre encorajar seus atletas durante o teste. Com atletas jovens que não estejam competindo em nível nacional, desencorajamos o uso de normas comparativas. Em geral, essas normas costumam desanimar uma pessoa que estiver treinando duro, mas não tem a mesma predisposição atlética do que os indivíduos que são referência para a comparação. Ao passo que um atleta se desenvolve e fica inspirado a competir em um nível mais elevado, normas podem ser úteis para estabelecer metas.

Agora que os resultados do teste desse exercício estão registrados, o treinador e o atleta podem ajustar um dos parâmetros do exercício toda vez que ele for usado durante o treino. Em uma semana, você pode separar mais os cones, aumentando a distância entre eles; na semana seguinte, diminuir a distância entre os cones. Uma semana, use uma corda elástica para resistência lateral; na outra, use a corda para resistência frontal ou traseira. Em determinada semana, use uma virada de costas para percorrer os cones, e uma virada normal na semana seguinte. Misture e combine as variações para criar variedade. Atletas reavaliados oito semanas depois estarão mais velozes. Isso os encoraja e os motiva para a próxima fase de treinamento.

A meta de qualquer programa de treinamento é criar resultados e adaptações autênticos, que sejam diretamente transferíveis para a competição. Avaliação e testes de um atleta são importantíssimos para determinar se ele está progredindo com o respectivo programa de treinamento. Por causa da natureza incrivelmente complexa do corpo humano, ao realizar movimentos atléticos, as técnicas e os protocolos de avaliação devem ser escolhidos cuidadosamente, de modo a garantir que o teste seja autêntico em relação às metas do atleta. Testes iniciais de referência precisam reproduzir exercícios realizados no programa de treinamento do atleta para que a especificidade das adaptações de treinamento reflita no teste. As mesmas técnicas de avaliação podem ser manipuladas usando as variações listadas no Quadro 2.1 para treinar outras qualidades atléticas relativas ao mesmo exercício. Isso prepara o atleta para o sucesso sempre que o exercício é reavaliado, em razão do princípio de especificidade de treinamento.

Capítulo 3

Incorporando o treinamento de habilidades mentais

Traci A. Statler

Treinos de velocidade, agilidade e rapidez, em conjunto com treinos mais tradicionais de força e de resistência, tornaram-se uma forma popular de treinar atletas para uma variedade de situações específicas a algum esporte. Esse tipo de treinamento, cuja intenção é aumentar a habilidade do atleta de gerar força máxima durante movimentos de alta velocidade de seus respectivos esportes, cria, também, um ambiente excelente para o treino das habilidades mentais necessárias para o desempenho esportivo ideal. Como o treinamento de velocidade, agilidade e rapidez ocorre após um alicerce de força ter sido estabelecido, isso assegura que o atleta já esteja familiarizado com o ambiente de execução atlética e as expectativas de sucesso tradicionais. Esse alicerce – compreensão mais avançada e familiaridade com a situação – estabelece as condições preliminares para aprimorar as habilidades mentais nesse ambiente de treino.

De fato, muitos atletas já chegam ao ambiente de treino com certas habilidades mentais consolidadas em seus repertórios, mas frequentemente têm uma compreensão limitada de como essas habilidades evoluíram ou até como utilizá-las melhor em prol de um desempenho eficaz. Este capítulo introduz um modelo para integrar o treinamento de habilidades mentais ao programa de um atleta, fornecendo, assim, uma estrutura para compreender as inter-relações não apenas entre as habilidades mentais em si, mas, também, entre elas e as habilidades físicas, técnicas e táticas sob desenvolvimento na academia e nos campos de treinamento. Observe, porém, que essas habilidades só podem ser verdadeiramente eficazes se elas forem compreendidas, praticadas e aplicadas às circunstâncias do desempenho. Assim como as habilidades físicas, técnicas e táticas descritas ao longo deste livro, as habilidades mentais precisam ser ensinadas, praticadas, integradas ao desempenho e avaliadas para obter mais eficácia. Habilidades como as contidas neste capítulo são mais eficazes quando seu uso se integra ao desempenho geral.

Projetando um programa de treinamento mental

Por várias razões, a integração estruturada e intencional de habilidades mentais a programas de treinamento de habilidades físicas é, até hoje, mínima. Seja por causa de uma percepção de falta de tempo para se concentrar nesse elemento, seja por uma crença de que habilidades mentais sejam características de personalidade em vez de componentes de desempenho treináveis, seja por uma sensação de insuficiência de conhecimento ou de treino para ensinar esses elementos, a realidade é que treinadores esportivos de força e condicionamento físico estão em um ambiente ideal para nutrir e desenvolver essas habilidades em seus atletas. Habilidades psicológicas e físicas são ensinadas, aprendidas e praticadas de forma similar e podem ser integradas simultaneamente sem muita modificação a programas de treino existentes. Treinadores e atletas já sabem que força, velocidade, rapidez, agilidade e resistência podem ser desenvolvidas se princípios básicos forem seguidos. Se o corpo for sistemática e progressivamente sobrecarregado ao longo do tempo, ocorrerá a adaptação e a habilidade será aprimorada. Isso também se aplica às habilidades mentais. Introduza essas habilidades e as pratique em um ambiente de treino, e, cedo ou tarde, elas se tornarão parte dos padrões de resposta automática do atleta (Gould e Eklund, 2007). Como ocorre com o aprendizado de qualquer coisa nova – mental, física, técnica ou tática –, o desenvolvimento de habilidades mentais eficazes ocorrem em quatro fases distintas:

1. Avaliação dos níveis de aptidão atuais.
2. Educação sobre a nova técnica a se aprender.
3. Aquisição da nova habilidade e sua prática.
4. Integração a respostas automáticas.

Avaliação

A primeira fase, *avaliação*, começa com uma análise do ambiente de prática, dos objetivos do treinamento e das pessoas com as quais o treino será conduzido. Quais são as habilidades mentais específicas necessárias para um treinamento eficaz de velocidade e agilidade? Se o treinador precisa criar prioridades com base nas especificidades do ambiente, em quais habilidades ele deve se concentrar e quais serão eliminadas? Quais são os tópicos centrais necessários para aperfeiçoar o desempenho de um atleta? Além disso, durante essa fase, o treinador examinará o nível de habilidade atual do atleta. Quais são os pontos fortes e os fracos? Uma vez que o treinador tiver essas respostas, ele pode determinar em quais habilidades mentais se concentrar.

Algumas possíveis ferramentas para avaliar os pontos fortes e os fracos de um atleta incluem: uma avaliação simples por parte do atleta (autoavaliação) ou do treinador, ou uma feita pelos dois em conjunto, ou uma avaliação psicométrica de habilidades mentais, para identificar em quais habilidades cognitivas o atleta se destaca e quais precisam de aprimoramento. Para determinar o ponto de partida do atleta, um exercício de baixa tecnicidade e sem custo que pode ser conduzido por ele ou pelo treinador é um perfil de desempenho mental (Butler e Hardy, 1992). Essa ferramenta pode ser usada para mostrar discrepâncias entre níveis ideais de proficiência sobre habilidades mentais, mostrar a diferença entre a percepção do treinador e do atleta ou comparar o ponto no qual o atleta se encontra no momento com o ponto ao qual ele quer chegar.

A Figura 3.1, a ficha de perfil do desempenho mental, é eficaz para chamar atenção às proficiências e às possíveis deficiências psicológicas do atleta naquele momento. Ela põe em evidência como os atletas se sentem em relação a seu estado atual de preparo para uma competição ou um teste de desempenho. Não há respostas certas nem erradas, e o perfil se concentra naquilo que os próprios atletas sentem ser importante para um desempenho eficaz. Além disso, uma avaliação autorreferente muitas vezes potencializa a adesão a um programa de intervenção.

Quando completado, esse perfil fornece uma referência visual breve das habilidades mentais necessárias identificadas, mostrando onde o atleta tem expertise (o que pode reforçar confiança e comprometimento) e onde ele deve concentrar suas energias para melhorar as habilidades mentais.

Figura 3.1 Ficha de perfil do desempenho mental

Um perfil de desempenho é uma ferramenta usada com frequência para enfocar como esportistas se sentem em relação ao seu preparo para uma demonstração de desempenho. Não há respostas certas nem erradas. Criar um perfil de desempenho para si mesmo pode ajudar a conscientizá-lo sobre os preparativos de desempenho e a direcionar seu treinamento.

1. Quais são as qualidades mentais fundamentais do desempenho de elite em seu esporte ou em sua posição? Em outras palavras, quais são as qualidades ou características psicológicas de um atleta de elite em seu esporte? Liste o máximo delas que conseguir pensar.
2. Levando em consideração seu próprio estilo de desempenho, circule as *10* qualidades que você considera mais importantes para a eficácia de seu desempenho.
3. Crie seu perfil:

Continua

Continuação

a. Escreva cada uma das 10 características anteriormente identificadas no exterior de cada seção angular da grade.
b. Classifique seu nível atual de habilidade (em uma escala de 1 a 10) para cada uma das 10 características.
c. Para cada camada de habilidade, preencha sua classificação do passo anterior, com 1 sendo mais ao centro da circunferência e 10 na camada mais externa.

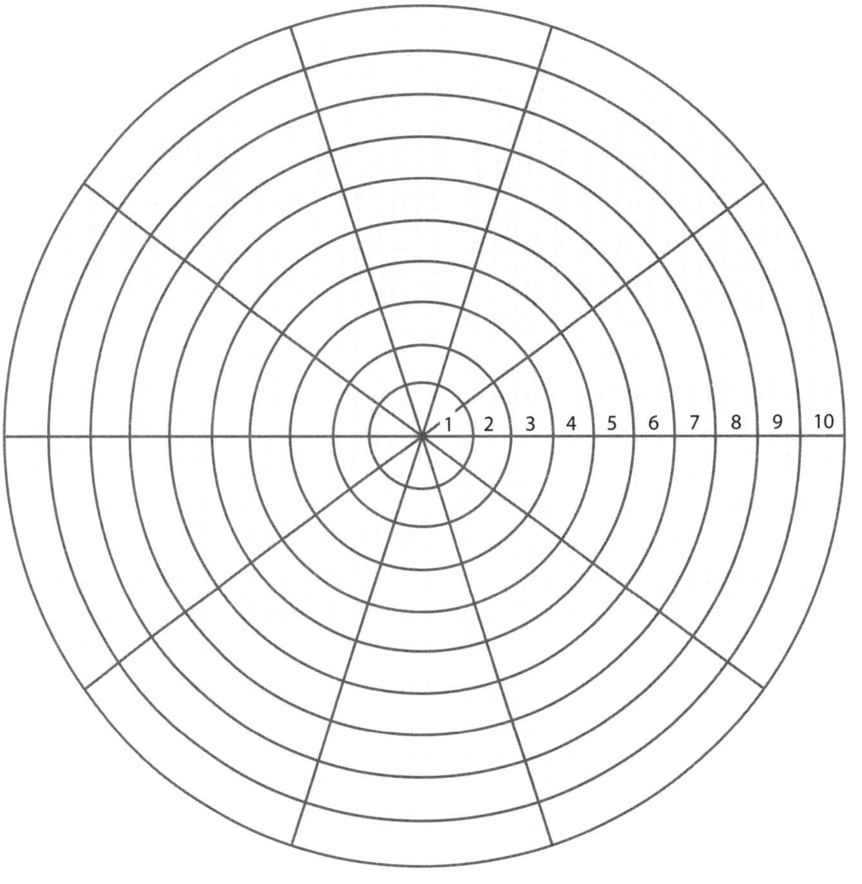

4. Se você preferir, peça a seu treinador para incluir a classificação que ele dá à sua proficiência em cada uma das habilidades listadas, preenchendo as camadas com uma cor diferente, para comparar as diferenças.

De L. Brown e V. Ferrigno, 2015, *Training for speed, agility, and quickness*, 3rd ed. (Champaign, IL, EUA: Human Kinetics). Adaptado de R.J. Butler and L. Hardy, 1992, "The performance profile: Theory and application," *The Sport Psychologist* 6(3): 253-264.

Educação

Após o treinador determinar quais habilidades do atleta ele irá acompanhar, o próximo passo, a *educação*, envolve gerar estratégias para integrar essas habilidades a planos de treinamento existentes e efetivamente ensiná-las ao atleta. A meta dessa fase é ajudar o atleta a reconhecer a importância de aprender essas habilidades mentais e facilitar uma compreensão aplicada de como essas habilidades podem influenciar o desempenho. Grande parte deste capítulo fornece sugestões de como treinadores de força e de condicionamento físico podem fazer isso.

Aquisição e prática

A próxima fase, de *aquisição e prática*, inclui compreender as habilidades mentais apresentadas e, em seguida, determinar formas de individualizá-las para combiná-las às metas de desempenho do atleta. Muitas das fichas, dos questionários e das listas deste capítulo permitem a assimilação individual de habilidades mentais e fornecem ferramentas para monitorar e avaliar o progresso na aplicação dessas habilidades.

Integração

A fase final, a de *integração*, é o objetivo final de um programa de treinamento de habilidades mentais. É nela que atletas se veem fazendo modificações e ajustes automáticos às suas ações, usando suas habilidades mentais recém-desenvolvidas para obter o máximo de seus desempenhos de forma generalizada.

Usando a pirâmide de desempenho cognitivo

Na realidade, há uma variedade de habilidades mentais que atletas podem identificar no perfil de desempenho como necessárias para o desempenho geral nos domínios de seus respectivos esportes. Contudo, para um desempenho aprimorado durante os treinos de velocidade, agilidade e rapidez em si, atletas e treinadores devem, primeiro, concentrar-se em desenvolver algumas habilidades específicas. Essas habilidades, os quatro Cs, formam um modelo hierárquico de desenvolvimento de habilidade psicológica que irá melhorar o programa de treinamento de qualquer atleta (*vide* Figura 3.2).

Esse modelo começa com o *comprometimento* como base. Comprometimento é a ideia de se dedicar a uma causa ou fazer uma promessa a si mesmo. Implícito nesse conceito, há a ideia de motivação, pois, sem motivação, é improvável que o indivíduo se comprometa com a ação. O próximo nível da pirâmide é a *confiança*, ou uma crença em si mesmo e em sua habilidade de cumprir as metas que estabeleceu para si. Após um atleta formar uma base de comprometimento e confiança, ele precisa desenvolver habilidades de *concentração* eficazes. Obter e manter a concentração adequada durante exercícios de velocidade, agilidade e rapidez é imperativo se o atleta deseja aproveitá-los ao máximo. Por fim, para que se mantenha consistência ao longo do ciclo de treinamento, o atleta precisará desenvolver controle, ou, mais precisamente, a habilidade de manter autocontrole no desempenho. Uma vez dominada, essa hierarquia progressiva de habilidades psicológicas fundamentais formam uma base para os demais treinos em habilidades mentais e pode levar ao desenvolvimento posterior de vigor mental.

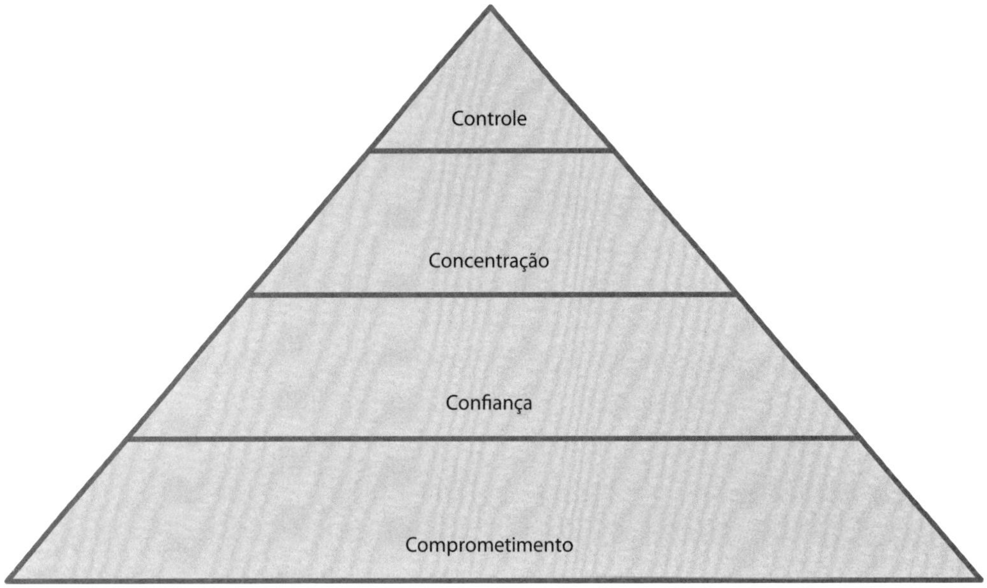

Figura 3.2 Pirâmide de desempenho cognitivo.

Comprometimento

Treinadores de força e de condicionamento físico muitas vezes se perguntam por que alguns atletas parecem altamente comprometidos com seus treinos, mostram-se motivados todos os dias que aparecem para treinar e constantemente buscam o sucesso ao passo que outros parecem estar com a cabeça em outro lugar, com pouca autonomia e fazendo um esforço mínimo. A formação do comprometimento é um desafio para treinadores, sobretudo porque é de importância crítica para um desempenho de sucesso, e, apesar disso, há pouco que o treinador possa fazer para torná-lo obrigatório. O atleta é o único sob controle de seus próprios níveis de comprometimento. Outros podem ajudar a cultivá-lo, mas, no fim das contas, depende do atleta.

Essa formação do comprometimento anda de mãos dadas com a motivação. Motivação é uma condição interna que inicia, direciona e sustenta os comportamentos de um sujeito. Se um atleta está comprometido com seu programa de treinamento físico porque ele sabe que isso irá melhorar seu desempenho geral no esporte, ele tenderá a mostrar evidências de estar motivado durante sessões de treino. Se lhe falta comprometimento, o resultado serão baixos níveis de motivação. Um atleta que detesta a sensação de fadiga resultante de um exercício de velocidade intenso pode começar a ficar desleixado durante os exercícios, reduzir a intensidade de motivação ou escolher evitar essas sessões de treinamento completamente. Esse nível variável de intensidade pode, muitas vezes, ser usado como um indicador externo do nível de comprometimento de um atleta. Aqueles que estão altamente comprometidos com o treinamento escolherão participar ativamente, darão o máximo a cada exercício e sentirão orgulho por terem participado da atividade.

Fazer os atletas reconhecerem que eles – e apenas eles – têm controle sobre seus níveis de comprometimento é um primeiro passo muito necessário para a eficácia de um treinamento de força e de condicionamento físico. Em primeiro lugar, treinadores podem ajudar atletas a reconhecerem isso iniciando uma conversa sobre o porquê de eles estarem fazendo treinos de velocidade, agilidade e rapidez. Pedir que os atletas identifiquem quais habilidades físicas são necessárias para que eles sejam eficazes no esporte que praticam os ajudará a notar seus próprios níveis de comprometimento. Após eles identificarem velocidade, agilidade e rapidez, os treinadores podem explicar como os planos de treinamento os levarão a essas habilidades. Isso faz os atletas pensarem sobre seu próprio comprometimento e seus níveis de motivação em relação a esse treino. O seguinte questionário, a ser feito pelos treinadores, pode ser um bom ponto de partida:

1. Como você quer *se sentir* em relação à sua habilidade de praticar seu esporte? Qual é seu objetivo? O que seria o ideal?
2. O que você precisa *fazer* para se sentir assim? Que ações, comportamentos e crenças produzirão esses resultados?
3. *Como* você pretende fazer o que foi identificado nas questões anteriores? Qual é seu plano pessoal para gerar a sensação que você quer ter?
4. Que estratégias você vai usar *quando ficar difícil* fazer o que você decidiu? Qual é o plano para superar dificuldades previstas e imprevistas?

Essas questões força atletas a pensarem sobre por que estão fazendo o treinamento, o que eles querem obter dele, o que estão dispostos a aceitar para torná-lo realidade e o que eles planejam fazer quando obstáculos bloquearem a capacidade deles de obter sucesso. Quando isso é gerado pelo próprio atleta em vez de imposto a ele, cria um senso de propriedade, e esse senso pode aprimorar o comprometimento pessoal.

Confiança

O que nós pensamos influencia o que sentimos, e o que sentimos, por sua vez, influencia nossos comportamentos. Se tivermos pensamentos confiantes, eles geram sentimentos de empolgação e de determinação. Sentimentos de empolgação nos motivam a encarar desafios e a nos levarmos aos nossos limites, dessa forma, alimentado o comprometimento com a meta. Esses elementos são todos necessários para um treinamento físico de sucesso, especialmente no caso de velocidade, agilidade e rapidez, porque esse tipo de especificidade de treino muitas vezes apresenta um ambiente novo e desafiador para o atleta. A falta de familiaridade pode gerar sentimentos de apreensão e de preocupação, que, por sua vez, podem diminuir os níveis de confiança do atleta.

Confiança é a crença de que a habilidade da pessoa em questão em qualquer situação é igual ou maior do que a exigência imposta. É a crença ou a segurança de que uma pessoa pode fazer com sucesso o que decidiu fazer. Confiança é um fator crítico para um desempenho eficaz em qualquer campo por causa de sua ampla gama de influências. Ela pode ajudar a regular níveis de ansiedade, facilitar a concentração, aumentar o esforço e o comprometimento gerais, motivar-nos a irmos além dos nossos limites percebidos e, de um modo geral, simplesmente fazer que nos sintamos bem.

Muitos atletas têm sua confiança abalada quando são introduzidos a novos métodos de treinamento. Ao começo de um novo ciclo de treinamento, o atleta pode parecer hesitante ou resistente, escolhendo retroceder a métodos mais familiares a ele. Muitas vezes, isso é resultado direto de uma percepção de falta de habilidade nessa nova metodologia. O atleta pode não querer se colocar em uma situação na qual ele terá suas deficiências expostas ou possa ser visto como não muito hábil. Em vez disso, ele opta por continuar a fazer o que vinha fazendo anteriormente. Isso pode ser observado nas decisões de um esportista ou nas escolhas que ele faz em favor ou em detrimento de certas atividades. Confiança é um mediador crucial nas escolhas de um atleta. O espectro de escolhas de um atleta pode variar de um "não vou fazer isso" teimoso até um empolgado "eu me comprometo a fazer isso" (Vernacchia, McGuire e Cook, 1996) (*vide* Figura 3.3). Confiança em si próprio é o que move essa escolha ao extremo positivo do espectro.

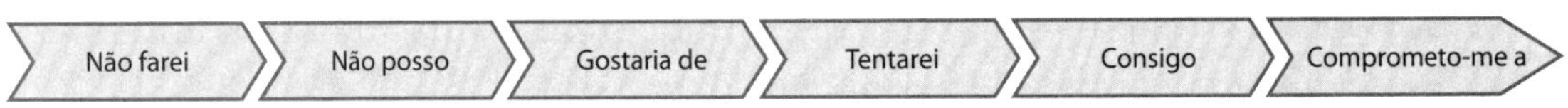

Figura 3.3 Espectro de escolhas.

Para conduzir atletas rumo à disposição para tentar novas modalidades de treinamento e, possivelmente, comprometer-se com elas, o treinador deve alimentar a confiança deles nesse novo campo. Formas de gerar confiança incluem criar situações nas quais os atletas podem obter sucesso, encorajar esforços, avanços e resultados bem-sucedidos, além de enfatizar como preparo e treinamento eficazes serão traduzidos em maior probabilidade de um desempenho de sucesso.

Para os que treinam uma equipe ou um grupo, um excelente exercício para reforçar a confiança para os treinos é a atividade de reconhecimento de treino em equipe. Treinadores responsáveis por um indivíduo podem usar outros membros das equipes técnica, médica ou de treinamento como membros do time. Para realizar essa atividade, liste os nomes de todos os membros da equipe na margem esquerda. Em seguida, faça cópias dessa página e distribua uma para cada membro. Cada pessoa deve escrever um ponto forte de treinamento que vê em cada colega listado. Essa qualidade pode ser mental, física, técnica ou tática utilizada no ambiente de treino. Após toda a equipe terminar a atividade, faça uma lista-mestra com todos os comentários para os atletas individualmente, selecionando as afirmações relevantes para cada um.

Quando atletas são introduzidos a novas modalidades de treino, é muito fácil que eles fiquem ultraconcentrados e altamente críticos em relação a situações em que não têm um bom desempenho. Há muitas instruções novas e modificações a técnicas, todas com o intento de melhorar as habilidades do atleta nesses novos exercícios, mas como resultado, às vezes, fica difícil reconhecer o que uma pessoa faz de melhor. Essa atividade de afirmações pode redirecionar a concentração do atleta àquilo em que ele está efetivamente se saindo bem, que é, muitas vezes, uma dose de confiança necessária nesse período de falta de familiaridade. Essa sensação de confiança renovada convida o atleta a continuar trabalhando rumo ao sucesso, mesmo que ele tenha obstáculos temporários. Essa persistência é um fator-chave para o desenvolvimento de qualidades de desempenho que evoluam em longo prazo, como velocidade, agilidade e rapidez.

Concentração

Concentração é a habilidade de manter foco claro nos aspectos apropriados em determinada situação e controlar as respostas a esses aspectos para executar uma habilidade específica. É a habilidade do atleta de fazer um esforço mental deliberado no que for mais importante em uma situação (Moran, 2011). Ao realizar novas rotinas de treino de velocidade e de agilidade, muitos atletas precisam melhorar suas capacidades de obter concentração e redirecioná-las – mesmo se tiverem aprendido essas habilidades anteriormente –, porque a natureza desses exercícios pode gerar diversas distrações. Muitas dessas atividades ocorrem ao ar livre, com vários colegas de equipe treinando simultaneamente, e exigem que o atleta siga instruções específicas em prol da segurança e eficácia – todos esses fatores que podem atrapalhar a concentração de um atleta. Nesses ambientes, os atletas precisam atentar às informações relevantes e ignorar possíveis distrações ao lidar com várias ações simultâneas.

Distrações podem ser particularmente prejudiciais a exercícios que enfatizem a velocidade de movimento, porque velocidade e agilidade exigem mais processamento proprioceptivo do que exercícios de força ou de resistência física. Esse processamento precisa de tempo e de prática para se formar. Processamentos cognitivos controlados, que, em geral, são vistos em esportistas iniciantes, criam padrões de movimento mais lentos, em virtude do nível de instrução que os atletas estão gerando em suas cabeças. Distrações nessa fase de aprender novas habilidades, na qual atletas ainda não automatizaram os movimentos, são particularmente danosas, porque os atletas se perdem nas instruções cognitivas, inibindo a finalização da atividade. Uma vez que atletas tenham automatizado suas habilidades técnicas, eles tendem a possuir capacidade mental extra para se dedicar a outras tarefas simultâneas, que também podem aumentar as chances de distração, caso eles não sejam treinados para lidar com isso adequadamente (Moran, 2011).

Uma mente concentrada exige esforço mental deliberado e intencionalidade. Em treinos de força e de condicionamento físico, em particular nos exercícios de velocidade e de agilidade, uma variedade de fatores pode causar a perda da concentração apropriada. Isso inclui sensação de ansiedade ou incerteza em relação à habilidade de executar o exercício adequadamente, fadiga de treinos anteriores ou fadiga acumulada dos acontecimentos do dia, motivação inadequada ou distração pura e simples (estar pensando em outras coisas). Ademais, uma causa frequente de concentração inapropriada em exercícios de treino é a análise excessiva sobre as mecânicas de corpo enquanto se executam os exercícios. Em essência, concentrar-se demais nos movimentos cinestésicos às vezes pode interferir na concentração apropriada na atividade de movimento mais geral.

Uma maneira simples de conceituar as habilidades de concentração de um atleta usa uma terminologia familiar àqueles já habituados a treinos de força e de condicionamento físico. A habilidade de se concentrar pode ser dividida em três categorias (USOC, 2002):

1. *Força de concentração*: o atleta é capaz de dirigir sua atenção ao assunto apropriado, manter o pensamento nesse aspecto e ignorar possíveis distrações?
2. *Flexibilidade de concentração*: o atleta é capaz de mudar o foco de concentração rápida e precisamente conforme é necessário durante o seu desempenho? Ele percebe quando a concentração está inadequada e a redireciona conforme necessário?
3. *Resistência de concentração*: o atleta é capaz de manter seu foco ao longo do exercício, mesmo se fatigado ou se a sessão de treino estiver no fim?

Uma série de atividades pode ajudar atletas a identificarem melhor a concentração apropriada e a administrarem suas distrações no ambiente de prática, melhorando a força, a flexibilidade e a resistência de suas concentrações. A primeira é, simplesmente, um plano para ampliar o reconhecimento e a consciência da natureza das distrações e quando elas tipicamente ocorrem. Durante determinada sessão de treino, cada atleta deve portar uma ficha e um lápis. A qualquer momento durante a sessão de treino, quando um atleta reconhecer que há distrações presentes, ele deve escrever qual é a distração: se é um desencadeador externo (por exemplo, colegas de equipe ou de treino, treinadores assistindo aos exercícios, coisas no ambiente) ou interno (por exemplo, pensar sobre outros assuntos, monólogos internos). No fim da sessão daquele dia, o treinador avalia os tipos de distrações comuns a esse grupo. Se desejado, isso pode ser levado um passo adiante, criando uma ficha de recuperação de concentração para o grupo (USOC, 2002) (*vide* Quadro 3.1) que adicione reações e planos de ação para lidar com essas distrações.

Quadro 3.1 Ficha de recuperação de concentração

Distração	Reação para minimizar o impacto negativo	Autoafirmação verbal
Comentário negativo do treinador	Respiração profunda e afirmação positiva	"Eu consigo! Mantenha o foco!"
Dúvida sobre si mesmo	Afirmação positiva e realista	"Essa é uma técnica nova. Estou pegando o jeito!"
Fadiga	Respiração profunda e afirmação motivadora	"Se não estivesse me deixando cansado, não estaria me deixando melhor!"

Adaptado, sob permissão, do Comitê Olímpico dos Estados Unidos, 2002, *U.S. Olympic Committee coaches guide: Sport psychology training manual* (Colorado Springs, CO, EUA: USOC Coaching and Sport Sciences).

Outra ótima atividade para direcionar a concentração ao ponto certo pode ser integrada diretamente no programa de treinamento do atleta: o exercício "descreva" (USOC, 2002). Quando o treinador vê um atleta executando um exercício de velocidade, agilidade e rapidez corretamente, ele pode pedir para que o atleta pare e descreva a sensação gerada pela atividade naquele momento em particular, com suas próprias palavras. O treinador colabora com o atleta para desenvolver palavras-chave que representem essa sensação. Isso pode ser integrado à autoafirmação verbal para lembrá-lo do que ele está tentando conseguir, e o treinador também pode usar esses lembretes quando for se comunicar com o atleta na próxima vez que ele fizer o exercício. Essa atividade também tem o benefício adicional de melhorar a confiança e o comprometimento, porque chama a atenção para algo que os atletas estão fazendo certo, o que costuma deixá-los mais empolgados para reproduzir a atividade.

Para gerar resistência de concentração, treinadores podem desafiar seus atletas a "travarem" sua concentração por períodos definidos. Comece com algo pequeno, por exemplo, com um desafio de manter a concentração adequada em exercícios que podem ser concluídos em períodos curtos, de 30 segundos a 1 minuto. Ao fim de cada bloco de exercícios, o técnico deve parar por um momento e avaliar o quão bem-sucedidos os atletas foram em manter a concentração. A atividade deve ser repetida com exercícios de duração ligeiramente mais longa. Como essa atividade é feita de maneira simultânea ao programa de treinamento existente, ela apenas adiciona alguns minutos de tempo (para breve avaliação) ao plano diário de treinamento.

Reconhecer, praticar e repetidamente manter a concentração apropriada para qualquer atividade que requer esforço e intencionalidade. A habilidade de manter a concentração enquanto se está imerso em um ambiente de alta pressão é decisivo para o melhor desempenho possível. Atletas nem sempre conseguem eliminar distrações, mas eles sempre podem controlar no que se concentram.

Controle

O elemento final da pirâmide de desempenho cognitivo é o controle, ou a habilidade de manter o autocontrole e de administrar as emoções em qualquer ambiente de execução atlética. Fadiga, inexperiência e frustração podem levar a uma perda de controle durante treinos de força e de condicionamento, assim como em outras situações de desempenho. Para atletas terem um bom desempenho, eles precisam aprender a melhor forma de administrar seus níveis de energia física e mental. Atletas que gastam energia com preocupação, raiva, frustração ou ansiedade têm uma probabilidade bem maior de distração e autoconfiança reduzida, e eles têm menos energia para quando precisam de fato dar seu máximo.

A energia mental é gerada, mantida, esgotada e reposta por nossas emoções. Emoções são quaisquer sensações fortes com manifestações físicas e psicológicas que energizam comportamentos. Essas emoções que alteram a energia podem ter efeitos benéficos ou trazer malefícios ao desempenho físico humano, muitas vezes, dependendo da forma que são interpretadas. As emoções podem ser benéficas para o desempenho quando elas nos deixam empolgados, fazem nos sentirmos motivados, elevam nossa autoconfiança e reforçam nossos níveis de comprometimento. Contudo, elas podem ser prejudiciais tanto quando são muitas como quando são poucas (um atleta muito "empolgado" ou muito "desanimado") ou quando perdemos o controle sobre nossas emoções e paramos de atuar funcionalmente no ambiente de prática atlética (por exemplo, um atleta que não consegue controlar sua raiva ou sua frustração). Níveis de energia inapropriados podem resultar em uma falta de controle.

Um treinador de força e condicionamento físico ou um técnico esportivo estão na posição ideal para ajudar atletas a desenvolverem suas habilidades de controle. O ambiente de treinamento fornece uma gama de experiências novas e nada familiares que podem produzir ansiedade. Ele também cria uma variedade de oportunidades de ser avaliado por sua eficácia, o que pode gerar frustração é preocupação. Ao munir os atletas com as ferramentas mentais para combater pensamentos inapropriados, aumentar a confiança e reforçar a motivação e o comprometimento, treinadores fornecem muitas das habilidades necessárias para permitir que os atletas também mantenham o controle.

O objetivo de qualquer exercício de formação de controle é ajudar o atleta a pensar com clareza sob pressão e reagir apropriadamente (PCCSP + RDA). Reconhecer quando pensamentos e sentimentos inapropriados estão sugando energia e, então, fazer algo para recuperar a concentração no que importa é o primeiro passo. A ficha de consciência sobre energia na Figura 3.4 (USOC, 2002) é uma ferramenta eficaz para ajudar atletas a reconhecerem que coisas esvaziam ou enchem suas baterias mentais e emocionais.

Cada indivíduo tem um ideal de nível de energia ou de ativação diferente, portanto, cada atleta precisa determinar o que é melhor para ele. Com uma consciência de seu próprio nível de ativação, o atleta pode tomar ações para elevar, reduzir ou, simplesmente, manter sua energia do momento. Quando um atleta percebe que está ficando "empolgado" e precisa se acalmar, ou reconhece que está "desanimado" e precisa se energizar, o próximo passo é desenvolver um plano. As últimas duas questões na ficha exploram essa ideia. O que funcionou para o atleta no passado? Com quais técnicas ele já está familiarizado? As respostas que o atleta apresentar são um bom ponto de partida para desenvolver um plano de ação para lidar com problemas de controle.

Se um atleta não tiver uma técnica preestabelecida para administrar níveis de energia, há várias opções possíveis. Veja, a seguir, diversas estratégias que atletas podem tentar para elevar e reduzir níveis de energia em prol de um desempenho eficaz (USOC, 2002).

- Se um atleta está com muita energia e precisa se acalmar, seguem algumas dicas que podem ajudar:
  - Desacelere sua respiração (respiração diafragmática).
  - Afaste-se de outras pessoas (faça uma pausa).
  - Afaste-se de ambientes caóticos.
  - Ouça música relaxante.
  - Escolha um ponto focal e mantenha a concentração naquele ponto.
  - Use autoafirmações que acalmem.

- Se um atleta está desanimado demais e precisa se empolgar, seguem algumas dicas que podem ajudar:
  - Aumente sua frequência respiratória.
  - Fique fisicamente ativo.
  - Rodeie-se de pessoas com energia alta.
  - Coloque-se em ambientes com energia alta.
  - Use autoafirmações que encorajem.

Figura 3.4 Ficha de consciência sobre energia

Pense em como seus níveis de energia mental e física influenciam seu desempenho quando você pratica, treina ou compete.

1. Liste três coisas que **gastam** sua "bateria" física e emocional em treinos ou competições (coisas que fazem você se sentir esgotado, cansado ou desanimado):

   a.

   b.

   c.

2. Liste três coisas que **carreguem** sua "bateria" física e emocional em treinos ou competições (coisas que fazem você se sentir empolgado, energizado ou preparado):

   a.

   b.

   c.

3. Dos elementos que você listou nas duas questões anteriores, sobre quais deles você tem controle?

4. Quais estão totalmente fora do seu controle?

5. Quais técnicas funcionariam quando você precisar recarregar sua bateria (aumentar seus níveis energia para o desempenho)?

Continua

Continuação

6. Quais técnicas funcionariam quando você precisar intencionalmente esvaziar suas baterias (reduzir seu nível de excitação) para obter seu melhor desempenho?

De L. Brown e V. Ferrigno, 2015, *Training for speed, agility, and quickness*, 3rd ed. (Champaign, IL, EUA: Human Kinetics). Adaptado, sob permissão, do Comitê Olímpico dos Estados Unidos, 2002, *U.S. Olympic Committee coaches guide: Sport psychology training manual* (Colorado Springs, CO, EUA: USOC Coaching and Sport Sciences).

Encontrar e manter o nível de energia apropriado é essencial não apenas para ter o máximo de energia disponível, mas, também, por causa de como isso afeta todos os outros conceitos descritos neste capítulo. Por exemplo, quando os níveis de energia crescem para um nível acima do desejado, em resposta, a capacidade de se concentrar cai. Além disso, conforme ansiedade, frustração e raiva aumentam, atletas perdem a capacidade de processar as informações de um modo efetivo. Ou seja, se os níveis de energia de um atleta saem de sua zona ideal, isso pode levar a distrações e a um processo de decisão ruim. Isso é desastroso para o treinamento de velocidade, agilidade e rapidez.

DESENVOLVENDO RESILIÊNCIA MENTAL

Muitas vezes, as pessoas falam sobre tentar melhorar a sua capacidade mental porque fazê-lo permitirá que eles entrem "na área". O estado de desempenho máximo é algo absolutamente incrível para se alcançar, mas a realidade é que a área não aparece com tanta frequência. Perseguir esse estado é estabelecer uma meta irreal, e esperar alcançá-lo com qualquer tipo de regularidade é garantia de decepção frequente. Além disso, estar na área é uma experiência passiva: quando você está lá, é como se fosse um espectador sendo conduzido. Assim que você perceber que está na área e mudar seu foco para como é bom estar nela, você não está mais na área. Na realidade, tentar entrar na área efetivamente impede que você consiga fazê-lo.

Um desempenho consistente tanto no ambiente de treino como no de competição não deve ser motivado por um esforço para entrar na área. Em vez disso, deve-se desenvolver um desempenho consistente por meio de motivação, comprometimento, foco e controle adequados. Manter o controle em situações desafiadoras, manter a concentração apropriada em uma tarefa, sentir confiança e ter motivação para obter sucesso são componentes fundamentais para desenvolver resiliência mental, que é a capacidade de obter um desempenho mais próximo do seu melhor, independentemente das circunstâncias competitivas (Loehr, 1986). Trata-se de ter o diferencial psicológico natural ou adquirido que permita que você lide melhor que seus oponentes com as demandas que o esporte faz a você, e, especificamente, de ser mais consistente que seus oponentes em manter a determinação, a confiança e o controle sob pressão (Jones, Hanton e Connaughton, 2002). Na verdade, trata-se de conseguir pensar com clareza quando se está sob pressão e reagir de forma apropriada. Treinadores de força e de condicionamento físico, técnicos esportivos ou figuras paternas/maternas estão em excelente posição para introduzir, influenciar e reforçar um programa de treinamento de habilidades psicológicas a um atleta. Começar simples com as habilidades descritas neste capítulo pode criar um alicerce sólido para melhorar o desempenho em qualquer área, incluindo treinos para melhorar velocidade, agilidade e rapidez.

Capítulo 4

Treinos de velocidade

Doug Lentz e Jay Dawes

A máxima "velocidade mata" é usada com frequência no mundo dos esportes. Para a maioria dos esportes como futebol americano, futebol, basquete, hóquei em campo e tênis, é crucial a habilidade de começar o movimento de maneira explosiva a partir de diversas posições. Quando um atleta começa a executar um *sprint*, ele deve ser capaz de acelerar o mais rápido possível por até 5 segundos. Depois disso, e antes, em muitos casos, um atleta pode precisar desacelerar, mudar de direção e, então, reacelerar, para cumprir sua função. Por conseguinte, aprender como largar e acelerar da maneira mais eficaz pode significar a diferença entre vitória e derrota.

Para obter os melhores resultados em qualquer programa de velocidade, atletas devem incorporar exercícios voltados primeiramente à habilidade de largada (ou aceleração), à velocidade máxima e à resistência de velocidade. Este capítulo inclui orientações e progressões que irão melhorar cada um desses atributos. Em geral, os exercícios variam de básico a avançado. Para melhor adquirir as habilidades, atletas devem aprender e aperfeiçoar os exercícios em velocidades menores antes de partir para a velocidade máxima.

Compreendendo os principais componentes da velocidade

Em geral, pensa-se na velocidade meramente como se mover rapidamente. Porém, ela pode ser divida em vários componentes. Ao obter uma melhor compreensão sobre esses componentes, treinadores e atletas podem determinar qual é mais determinante em seu esporte e se concentrar em técnicas de desenvolvimento de velocidade específicas que fornecerão as melhorias mais significantes em relação ao desempenho. Em geral, velocidade pode ser dividida em três áreas principais: 1) velocidade de largada (ou aceleração); 2) velocidade máxima; 3) resistência de velocidade.

Aceleração

Aceleração pode ser definida como uma mudança na velocidade. Embora na física essa mudança possa ser positiva (ficar mais rápido) ou negativa (ficar mais devagar), no mundo dos esportes, aceleração costuma se referir à aceleração positiva, ao passo que desaceleração é normalmente usada para descrever a aceleração negativa. Para a maioria dos esportes, a habilidade de um atleta rapidamente superar a inércia a partir de um estado imóvel ou quase imóvel e atingir a velocidade máxima ou próxima da máxima é importantíssima para o sucesso. Vários fatores influenciam a capacidade de aceleração. Aprimorar qualquer um deles ou todos eles podem melhorar o desempenho da aceleração.

Uma grande quantidade de pesquisas foi feita sobre um desses fatores: a técnica de largada de atletas de pista. De acordo com Harland e Steele (1997), um velocista sai do bloco de partida a um ângulo pequeno em relação ao chão (cerca de 40° ou 45° em relação ao plano horizontal). Para minimizar a força de ruptura, durante os primeiros dois passos, o centro de massa do corpo deve estar bem à frente do pé em contato com o chão (base de apoio). Isso permite que o atleta gere uma grande quantidade de força para superar a inércia e continuar a acelerar na pista, sobretudo nos primeiros 30 metros.

Em contraste aos atletas de pista, atletas de outras modalidades não têm o benefício de usar os blocos para acelerar. Em vez disso, eles precisam acelerar a partir de várias posturas, como parado, rolando ou andando. Atletas de esportes típicos de campo ou de quadra iniciam o movimento a partir de uma postura atlética, ou posição de prontidão, na qual tornozelos, joelhos e quadris estão ligeiramente flexionados, com os pés ou alinhados com os ombros ou um à frente do outro. No caso desses atletas, o peso deve ser colocado no pé mais à frente, mantendo o corpo equilibrado (sem se inclinar demais para frente, para trás ou para os lados). Similarmente a uma largada em pista, atletas que iniciam movimento dessa posição de prontidão também precisam projetar seu centro de massa à frente, de forma que fiquem diante de sua base de apoio.

Historicamente, atletas foram ensinados que é contraproducente dar um passo para trás antes de executar um *sprint* de frente. Conhece-se isso como "passo falso". Entretanto, muitos atletas profissionais iniciam o movimento a partir de uma posição estacionária usando essa técnica. Nos últimos anos, diversas evidências vêm sugerindo que um breve passo para trás, ou passada de ritmo, pode, na verdade, ajudar alguns atletas a fazer movimentos para a frente. Estudos sugerem que essa técnica pode criar maior impulso e mais potência horizontal, resultando em maior deslocamento em comparação a quando se começa a corrida com um passo para a frente (Cronin et al., 2007; Cusick, Lund e Ficklin, 2014). Isso foi observado em acelerações em linha reta de até 10 metros. Portanto, ensinar a um atleta quando e como utilizar essa técnica pode melhorar a aceleração.

Velocidade máxima

Velocidade máxima é a maior velocidade que um atleta atinge em um tiro de velocidade. Muitos atletas de campo conseguem obter velocidade máxima em cerca de 20 a 30 metros. Atletas de pista, em geral, são capazes de passar mais tempo na fase de aceleração. Esses atletas costumam atingir a velocidade máxima entre 40 e 50 metros. Isso significa que eles passam mais tempo na fase de aceleração do que atletas de esportes de campo.

Ao observar as demandas de velocidade de atletas que participam de esportes intermitentes (a maioria dos esportes que não são em pista), fica evidente que esses atletas raramente conseguem atingir sua velocidade máxima verdadeira (Duthie et al., 2006). Isso se deve às várias mudanças de direção exigidas ao longo de distâncias relativamente curtas (5 a 15 metros) para evadir defesas e interromper ataques. Por esse motivo, muitos treinadores acreditam que o treinamento de velocidade máxima não é importante para esse tipo de atleta. Muito pelo contrário: treinos de velocidade máxima não são apenas uma parte do desenvolvimento atlético geral, mas, também, preparam esses atletas para situações nas quais eles são capazes de atingir velocidade próxima da máxima. Seria, porém, prudente investir uma quantia de tempo significativa aprendendo como começar e acelerar com mais eficiência antes de gastar muito tempo aprendendo e refinando as mecânicas diretamente relacionadas à velocidade máxima.

Resistência de velocidade

O termo *resistência de velocidade* refere-se à capacidade do atleta de realizar *sprints* repetidamente com o máximo de tempo na velocidade máxima ou muito próxima da máxima. Para praticantes de atletismo em competições cuja distância a ser percorrida é de mais de 40 metros, pode não ser o atleta mais rápido que ganhe a corrida, mas sim aquele que desacelere menos. Para atletas que não sejam de pista, a resistência de velocidade pode não ser necessariamente a habilidade de manter a velocidade durante um único tiro, mas, sim, a habilidade de fazê-lo em diversos tiros de velocidade. Além de puro potencial genético, fatores como amplitude de passos, frequência de passos, força, potência, mobilidade, flexibilidade e técnica adequada contribuem para a velocidade. Embora nem todos possam atingir velocidade de atletas de uma competição em nível mundial, a maioria dos atletas pode ficar mais rápida por métodos e técnicas de treinamento especializados. Este capítulo inclui orientações para desenvolvimento de velocidade, exercícios para obtenção de velocidade máxima e informações em outras áreas significantes que contribuem para melhorar a velocidade.

Frequência de passos e amplitude de passos

Quando buscam melhorar a velocidade, técnicos tentam influenciar dois grandes componentes: amplitude de passos e frequência de passos. Amplitude de passos é a distância percorrida com cada avanço de pé, e frequência de passos se refere à habilidade do atleta de repetir o ciclo de movimento das pernas rapidamente. Aumentar a amplitude de passos, a frequência de passos ou ambos, geralmente resulta em melhorias na velocidade.

Embora esses fatores estejam inter-relacionados, algumas vezes, quando atletas fazem um esforço deliberado para melhorar um deles, acabam, acidentalmente, piorando o outro. Por exemplo, em um esforço para aumentar a amplitude de passos, muitos atletas projetam a perna de ataque longe demais da base de apoio. O resultado é um passo exageradamente largo, com o atleta pousando sobre o calcanhar da perna de ataque. Em consequência, isso cria uma força de freio indesejada e uma redução subsequente na frequência de passos, inevitavelmente resultando em redução na velocidade de corrida. Por esse motivo, é crucial para o treinador observar largadas e aceleração para garantir que os atletas mantenham um ângulo baixo nos tornozelos (em relação ao chão). Isso significa que a parte inferior da perna está sempre apontada para a direção desejada de movimento quando entra em contato com o chão. Muitos dos exercícios elementares de aceleração podem ajudar a reforçar ângulos pequenos (ou positivos) para os atletas.

Caso seja dada ênfase à boa forma e à boa técnica, a frequência de passos (o número de passos dados em determinado intervalo de tempo ou em uma distância específica) pode ser aumentada sem sacrificar a amplitude de passos. Aumentar a frequência de passos é importante, porque o atleta pode produzir forças propulsoras apenas quando seus pés estão em contato com o chão. Portanto, quanto mais vezes os pés tocarem o chão, maior o potencial de o atleta gerar forças propulsoras. Contudo, durante a corrida, o pé entra em contato com o chão por meras frações de segundo a cada passo. Durante esse contato por tempo limitado, o atleta precisa gerar uma grande força, de modo a produzir a potência necessária para gerar velocidade explosiva. Por essa razão, é imprescindível aprimorar força e potência gerais de um atleta, assim como a habilidade dele de produzir força rapidamente (ritmo de desenvolvimento de força). Em suma, embora uma variedade de métodos possa ser usada para melhorar força e potência, dominar a técnica permite que o atleta gere força rapidamente pela excelente combinação entre amplitude e frequência de passos.

Pesquisas recentes exploraram os fatores que diferenciam a habilidade de aceleração em atletas de esportes de campo em relação a atletas de pista. Foi descoberto que o tempo no qual o pé do atleta está em contato com o chão é uma característica altamente significativa que distingue aceleração mais rápida por atletas de campo e aceleração mais lenta por velocistas de pista. Tempo de contato é uma função das mecânicas de força produzidas durante a fase de apoio de um *sprint*. Adicionalmente, tempo de contato e frequência de passos foram apontados como as duas qualidades de maior significância para velocistas de elite. Deduziu-se que, para aceleração em esportes de campo, atletas que conseguem acelerar mais rápido terão tempos de contato menores e também podem apresentar maior frequência de passos.

Força e potência

Pesquisadores também concluíram que a habilidade de uma pessoa produzir força em um curto período de tempo parece ser um componente-chave em esportes de campo. Inclusive, a maior parte da bibliografia atual relacionada a treinos de velocidade revela que os atletas de campo mais velozes tendem a ser mais potentes e a deter mais força em relação à sua massa corporal. Por esse motivo, sugere-se que programas de força e de condicionamento físico incluam movimentos de potência explosiva (por exemplo, halterofilismo olímpico, pliometria, treino de força balístico), para ajudar a melhorar o comprimento de passada, e, também, movimentos de alta velocidade (por exemplo, *overspeed* ou treino de velocidade assistido), para melhorar a frequência de passos.

Mobilidade e flexibilidade

Em geral, mobilidade refere-se à quantidade e à fluidez de movimento em uma articulação, ao passo que flexibilidade se refere à capacidade de extensão de tecidos musculares. Para produzir um movimento eficiente, é essencial que atletas tenham a quantidade apropriada de mobilidade e de flexibilidade para fazer os membros realizarem toda a amplitude de movimentos requisitada nas velocidades necessárias. Por exemplo, se um atleta tem baixa flexibilidade nos músculos da coxa, isso pode prejudicar o quanto ele consegue levantar a perna de ataque, que, por sua vez, poderia restringir a mobilidade do quadril do atleta. Essa restrição pode impedir que o atleta coloque seu pé na melhor posição para a passada subsequente, causando produção de força reduzida quando o pé atinge o chão. Baixas flexibilidade e mobilidade não apenas podem ter um impacto negativo no desempenho, mas também podem aumentar o risco de lesão.

Técnica adequada

Embora a importância da força e da potência para produzir velocidade não possa ser superestimada, um adequado posicionamento de corpo e uma adequada técnica de *sprint* nunca devem ser subestimados quando se tenta desenvolver esses atributos. Tanto treinadores como atletas devem sempre estar atentos e dar ênfase a mecânicas apropriadas de *sprint* o tempo todo ao implementar programas de treinamento de velocidade e de aceleração. Mecânicas apropriadas permitem que o atleta obtenha o máximo de força gerada pelos músculos no impulso do pé e reduza dissipação de energia enquanto as forças são transferidas do chão até as pernas, o tronco e as extremidades superiores. Se uma técnica ruim for usada, mais desgaste biomecânico é submetido às articulações e à musculatura próxima, resultando em padrões de movimento ineficientes e em maior risco de lesão. Uma técnica apurada melhora significativamente a eficiência neuromuscular e a habilidade de o atleta usar o máximo de seu potencial genético. Utilizar uma técnica adequada também permite movimentos mais suaves e coordenados, que contribuem para maiores velocidades de corrida.

Há três elementos principais para se concentrar em relação a mecânicas apropriadas de *sprint*: postura, ação dos braços e ação das pernas (Gambetta, 2001).

Postura Refere-se ao alinhamento do corpo. A postura de um atleta muda dependendo da fase do ciclo de corrida em que ele se encontra. Durante a aceleração, há uma inclinação mais pronunciada. Com velocistas de pista, a inclinação do corpo fica a cerca de 40° a 45° do plano horizontal. Isso ajuda a superar a inércia. Quando o atleta se aproxima de sua velocidade de corrida máxima, a postura deve estar mais ereta (cerca de 80°). Independentemente da fase da corrida, deve ser possível traçar uma linha reta do tornozelo da perna de apoio até o joelho, o quadril, o tronco e a cabeça quando a perna estiver completamente esticada, logo antes de o pé perder o contato com o chão.

A cabeça deve estar alinhada com o tronco, e este, por sua vez, alinhado com as pernas (completamente estendidas) o tempo todo. Não permita que a cabeça balance ou se curve para qualquer direção. Realizar largadas explosivas e alcançar velocidade máxima requer estender o quadril, o joelho e o tornozelo, para manter uma posição neutra relaxada com a mandíbula relaxada e solta. Quanto à inclinação do corpo, como mencionado anteriormente, quando visto de lado, deve-se poder traçar uma linha reta que passe pelo centro do corpo durante a extensão total da perna a cada passada. O corpo deve ter uma inclinação frontal pronunciada durante a aceleração inicial, progredindo para uma postura mais ereta na velocidade máxima. Atletas devem se concentrar na extensão completa das articulações do quadril e do joelho conforme o pé empurra o corpo à frente (dica para treino: "pense que está empurrando o chão para longe de você"). Atletas mais jovens, que não são tão fisicamente desenvolvidos, tendem a ficar em postura vertical mais rápido do que atletas mais velhos, mais fortes e mais potentes.

Ação dos braços Refere-se à amplitude de movimento e à velocidade com que os atletas usam os braços. O movimento dos braços é contrário às forças rotacionais geradas pelas pernas. Como a força das pernas é significativa, movimentos de braço vigorosos e coordenados são necessários para manter o corpo devidamente alinhado. Isso é importante em todas as fases da corrida, mas é crucial durante a fase de largada e de aceleração inicial.

Uma ação dos braços agressiva é indispensável. Cada braço deve se mover como um todo, com o cotovelo flexionado a 90°. As mãos permanecem relaxadas, chegando à altura do queixo quando estiverem à frente do corpo e passando os glúteos quanto estiverem atrás. A ação dos braços deve ser sempre para a frente e para trás, nunca para os lados. O balanço dos braços deve originar do ombro sem flexão excessiva ou extensão dos cotovelos, um erro comum entre muitos atletas jovens. Durante a descida do braço, um leve realinhamento do ombro corresponde a uma maior alavancagem da perna traseira no lado colateral do corpo. Os cotovelos devem sempre permanecer próximos do tronco. As mãos podem ser mantidas abertas ou ligeiramente fechadas, mas sempre relaxadas. O atleta deve manter o lado da mão em que se encontra o polegar apontando para a frente e para cima o tempo inteiro durante o movimento; o pulso não deve se mover.

Ação das pernas Refere-se à relação que quadris e pernas têm com o tronco e o chão. Fazer largadas explosivas e atingir velocidade máxima exige estender o quadril, o joelho e o tornozelo de uma maneira coordenada para exercer a maior força possível sobre o chão. Além disso, para manter a frequência de passos alta e a amplitude de passos no nível ideal, é importante que as mecânicas de recuperação – ou seja, o que a perna faz quando não está no chão – sejam adequadas.

O pé deve permanecer dorsiflexionado (com os dedos para cima) ao longo do ciclo de corrida, exceto quando o pé toca o chão. Na fase de aceleração, atletas devem tentar recuperar seus calcanhares rapidamente, limitando as mecânicas traseiras. No *sprint*, mecânicas traseiras referem-se a movimentos ocorridos atrás do centro de massa. Manter a recuperação do calcanhar baixa (e naturalmente não cíclica) durante a largada e aceleração inicial é muito importante. Conforme o pé faz força sobre o chão, o peso deve estar na ponta do pé (nunca no calcanhar), diretamente abaixo do atleta. Assim que o pé sai do chão, ele segue um trajeto diretamente ao glúteo. Simultaneamente, o joelho se levanta e a coxa se encontra quase paralela ao chão. O pé, então, desce para abaixo do joelho. Nesse instante, o joelho está em um ângulo de cerca de 90°. De maneira dinâmica, a perna estende-se para baixo do corpo, em direção ao ponto de contato no chão. Esse processo é repetido várias vezes com cada perna. Quanto maior for a velocidade de corrida, mais alto o calcanhar deve subir. Não obter uma subida de calcanhar alta reduzirá a frequência de passos. Atletas devem evitar colocar o pé em frente ao corpo quando em contato com o chão, pois isso cria mais força de freio e diminui de modo significativo a velocidade de corrida.

Durante a aceleração, atletas devem se concentrar em tentar pisar no chão com passadas fortes. Conforme o atleta muda para uma corrida em velocidade máxima, ele deve praticar correr com o máximo de leveza e silêncio possíveis, com contato adequado entre pé e chão. Quando ele se aproximar da velocidade máxima, a cabeça fica erguida, o tronco fica mais vertical, os ombros e a cabeça ficam relaxados, a perna traseira está completamente estendida até o chão, e o calcanhar do pé de recuperação fica próximo dos glúteos.

Desenvolvendo potencial de velocidade

Embora não haja uma fórmula mágica para desenvolver ou aumentar a velocidade máxima de corrida, há algumas orientações específicas que qualquer um pode seguir quando treina para melhorar a velocidade. De forma simples, é crucial realizar *sprints* curtos e intensos, com bastante repouso entre repetições. Bons programas enfatizam técnicas, largadas, aceleração, pliometria, resistência de velocidade e recuperação. Veja a seguir as orientações para bons programas de treinamento de velocidade.

Realizar treinos de velocidade no começo da sessão de treinamento

O sistema nervoso do corpo é responsável pela velocidade e pela coordenação da contração muscular. Quando se tenta melhorar o desempenho, é imprescindível que atletas executem um trabalho de alta qualidade durante cada sessão de treino de velocidade. Atletas que estiverem treinando para aumentar a velocidade no esporte praticado precisam desenvolver movimentos neuromusculares intensos. Quando um atleta está em um estado de fadiga, é mais difícil treinar com esforço máximo, bem como controlar o alto nível de forças musculares produzidas durante a execução de *sprints*. Por conseguinte, o corpo é incapaz de manter as posições e os ângulos corporais apropriados, necessários para transferir e gerar as forças potentes produzidas na passada. Ademais, se as extremidades superiores ou inferiores estiverem fatigadas, a frequência de passos pode ficar comprometida. Portanto, tanto a habilidade de aprender como a de desenvolver esses movimentos é prejudicada, e pode até levar a lesões conforme outros grupos musculares compensam para se ajustar ao desgaste submetido ao corpo. Também é uma má ideia conduzir uma sessão de treino de velocidade se o atleta estiver significativamente cansado, dolorido ou fatigado por causa de uma sessão de treino anterior. Um atleta cansado, com dor ou em supertreinamento não pode aperfeiçoar o potencial de velocidade.

A prática leva à perfeição

A técnica adequada de execução de *sprints* é dominada por meio da execução de vários exercícios e repetições por um longo período de tempo. Portanto, é de muito importante que, ao realizar esses exercícios, tanto o treinador como o atleta exijam forma e técnica estritas em cada repetição. Caso contrário, padrões motores ruins são desenvolvidos, levando a maus hábitos que, inevitavelmente, precisarão ser superados para maximizar a técnica de *sprint*. Desenvolver o potencial máximo de velocidade em um atleta exige meses, e, até mesmo, anos, de trabalho intenso, enfatizando milhares de repetições de exercícios de treinamento para cada situação, como os aqui apresentados.

Em geral, mudanças no desempenho são muito maiores e mais rápidas durante os estágios iniciais de aquisição de habilidades motoras. Com a progressão da prática, a quantidade de melhora no desempenho diminui. Isso é conhecido como a lei dos rendimentos decrescentes. Conforme uma pessoa vai reconhecendo seu potencial, os ganhos que ela consegue são cada vez menos significantes. Uma teoria de aquisição de habilidades motoras há muito aceita propõe um processo de três estágios de aprendizado motor: estágio cognitivo, estágio associativo e estágio autônomo. Durante o estágio cognitivo do desenvolvimento da habilidade, o maior desafio para o atleta é entender o que deve ser realizado. O maior desafio para o treinador é passar para o atleta o que é para ser feito. As melhorias no desempenho costumam ser bem grandes, sobretudo durante a parte inicial desse estágio.

O atleta passa para o estágio associativo, no qual aprende uma estratégia de movimento e executa a habilidade. Ele, então, começa a modificar como o movimento é realizado com base nos comentários do treinador. A essa altura, o treinador deve se concentrar em pedir que os atletas avaliem seu próprio desempenho em vez de simplesmente dizer a eles o que fazer. Durante esse estágio, é importante pedir aos atletas que relatem qual sensação um movimento causou, em que ponto determinadas partes do corpo estavam durante a execução da atividade e no que eles devem se concentrar durante a corrida. Isso ajuda atletas a melhorarem seus mecanismos de autoavaliação, reduz a dependência no treinador e os aproxima do estágio autônomo de aprendizado (Jeffreys, 2009).

O terceiro e último estágio de aquisição de habilidades motoras, a fase autônoma, aparece após um treinamento extensivo, com horas e mais horas de prática. Esse estágio pode ser caracterizado por movimentos motores realizados de modo automático e sem nenhum desgaste real. É durante esse estágio que atletas podem treinar em um estágio verdadeiramente relaxado. Em essência, isso é similar a dirigir um carro no piloto automático. O atleta não precisa fazer um esforço consciente para se mover ou realizar uma tarefa de maneira específica, apenas ocorre automaticamente.

Garanta que todas as séries e as repetições em um treino de velocidade sejam acompanhadas de um repouso adequado

Qualquer exercício de *sprint* que dure de 6 a 8 segundos, com esforço máximo ou próximo do máximo, causará um desgaste significativo no sistema anaeróbio aláctico (ATP-CP) e no sistema nervoso central. Uma razão entre trabalho e repouso de um para quatro (1:4) é recomendada como uma boa estimativa; entretanto, razões ligeiramente maiores podem produzir resultados ainda melhores, se a prioridade for aperfeiçoar a velocidade. O sistema de energia ATP-CP depende fortemente do trifosfato de adenosina (ATP) e do fosfato de creatina (CP) armazenados para sustentar a intensidade do exercício durante sessões curtas e explosivas de treino. Em geral, o corpo humano armazena cerca de 85 gramas de ATP e de cinco a seis vezes essa quantidade de CP. Durante sessões intensas de exercícios, o ATP e o CP armazenados são usados relativamente rápido, pois eles são a fonte de energia preferível durante essas atividades. Para permitir que esse sistema de energia se recupere por completo, são necessários até 5 minutos entre repetições.

Recuperação de exercícios se refere ao retorno dos sistemas corporais a um estado pré-exercício após uma sessão de exercícios. A habilidade de um atleta de obter desempenho máximo em sessões seguidas de exercícios é influenciada pela atividade e pelos períodos de recuperação subsequentes. Em sessões de exercícios repetidas, se o tempo de recuperação for menor do que alguns minutos, como é o caso em muitos esportes coletivos, os bancos de ATP-CP podem estar apenas parcialmente reestocados antes da chegada de demandas adicionais de exercícios. Isso, por sua vez, resultará em desempenho comprometido em sessões sucessivas.

A duração do intervalo de recuperação entre sessões de exercícios de alta intensidade também afetará a recuperação. Infelizmente, em esportes que requerem explosões intermitentes de esforço máximo, os períodos de recuperação podem durar apenas alguns segundos; portanto, o desempenho em sessões subsequentes pode ser prejudicado.

A Figura 4.1 mostra o resultado de um teste de habilidade de *sprints* repetidos de 20 metros. Nesse teste, exigiu-se que o atleta corresse 20 metros com apenas 10 segundos de repouso entre os intervalos. O teste foi finalizado após o atleta executar 10 *sprints*. Embora esse seja um teste comum para determinar resistência de velocidade para atletas em esportes intermitentes, há uma queda acentuada em velocidade a cada repetição sucessiva. Em contraste, a Figura 4.2 mostra o mesmo teste com um repouso de 30 segundos entre tiros. Observe que, conforme os intervalos aumentam, a queda na velocidade fica menos drástica. Portanto, para treinar velocidade, um período de repouso maior seria necessário para garantir que atletas estejam aptos a realizar cada *sprint* o mais próximo do seu esforço máximo.

Essa consideração também pode ser aplicada ao treinamento de velocidade: um intervalo de 30 segundos, após 6 segundos de trabalho de velocidade em alta intensidade pode parecer suficiente; contudo, é possível que um repouso de 45 a 60 segundos levasse a melhores resultados. Atuar com intervalos de repouso mais curtos pode promover o desenvolvimento da resistência de velocidade. Esse atributo seria benéfico a atletas que estão envolvidos em esportes mistos, como basquete e futebol, que dependem fortemente tanto do sistema de energia aeróbio como do anaeróbio. Esse método de treinamento deve ser aplicado com moderação a atletas mais jovens e ser usado somente após o domínio consolidado da técnica. Além disso, se os intervalos de repouso não permitirem que os atletas mantenham forma e técnica adequadas, a sessão de treino deve ser interrompida ou o repouso entre as repetições deve ser aumentado, para permitir melhores recuperação e manutenção da técnica.

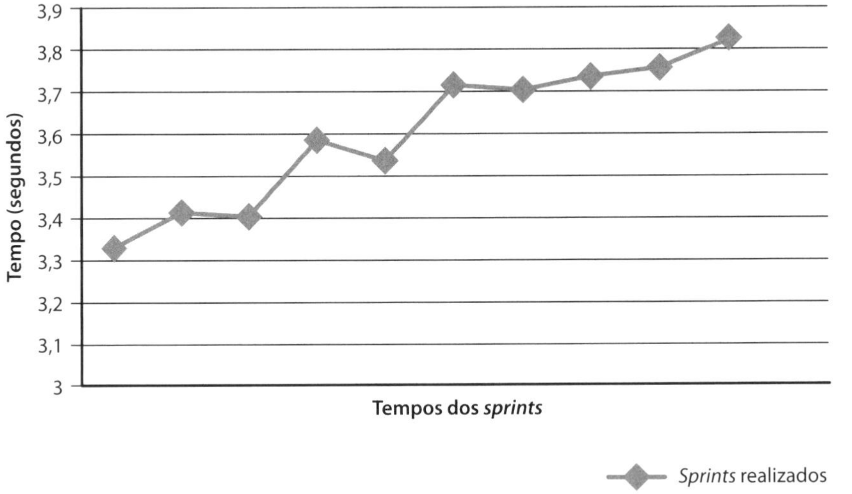

FIGURA 4.1 Tempos no teste de habilidade de *sprints* repetidos com repouso de 10 segundos.

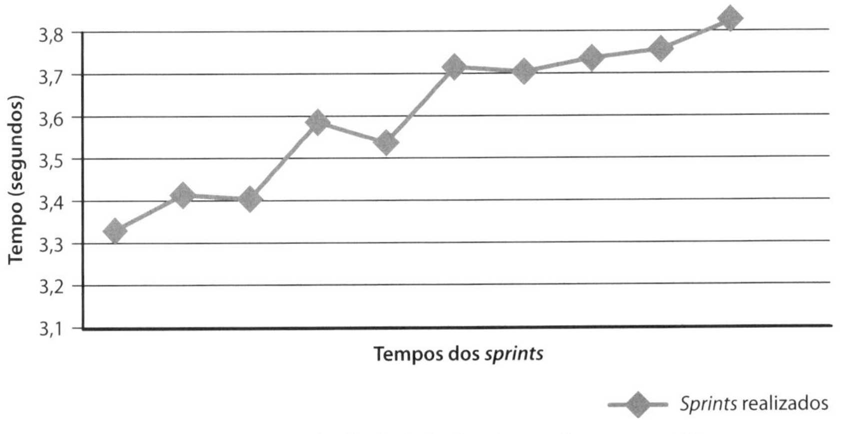

FIGURA 4.2 Tempos no teste de habilidade de *sprints* repetidos com repouso de 30 segundos.

Varie a intensidade de sessões de velocidade entre dias leves, médios e pesados

Dias seguidos de treinos pesados de *sprint* não seriam benéficos para o aprimoramento da velocidade, porque isso pode inibir a recuperação. Treinadores podem querer distinguir suas sessões de exercícios pela intensidade ou velocidade, pela duração (que é normalmente medida por tempo ou por distância) e pelo grau de fadiga total criado por cada exercício e pela sessão como um todo.

Por exemplo, uma sessão leve pode ser caracterizada por ter exercícios de curta a média duração e nível baixo ou médio de desgaste e de fadiga. Um dia leve normalmente é posterior a um dia pesado de treinos de *sprint* dentro do programa de treino geral. Um dia médio pode ser caracterizado por intensidade média a alta, durações entre curtas e longas, e desgaste médio a alto (por exemplo: um treinador que estiver planejando um dia de exercícios de alta intensidade também incorporaria intervalos de repouso mais longos para não fatigar prematuramente o atleta). Um dia pesado pode ser caracterizado pela alta intensidade, durações entre média e longa, altos níveis de desgaste e fadiga. Essas são as sessões de exercício de velocidade mais difíceis, e recomenda-se que elas não sejam realizadas muito próximo de uma competição. Além disso, treinos de velocidade pesados nunca devem ser realizados mais do que um dia por semana.

Meça a distância total percorrida pelo atleta durante cada sessão de velocidade

Como já mencionado, um atleta que treinou demais ou está com muita fadiga não será capaz de colher todos os benefícios de suas sessões de exercício de velocidade. Planejar os treinos de velocidade com antecedência é tão importante quanto o planejamento prévio dos componentes de condicionamento e de força ou de potência de um plano de treino geral. Não planejar o segmento de treino de velocidade de maneira adequada muito provavelmente resultará em lesões ou em um desempenho medíocre. Medir a distância total de cada sessão de velocidade minimiza as chances de ter resultados abaixo do desejado.

Para obter a velocidade máxima plena, o atleta deve aprender a correr de forma relaxada ao mesmo tempo que produz esforço máximo

Isso é mais fácil de falar do que de fazer, sobretudo com atletas que ainda estão no ensino médio. Fazer esforço excessivo produzirá movimentos corporais indesejados, que drenarão parte da potência necessária para obter velocidade. Músculos rígidos não se movem tão rapidamente quanto aqueles mais relaxados. Atletas relaxados correrão mais rápido do que atletas cujo nível seja semelhante, mas que estejam tensos. Isso ocorre porque eles estão mais aptos a usarem a energia elástica criada e armazenada quando os músculos são rapidamente estendidos durante o movimento de corrida. Quando os braços se movem para trás, por exemplo, os músculos dos ombros passam por uma ligeira estendida, que forma uma energia potencial nos ombros e permite que o atleta balance explosivamente os braços para a frente durante a ação de correr. Se esses músculos ficarem tensionados pela contração muscular, menos energia elástica será armazenada do que quando houver menos tensão nos músculos.

Atletas devem aprender como ativar e desativar as contrações nos músculos com rapidez extrema. Esse é um aspecto crucial de corridas de velocidade. A habilidade de contrair rapidamente um músculo relaxado pode aprimorar a velocidade e a força da contração muscular. Como ocorre em qualquer processo de aprendizado, para que o relaxamento se torne instintivo, as habilidades precisam ser praticadas repetidas vezes durante o treinamento.

Treine separadamente aceleração, velocidade máxima e resistência de velocidade

Pode-se determinar se um atleta deve realizar mais treinos de aceleração ou mais treinos de velocidade ao se dividir os tempos para separar aceleração de velocidade máxima. Por exemplo, a Figura 4.3 traz uma amostra da divisão dos tempos obtidos por quatro atletas diferentes aos 10 metros (velocidade de aceleração) e aos 30 metros. Nesse exemplo, tanto Joe como Devin têm os melhores tempos de aceleração e os melhores tempos gerais. Entre Steven e Mitch, você verá que Steven tem um tempo de aceleração melhor (nos primeiros 10 metros) que Mitch; no entanto, Mitch tem um tempo melhor nos 30 metros. A Figura 4.3 ajuda a clarificar duas questões: 1) cada um desses atributos de velocidade é diferente; 2) para melhorar cada um deles, o treinamento precisa ser diferente. Essa informação também pode ajudar a orientar as decisões de um treinador. Por exemplo, parece que Mitch se beneficiaria de mais treinos de aceleração, ao passo que Steven poderia se beneficiar de mais treinos de velocidade máxima.

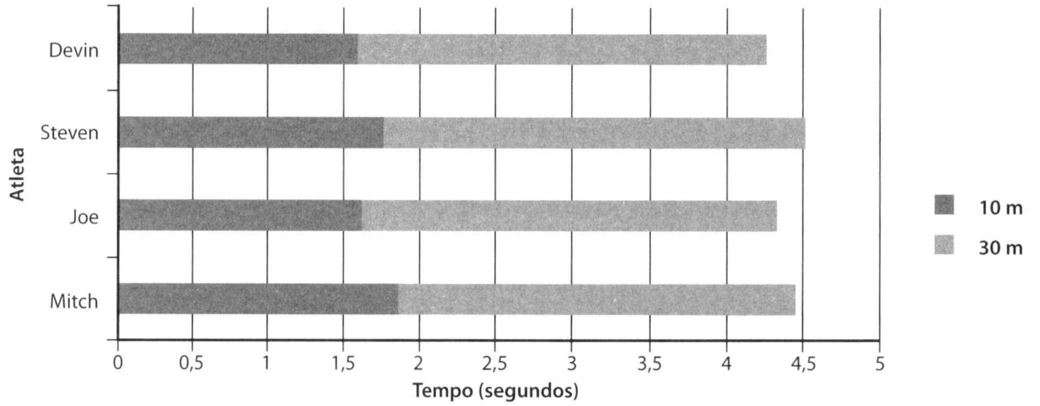

Figura 4.3 Divisão dos tempos para um *sprint* de 30 metros.

Todos os esportes exigem certo nível de resistência de velocidade. Contudo, há uma diferença significativa entre as necessidades de resistência de velocidade de um jogador de vôlei e de um jogador de futebol. Todos os programas de resistência de velocidade devem ser projetados com o sistema de energia primário do respectivo esporte em mente. Embora o sistema de energia aeróbio possa não ser o sistema predominante requisitado em um esporte em particular, um sistema aeróbio bem condicionado irá ajudar na manutenção geral da resistência de velocidade. Isso não deve ser confundido com a necessidade de um alto VO_2máx. Qualquer tentativa de obter a capacidade aeróbia pura máxima provavelmente resultará em decréscimos na velocidade geral. Portanto, alterar os períodos de repouso entre certos exercícios de velocidade ou utilizar exercícios como corridas de ir e vir (*shuttle run*) de 150 e 300 metros será mais apropriado a atletas de esportes mais voltados à força e à potência. Deve-se observar que os intervalos de recuperação selecionados para melhorar a resistência de velocidade devem sempre ter o esporte específico do atleta em mente.

A resistência de velocidade pode ser desenvolvida ao correr por intervalos mais longos, de 150 a 400 metros, ou ao diminuir o repouso entre intervalos curtos, de 18 a 50 metros. A segunda opção é boa para muitas aplicações de esportes específicos nas quais o esporte em questão é caracterizado por breves acelerações ao longo de distâncias relativamente curtas.

Preceda todas as sessões de velocidade com um aquecimento dinâmico e uma rotina de flexibilidade, que prepararão o atleta para o esforço máximo

De acordo com Jeffreys (2009), realizar uma rotina de aquecimento antes dos treinos de velocidade oferece vários benefícios. Um aquecimento dinâmico facilita contrações musculares e relaxamento dos músculos agonistas e antagonistas, melhores fluxo sanguíneo e distribuição de oxigênio aos músculos ativos, além de menor viscosidade nos tecidos corporais. Isso permite que se apresentem maiores níveis de desenvolvimento de força e de potência. Ademais, ele pode ajudar a melhorar a rapidez, pois tem o potencial de reduzir o tempo de movimento total por meio de tempos de reação mais rápidos.

O aquecimento é um componente essencial de qualquer sessão de treino de velocidade e não deve ser pulado. Muitos dos padrões de movimento fundamentais necessários para obter a velocidade máxima devem ser abordados durante essa parte do treino. Esse trecho da sessão de treino de velocidade deve reforçar as habilidades motoras que serão exibidas no trecho principal desse treinamento e devem receber o mesmo nível de atenção. Progressões básicas durante a rotina de aquecimento dinâmico devem passar de exercícios simples de mobilidade e flexibilidade gerais para exercícios mais específicos e complexos. Inicialmente, exercícios devem ser realizados em velocidades de movimento mais lentas e progredir a velocidades mais altas conforme a temperatura corporal, o ritmo respiratório e os níveis de transpiração do atleta aumentam.

Conforme os atletas ficam mais proficientes nos exercícios de treino de velocidade, muitos dos exercícios que antes faziam parte desse tipo de sessão de treinamento podem ser usados como parte do aquecimento dinâmico. Em muitos casos, se essa porção do aquecimento for realizada como descrito, pode ser difícil para os atletas diferenciarem entre quando o aquecimento foi concluído e a sessão de treino de velocidade propriamente dita começou. Assim, conforme os exercícios de velocidade fundamentais e corretivos (que foram originalmente introduzidos e utilizados no aquecimento dinâmico) são dominados, eles podem ser substituídos por exercícios ligeiramente mais avançados no aquecimento (por exemplo, começar com marchas, depois avançar para corridas com saltos, depois, progredir para movimentos efetivos de *sprint* dentro do aquecimento).

Exercícios de treino de velocidade

Os exercícios a seguir se concentram sobretudo na técnica apropriada para começar de uma posição parada, na técnica para acelerar enquanto estiver em movimento e no alicerce das mecânicas de velocidade máxima. Dominar essas técnicas melhorará significativamente as oportunidades de sucesso de um atleta e fornecerá as habilidades básicas necessárias para atingir seu potencial de velocidade.

EXERCÍCIOS DE ACELERAÇÃO

1 *Wall drill* com elevação da coxa
(*Punch wall drill*)

Propósito

Reforçar o posicionamento e o alinhamento correto do corpo, em especial, durante a aceleração. Esse exercício é o primeiro na série de *wall drills*.

Procedimento

- Fique na ponta dos pés e incline-se em direção a uma parede, a um ângulo de 45° a 60°, com os braços apoiando o corpo.
- Mantendo o corpo ereto e firme, sob o comando "subir" (*vide* figura), levante uma coxa, deixando-a quase paralela ao chão, com o tornozelo fixo em uma posição dorsiflexionada.
- A parte inferior da perna de recuperação deve manter um ângulo paralelo à perna de apoio.

2 *Wall drill* com abaixamento da perna
(*Drive wall drill*)

Propósito

Reforçar mecânicas de aceleração. Isso ensina ao atleta a levar a ponta do pé de volta ao chão, em um movimento similar a um pistão. Este exercício deve ser dominado antes que se passe para o *wall drill* com um, dois, três, cinco abaixamentos.

Procedimento

- Fique na ponta dos pés e incline-se em direção a uma parede, mantendo um ângulo de 45° a 60°, com os braços apoiando o corpo.
- Mantendo o corpo alto e firme, levante uma coxa, deixando-a quase paralela ao chão, com o tornozelo fixo em uma posição dorsiflexionada.
- Sob o comando "descer", a perna de recuperação deve ser baixada e levada de volta ao chão. Mantenha-se na ponta dos pés o tempo inteiro.

3 *Wall drill* com um, dois, três, cinco abaixamentos
(*One, two, three, five step wall drill*)

Propósito

Reforçar postura e ação de perna adequadas para as mecânicas de aceleração. Esse exercício deve ser dominado antes que se passe para o *wall drill* contínuo.

Procedimento

- Fique na ponta dos pés e incline-se em direção a uma parede, mantendo um ângulo de 45° a 60°, com os braços apoiando o corpo.
- Mantendo o corpo alto e firme, levante uma coxa, deixando-a quase paralela ao chão, com o tornozelo fixo em uma posição dorsiflexionada.
- Abaixe a perna até o chão o número de vezes (na sequência um, dois, três, cinco) indicado pelo treinador.

4 *Wall drill* contínuo
(*Continuous wall drill*)

Propósito

Imitar um *sprint* de aceleração curta e garantir uma mecânica de movimento adequada ao longo da fase de aceleração. Esse exercício deve ser realizado depois que os *wall drills* anteriores tiverem sido dominados.

Procedimento

- Realize o *wall drill* de forma contínua, por 4 a 6 segundos.
- Garanta que a posição corporal apropriada seja mantida (não curve as costas ou os ombros).
- Continue a conduzir o pé de volta ao chão e o joelho oposto em direção ao tronco durante o exercício, em vez de simplesmente levantar o pé.
- Mantenha um dedo do pé erguido, em posição de joelho elevado.

5 *Wall drill* sob comando
(*On-command wall drill*)

Propósito

Essa é uma progressão avançada na série de *wall drills*. O treinador observa mecânicas apropriadas enquanto o atleta reage e responde apropriadamente aos comandos do treinador.

Procedimento

- Deve-se realizar este exercício da mesma maneira que o *wall drill* com um, dois, três, cinco abaixamentos; contudo, o técnico fala um número (um, dois, três, cinco) aleatoriamente.
- Responda produzindo o padrão de movimento apropriado ao número de passos.

6 Balanço de braços sentado
(*Seated arm swings*)

Propósito

Treinar a posição correta dos braços conforme as mãos passam o ponto mais baixo do movimento, evitando o contato com o chão.

Procedimento

- Sente no chão, com as pernas estendidas à frente, e os braços flexionados em um ângulo de 90° (figura *a*).
- Balance os braços, de forma que as mãos cheguem à altura dos ombros na frente do corpo, e passe os glúteos atrás (figura *b*). As mãos devem ficar relaxadas.
- Cada braço deve se mover como uma unidade, com o cotovelo dobrado a cerca de 90°. A ação dos braços deve ser para a frente e para trás, sem cruzar o eixo bilateral do corpo.
- Tome cuidado para não tirar o corpo do chão conforme o exercício fica mais vigoroso.

7 Balanço de braços em pé
(*Standing arm swings*)

Propósito

Melhorar a mecânica e a velocidade de corrida, fornecendo sugestões de ensino para movimento de membros superiores em uma posição estacionária.

Procedimento

- Fique em pé, com os pés em paralelo e os braços em um ângulo de 90° (figura *a*).
- Balance os braços em um movimento de *sprint*, de forma que as mãos cheguem à altura dos ombros, à frente do corpo, e passe os glúteos, atrás (figura *b*). As mãos ficam relaxadas.
- Cada braço deve se mover como uma unidade, com o cotovelo flexionado a cerca de 90°.
- A ação dos braços deve ser para a frente e para trás, sem cruzar o eixo bilateral do corpo.

8 Marcha com joelhos altos
(*Forward A march*)

Propósito

A marcha com joelhos altos é um pré-requisito para o *skipping* alto. Ela reforça a velocidade do pé e as mecânicas apropriadas de aceleração. Este exercício deve ser dominado antes que se passe para exercícios mais avançados.

Procedimento

- Marche usando postura e ação de braços perfeitos.
- Leve o joelho da perna de recuperação para o alto e o mantenha completamente flexionado enquanto mantém o tornozelo próximo ao glúteo, dorsiflexionado (figuras *a-c*).
- Quando o joelho de recuperação estiver no ponto mais alto, o pé que está no chão deve enfatizar a flexão plantar.

VELOCIDADE

9 Pés rápidos e joelhos altos
(*Quick feet and high knees*)

Propósito

Trabalhar a frequência de passos enquanto mantém a mecânica adequada de *sprint* (aceleração).

Procedimento

- Esse exercício é realizado da mesma maneira que a marcha com joelhos altos; porém, há uma maior ênfase na frequência de passos dentro de uma distância relativamente curta.
- As coxas *não* devem passar da altura paralela ao chão.
- Concentre-se em acertar o chão com força usando as pontas dos pés, e passe o mínimo de tempo possível em contato com o chão (figuras *a*, *b*).
- Para enfatizar a velocidade de movimento exigida, imagine os pés pousando sobre brasas.

a

b

10 Aceleração com chutes de calcanhar
(*Acceleration heel kicks*)

Propósito

Aumentar a velocidade dos pés e minimizar a mecânica traseira.

Procedimento

- Em movimento de corrida, leve para cima o calcanhar da perna apoiada no chão, de modo que ele bata nos glúteos (figuras *a-c*).
- Conforme a perna flexiona, o joelho deve ir para a frente e para cima.
- Durante a aceleração, sobretudo nos primeiros seis a oito passos, você deve buscar minimizar mecânicas traseiras, o que significa que os movimentos devem ocorrer atrás do seu centro de massa.

11 Corrida com o tornozelo
(*Ankling*)

Propósito

Aumentar a velocidade dos pés e a força elástica dos tornozelos.

Procedimento

- Faça uma corrida com passos bastante curtos, pisando no chão com a ponta dos pés e empurrando o corpo para cima (figuras *a-c*).
- Minimize o contato com o chão e maximize o contato dos pés.
- Enfatize a fase de flexão plantar durante o contato com o chão e uma recuperação dos pés baixa.
- Procure não fazer barulho com os pés e os mantenha com movimentos rápidos.

12 Empinada

(Prancing)

Propósito

Introduzir uma progressão básica para saltos.

Procedimento

- Comece em pé, com uma leve flexão de joelho e de quadris, em uma posição inclinada à frente.
- Durante o movimento de subida, conduza os quadris para cima e para a frente, com o joelho de uma perna tomando a dianteira (figuras *a*, *b*).
- Ao descer do movimento, repita o movimento de subida, com o outro joelho tomando a dianteira (figura *c*).
- Ambos os pés devem chegar ao chão simultaneamente, e ambos os tornozelos devem permanecer em uma posição dorsiflexionada (ou travada).

VELOCIDADE

13 Corrida saltada para altura e distância máximas

(Skip for max height and distance)

Propósito

Aumentar a força de extensão e de flexão do quadril, melhorar a rigidez dos músculos do tornozelo, e melhorar a potência das pernas, dos quadris e a amplitude de passos.

Procedimento

- Salte, levando para cima o joelho da perna que não estiver apoiada no chão, com a maior intensidade possível (figuras *a-c*).
- Realize uma ação de braços intensa.
- Tente saltar o mais alto e o mais longe possível a cada salto.

14 Corrida com pernas estendidas
(*Straight-leg shuffle*)

Propósito

Aumentar a força dos quadris e a força elástica dos tornozelos.

Procedimento

- Corra, mantendo as pernas estendidas e os pés dorsiflexionados (figuras *a-c*).
- Dê ênfase ao contato rápido entre o chão e a ponta do pé, ajudando com os quadris.

a

b

c

15 Saltos com pernas estendidas
(*Straight-leg bounds*)

Propósito

Aumentar a força dos quadris, a força elástica dos tornozelos e a amplitude de passos.

Procedimento

- Corra explosivamente, mantendo as pernas estendidas e os pés dorsiflexionados (figuras *a-c*).
- Dê ênfase ao contato rápido entre o chão e a ponta do pé, e salte para a frente, mantendo a postura ereta, sem inclinar-se para trás.

16 *Skipping* alto

(*A skip*)

Propósito

Aumentar a extensão dos quadris, a força de flexão e a rigidez dos músculos do tornozelo.

Procedimento

- Salte usando postura e ação de braços perfeitos. Leve o joelho da perna de recuperação para o alto e mantenha-o completamente flexionado enquanto mantém o tornozelo próximo dos glúteos e dorsiflexionado (figuras *a-c*).
- Enquanto estiver sem contato com o chão, dê ênfase à postura de recuperação alta usada na marcha com joelhos altos.
- Mantenha os membros superiores em uma posição ereta e firme o tempo todo. A batida de pés deve ser silenciosa, mas explosiva, enfatizando a rigidez muscular no tornozelo.
- Cuidado para não bater o pé com força no chão.

17 *Skipping* alto unilateral

(*Single-leg A skip*)

Propósito

Aumentar a extensão de quadril, a força de flexão e a rigidez dos músculos do tornozelo. Essa é uma variante progressiva do *skipping* alto.

Procedimento

- Salte com as mesmas mecânicas do *skipping* alto, mas apenas usando a perna direita, levando o pé direito ao chão; mantenha a perna esquerda estendida.
- A perna de apoio deve permanecer ligeiramente atrás do corpo e ser usada como suporte durante cada salto.
- Mantenha a ponta do pé em contato com o chão.
- Garanta que quadris, joelhos e tornozelos estejam completamente estendidos.
- Mantenha um bom balanço de braços durante o exercício.
- Repita com a outra perna.

18 *Sprint* básico de 36,6 metros

(*Basic 40-yard model*)

Propósito

Ensinar integração entre largada, aceleração e velocidade máxima; aperfeiçoar o desempenho em testes de 36,6 metros.

Procedimento

- Para tempos de *sprint* de 36,6 metros acima de 4,7 segundos, siga esta sequência:
  - Visualize a largada.
  - Inspire, coloque-se em posição de largada, segure a respiração e comece.
  - Mantenha os braços separados, passe à frente a perna que está atrás, concentre-se em avanços de perna fortes nos primeiros 9 metros. Expire e inspire e fique em postura ereta.
  - Em cerca de 18 metros, expire, inspire mais uma vez, e conclua com o corpo ereto.
- Para tempos de *sprint* de 36,6 metros abaixo de 4,7 segundos, siga esta sequência:
  - Visualize a largada.
  - Inspire, coloque-se em posição de largada, segure a respiração e comece.
  - Mantenha os braços separados, impulsione a perna que está atrás, concentre-se em avanços de perna fortes nos primeiros 14 metros. Expire e inspire, fique ereto e conclua com o corpo ereto.

19 Dentro e fora
(*Ins and outs*)

Propósito

Melhorar a aceleração de transição e a habilidade de mudar de velocidades.

Procedimento

- Separe cones em uma fileira, com 14 metros de distância entre cada um deles (*vide* figura).
- Comece no cone 1 e acelere a uma velocidade submáxima, até chegar ao cone 2.
- Após passar o cone 3, tente correr mais rápido do que nunca (tente quebrar seu recorde de velocidade máxima).
- Ao passar o cone 4, reduza a intensidade, mas tente manter a frequência de passos.

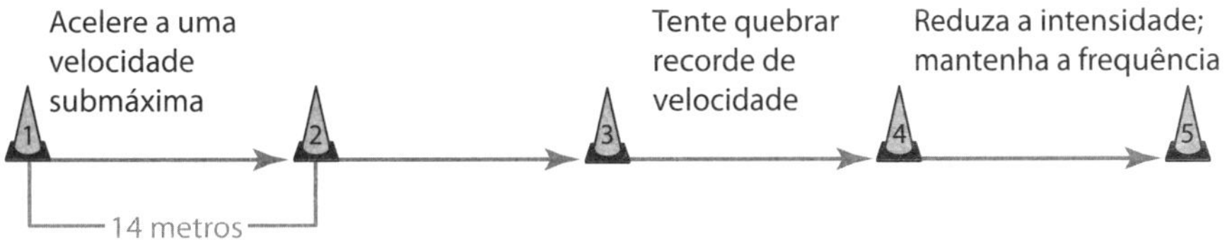

20 Transição de marchas
(*Gears*)

Propósito

Melhorar a aceleração de transição e a habilidade de mudar velocidades.

Procedimento

- Separe cones em uma fileira com 18 metros de distância entre cada um deles (*vide* figura).
- Varie a intensidade da corrida entre os cones, o que irá ensinar você a acelerar e mudar (fazer transições) entre várias velocidades (ou marchas). Por exemplo: corra na segunda marcha (meia velocidade) entre os cones 1 e 2; em terceira marcha (três quartos de velocidade) entre os cones 2 e 3; em primeira marcha (um quarto de velocidade) entre os cones 3 e 4; e em quarta marcha (velocidade total) entre os cones 4 e 5.
- Você pode mudar a ordem das marchas para qualquer uma que desejar. Você também pode usar menos cones, para exercícios de transição mais específicos, ou mais cones, para exercícios de condicionamento físico.

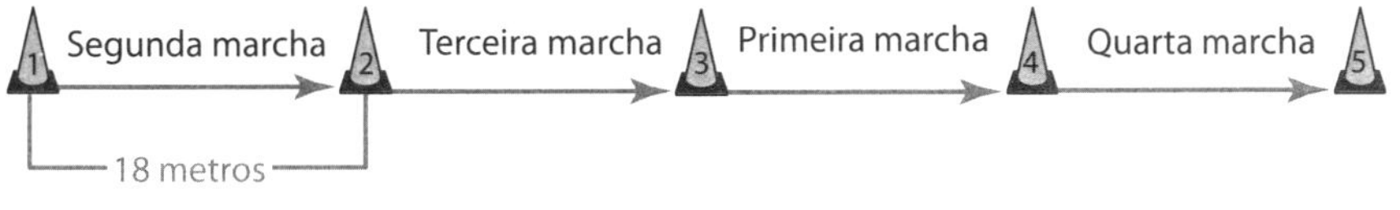

VELOCIDADE

21 Tiro de 10 metros
(*10-yard burst*)

Propósito
Testar e melhorar as mecânicas de aceleração e a potência explosiva na primeira passada.

Procedimento
- Fique em postura de dois apoios.
- Acelere o máximo possível por 10 metros.

22 Corrida saltada
(*Bounding*)

Propósito
Aumentar a força de extensão e a flexão dos quadris, melhorar a rigidez dos músculos dos tornozelos e melhorar a potência da perna e a amplitude de passos.

Procedimento
- Corra, levantando o joelho de forma que a coxa fique em paralelo com o chão; salte um pouco a cada passo (figuras *a-c*).
- O exercício assemelha-se a uma corrida com saltitos, com passos mais longos do que os normais.
- Tome cuidado para não avançar o tronco à frente ao entrar em contato com o chão.

23 Saltos unilaterais
(Single-leg bounds)

Propósito

Aumentar a força de extensão e flexão dos quadris, melhorar a rigidez dos músculos dos tornozelos e melhorar a potência da perna e a amplitude de passos.

Procedimento

- Comece com uma corrida lenta e comece a saltar em uma perna só (figuras *a-c*).
- Trabalhe em mecânicas de recuperação similares às mecânicas de *sprint* (do calcanhar ao glúteo, joelho alto, movimento para trás semelhante ao de "pedalar" [*pawing action*, no original] conforme a perna se prepara para pular novamente).
- Meça as melhoras comparando a distâncias percorridas em determinado número de saltos ao longo de séries diferentes.

24 Passos rápidos com aceleração
(Quick feet into acceleration)

Propósito

Combinar um exercício de frequência de passos em alta cadência com corridas de aceleração.

Procedimento

- Avance em uma posição ereta com os joelhos e os dedos do pé altos, fazendo um movimento de braços agressivo (figuras *a-c*).
- Dê ênfase à frequência de passos, *não* à velocidade horizontal.
- Após 5 a 10 metros de passos rápidos, sem parar, incline o tronco para a frente e acelere por mais 5 a 10 metros.
- Mantenha o tronco firme e ereto ao longo da aceleração; enfatize as passadas fortes, e tente tirar os pés do chão o mais rápido possível. Faça uma potente condução dos braços, desde os ombros.

25 Saltos com pernas estendidas e aceleração

(Straight-leg bound into acceleration)

Propósito

Incorporar um exercício de técnica de aceleração a uma aceleração de 5 a 10 metros.

Procedimento

- Corra explosivamente, mantenha as pernas estendidas e os pés dorsiflexionados (figuras *a-c*).
- Enfatize um contato ligeiro entre o chão e a ponta do pé, e lance-se à frente, mantendo a postura ereta, sem jogar o corpo para trás.
- Após 5 a 10 metros de corrida saltada com pernas estendidas, sem parar, incline o tronco à frente e, em seguida, acelere por mais 5 a 10 metros.
- Mantenha o tronco ereto ao longo da aceleração; enfatize as passadas fortes, e tente tirar os pés do chão o mais rápido possível. Faça uma potente condução dos braços, desde os ombros.

26 Corrida saltada com aceleração
(*Bound into acceleration*)

Propósito

Combinar um exercício de pliometria que melhora as capacidades de aceleração com um *sprint* de aceleração de 10 a 15 metros.

Procedimento

- Após 10 a 15 metros de corrida saltada, sem parar, parta para um *sprint* de aceleração total por mais 10 a 15 metros (figuras *a-c*).
- Mantenha o tronco ereto ao longo da aceleração; enfatize as passadas fortes, e tente tirar os pés do chão o mais rápido possível. Faça uma potente condução dos braços, desde os ombros.

27 Salto largo com aceleração

(Broad jump into acceleration)

Propósito

Combinar um exercício de salto explosivo linear a uma curta corrida de aceleração.

Procedimento

- Fique ereto, com os pés alinhados com os quadris e os ombros.
- Baixe para uma posição agachada e balance os braços para trás agressivamente (figura *a*).
- Balance os braços para a frente, estendendo os joelhos e os quadris para saltar à frente (figura *b*).
- Aterrisse em uma das pernas (não nas duas), em uma posição firme (figura *c*).
- Continue sem parar e acelere o mais rápido possível por 5 a 10 metros.

28 Alpinista com aceleração

(Mountain climber into acceleration)

Propósito

Melhorar as capacidades de largada e aceleração.

Procedimento

- Fique em posição de flexão de braços, com os braços retos e o corpo em linha reta, da cabeça aos tornozelos.
- Sem mudar a posição do tronco, levante o joelho direito até o peito (figura *a*).
- Pare momentaneamente, e, então, volte à posição inicial e repita a segunda posição com a perna esquerda (figura *b*). Isso equivale a uma repetição.
- Faça três repetições seguidas e, sem parar, acelere para a frente, o mais rápido possível, por 5 a 10 metros (figuras *c*, *d*).

29 Puxar trenó de peso leve
(Light sled pull)

Propósito

Melhorar a força e a potência de corrida, e a amplitude de passos.

Procedimento

- Prenda uma corda a um trenó de peso ou a um pneu de carro e arraste-o de 5 a 15 metros (*vide* figura).
- Dê ênfase às mecânicas adequadas de *sprint*.
- Não deixe o trenó pesado a ponto de exigir mecânicas de aceleração alteradas para puxá-lo.
- Não ultrapasse o limite de 10% a 13% do seu próprio peso no peso do trenó; puxar trenós mais pesados não é recomendado a atletas mais jovens.

30 Puxar trenó de peso pesado

(*Heavy sled pull*)

Propósito

Melhorar a potência de largada e a amplitude de passos.

Procedimento

- Prenda uma corda a um trenó de peso e arraste-o durante uma corrida de aceleração de 14 a 18 metros (*vide* figura).
- Dê ênfase à largada explosiva e às mecânicas de aceleração.
- Recomendado a atletas plenamente maduros. Não se deve exceder 30% do próprio peso.

31 Corridas de aceleração em subida
(Uphill acceleration runs)

Propósito
Melhorar a potência de largada e a amplitude de passos durante a aceleração.

Procedimento
- Use uma ladeira com inclinação de 20° a 35°.
- Faça corridas de 4 a 8 segundos ladeira acima.
- Conte suas passadas. Marque seus pontos de partida e de chegada, de acordo com o tempo escolhido.
- Tente superar as distâncias a cada tentativa, realizando menos passadas nas corridas cronometradas subsequentes.

32 Arquibancada
(Stadium stairs)

Propósito
Melhorar a potência de largada e a amplitude de passos.

Procedimento
- Suba os degraus de uma arquibancada por 4 a 8 segundos.
- Mantenha a postura firme e ereta.
- Faça um balanço dinâmico de braços combinado a passos rápidos e fortes.

Variação
Use um colete lastrado.

EXERCÍCIOS DE ACELERAÇÃO COM ASSISTÊNCIA DE UM PARCEIRO

33 Resistência frontal
(*Resist from front*)

Propósito

Melhorar a potência de largada e a amplitude de passos.

Procedimento

- Você pode enfrentar a resistência de um parceiro pelos primeiros 8 a 10 passos.
- Seu parceiro posiciona-se à sua frente, com as mãos nos seus ombros (figura *a*).
- Siga adiante (mantendo uma postura corporal firme) contra a resistência branda de seu parceiro (figura *b*).
- Sem aviso prévio, o parceiro deve sair pelo lado rapidamente e você deve continuar a acelerar por mais cerca de 5 a 10 metros.
- O exercício acaba após 8 a 10 passos.

34 Resistência traseira
(*Resist from behind*)

Propósito

Melhorar a potência de largada e a amplitude de passos.

Procedimento

- Um parceiro se posiciona atrás de você, com as mãos na sua cintura (figura *a*).
- Durante os primeiros 8 a 10 passos, seu parceiro criará resistência, dando passos para trás e segurando sua cintura, conforme você segue adiante (figura *b*).
- Seu parceiro, então, solta-lhe subitamente, permitindo que você acelere.

a

b

35 Resistência e perseguição
(*Face and chase*)

Propósito

Adicionar um componente competitivo às largadas com resistência de parceiro.

Procedimento

- Seu parceiro fica posicionado à sua frente, com as mãos nos seus ombros (figura *a*).
- Seu parceiro faz resistência contra você por 5 a 10 metros. Em seguida, sem aviso prévio, ele dá um passo para trás, vira 180 graus e corre por mais 10 metros (figura *b*).
- Seu objetivo é alcançar seu parceiro antes que ele passe a linha de chegada cerca de 15 a 20 metros de onde os dois começaram.

36 Puxada com cinto de tração

(Harness pull)

Propósito

Aumentar a aceleração.

Procedimento

- Você fica preso a um cinto de tração com uma alça na outra ponta, permitindo ao seu parceiro que faça uma leve resistência conforme você acelera por 15 a 20 metros (*vide* figura).

37 Cinto de tração com *sprint*
(*Bullet belt*)

Propósito

Obter transições rápidas em velocidade e melhorar a frequência de passos na aceleração.

Procedimento

- Trata-se de um exercício feito com um cinto de tração removível, que permite que você seja segurado por um parceiro ao acelerar, até que a força aplicada ao cinto seja suficiente para que se rompa a tira de velcro que o segura (figuras *a*, *b*).
- Há várias técnicas usadas para soltar o atleta em aceleração (de forma rápida, gradual etc.).

a

b

38 Aceleração com elástico e auxílio de um parceiro

(Partner-assisted tubing acceleration)

Propósito

Melhorar a recuperação rápida de perna nos primeiros passos e a frequência de passos na aceleração.

Procedimento

- Você e seu parceiro ficam conectados à cintura por um elástico de 9 a 18 metros.
- Seu parceiro fica à sua frente, a uma distância de 15 a 25 metros de você, o atleta sob assistência (figura *a*).
- Fique na posição de prontidão de sua preferência, e, ao sinal de início, exploda por 10 a 20 metros, com o auxílio do elástico (figura *b*).
- Para corridas de aceleração mais longas, seu parceiro pode correr ao sinal de início, fornecendo assistência contínua por um tempo mais longo.

a

b

EXERCÍCIOS DE LARGADA

39 Largada em postura de dois apoios desbalanceada

(*Start from staggered two-point stance*)

Propósito

Melhorar a capacidade de largada na postura com dois pontos de apoio.[1]

Procedimento

- Comece em uma posição ligeiramente agachada, com uma leve flexão nos quadris e joelhos.
- O pé dianteiro deve ficar apontado à frente, com a maior parte do peso distribuída no antepé.
- A perna de apoio deve ficar apontada para a frente, com a maior parte do peso distribuída no antepé, alinhada com o quadril e com o calcanhar do pé dianteiro.
- Saia da posição inicial, com a perna de apoio empurrando à frente e o braço do mesmo lado indo para trás, enquanto se tenta dar passos para a frente, em linha reta (*vide* figura).

[1] N. do E.: *Two-point stance* no original, ou seja, com os dois pés apoiados no chão, os joelhos e os quadris levemente flexionados.

40 Largada em postura de dois apoios, em paralelo

(*Start from parallel two-point stance*)

Propósito

Maximizar a capacidade de largada na posição com os pés em paralelo, comum em muitos esportes que não são de pista.

Procedimento

- Comece em uma posição atlética, com os joelhos e os quadris ligeiramente flexionados e com os pés apontados para a frente, afastados na largura dos ombros ou um pouco além.
- Com um pé, faça força contra o chão atrás ligeiramente do seu centro de massa.
- Simultaneamente, mantendo o tronco e o corpo firmes, incline os ombros para a frente e faça uma ação de braços dinâmica para, explosivamente, dar passos à frente (*vide* figura).
- Tente dar um passo rápido diretamente atrás de sua posição de largada, de forma que todo o impulso dianteiro ocorra em linha reta.
- Esse passo rápido para trás, ou passo de ritmo, utiliza o ciclo de alongamento e encurtamento para melhorar largadas potentes a partir de posições estacionárias ou quase estacionárias.

41 Largada em queda
(*Falling starts*)

Propósito

Melhorar a troca rápida de pernas na largada e ensinar a inclinação de aceleração apropriada.

Procedimento

- Fique ereto, com pés juntos, e incline o corpo até perder o equilíbrio (figuras *a*, *b*).
- Nesse momento, acelere para sua velocidade máxima, para se recuperar da queda (figura *c*).
- Corra de 20 a 30 metros.

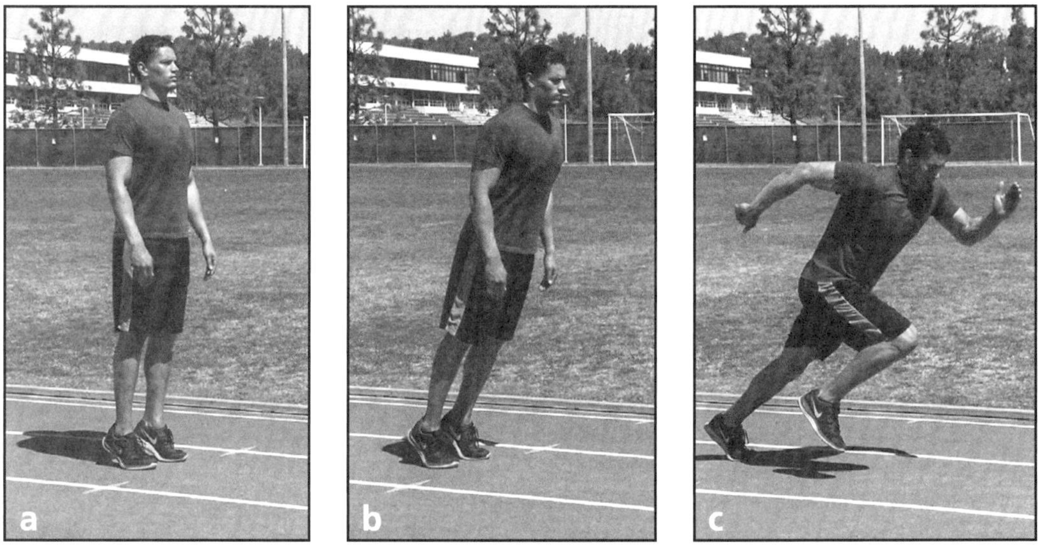

42 30 metros com saída lançada
(*30-yard flying start*)

Propósito

Testar e desenvolver a transição de uma corrida lenta para aceleração total.

Procedimento

- Comece com um trote leve por cerca de 5 metros.
- Após passar a linha de largada, acelere o mais forte que puder por mais 30 metros.

43 Lançamento de *medicine ball* ajoelhado
(*Medicine ball shovel toss*)

Propósito

Ajudar as capacidades de largada de um atleta.

Procedimento

- Começando de joelhos, coloque uma *medicine ball* no chão, diretamente à sua frente (figura *a*).
- Mantendo os ombros ligeiramente flexionados, peito aberto e uma posição firme, posicione os ombros ligeiramente à frente da *medicine ball*.
- Com os braços completamente estendidos e relaxados, jogue a *medicine ball* o mais longe possível, estendendo rapidamente os quadris e a coluna (figura *b*).
- Caia à frente, em posição de flexão de braço.

a

b

44 Lançamento de *medicine ball* agachado
(*Medicine ball scoop toss*)

Propósito

Desenvolver a extensão tripla das articulações do tornozelo, do joelho e do quadril, necessárias para largadas potentes.

Procedimento

- Comece em uma posição agachada com uma *medicine ball* no chão, entre as pernas.
- Pegue a *medicine ball* pelos lados, com os dedos bem separados.
- Estenda os braços, mantendo a cabeça erguida e o tronco em uma posição firme (figura *a*).
- Jogue seus quadris para a frente e seus ombros para cima, mantendo os braços completamente estendidos (figura *b*).
- Com um lançamento de baixo para cima, tente levantar o corpo e a *medicine ball* o máximo possível (figura *c*).
- Deixe a *medicine ball* cair no chão.

EXERCÍCIOS DE VELOCIDADE MÁXIMA

45 Marcha com joelhos altos e estendidos

(*Abbreviated B march*)

Propósito

Melhorar a mecânica de extensão de quadril e a ativação dos isquiotibiais.

Procedimento

- Execute o movimento de marcha com joelhos altos e estendidos, com postura e ação de braços perfeitos, em que o joelho da perna de recuperação atinja a posição mais alta possível (acima da linha paralela ao solo).
- Leve o joelho da perna de recuperação para o alto e mantenha-o completamente flexionado, deixando o tornozelo próximo dos glúteos, dorsiflexionado (figura *a*).
- Permita que a perna de recuperação se estenda à sua frente após a subida de joelho (figura *b*).
- Movimente o tornozelo em direção ao solo [*paw down*, no original], acionando sempre os quadris (figura *c*).

46 *Skipping* alto com extensão de joelhos
(*Abbreviated B skip*)

Propósito

Aumentar a amplitude e a frequência de passos, melhorar o desempenho do quadril e dos músculos da coxa e melhorar a rigidez muscular no complexo do tornozelo.

Procedimento

- Execute o movimento de *skipping* alto com extensão de joelhos, de modo que o joelho da perna de recuperação pare no ponto mais alto possível.
- Dê ênfase ao movimento do antepé para trás e para baixo [*pawing*, no original], acionando sempre os quadris.

47 Galopada
(*Galloping*)

Propósito

Promover boa projeção do quadril e impulso com a perna traseira. Melhorar as mecânicas da perna de ataque e as mecânicas apropriadas de "giro" das pernas [*pawing*, no original].

Procedimento

- Comece em uma posição desbalanceada, com um pé à frente do outro.
- Sem mudar a posição dos pés, salte à frente usando um padrão básico de passo seguido de salto.
- Galope, mantendo o tornozelo da perna que está para trás em posição fixa, para enfatizar o movimento repetido de salto e aterrissagem.

48 *Paw drill* (Ciclismo)

Paw drill (Cycling)

Propósito

Treinar mecânicas de velocidade máxima.

Procedimento

- Estenda um braço e apoie-se em um parceiro, de forma que a perna externa possa se mexer livremente (figura *a*).
- Com o tronco parado, jogue a perna externa para a frente, como um chicote (figuras *b*, *c*).
- Ao bater o pé, a ponta do pé deve aterrissar diretamente abaixo ou ligeiramente à frente do centro de massa, de modo similar ao movimento de "pedalar" com a perna [*pawing motion*, no original].

49 *Fast leg* unilateral
(*Single-leg fast leg*)

Propósito

Enfatizar mecânicas de passada durante a velocidade máxima.

Procedimento

- Corra em linha reta e, a cada três passos, "pedale" com a perna direita de forma similar à marcha com joelhos altos e estendidos.
- Após completar a distância da série, repita o exercício com a perna esquerda.

50 *Fast leg* alternado
(*Alternating fast leg*)

Propósito

Enfatizar mecânicas de passada durante a velocidade máxima. O exercício de *fast leg* unilateral deve ser dominado antes que se passe para esta progressão.

Procedimento

- Esse exercício é realizado de forma similar ao exercício de *fast leg* unilateral. Porém, em vez de "pedalar" com uma única perna, o atleta faz o movimento de forma alternada.
- Realize três movimentos sucessivos de "pedalar" [*pawing actions*, no original] com a perna direita; depois, alterne e repita, usando a perna esquerda.
- Concentre-se em realizar um movimento rápido e cíclico de marcha com joelhos altos e em manter o calcanhar próximo dos glúteos durante a recuperação.
- Trave o joelho da perna oposta à perna de ataque.
- Repita por 20 a 30 metros.

51 *Fast leg* contínuo

(*Continuous fast leg*)

Propósito

Enfatizar mecânicas de passada durante a velocidade máxima. O exercício de *fast leg* alternado deve ser dominado antes que se passe para esta progressão.

Procedimento

- Esse exercício é realizado de forma similar ao exercício de *fast leg* alternado. No entanto, o atleta "pedala" com as pernas, uma após a outra, de modo similar à marcha com joelhos altos e estendidos.
- Realize sucessivas ações de "pedalar" [*pawing actions*, no original] com a mesma perna.
- Concentre-se em realizar um movimento rápido e cíclico de marcha com joelhos altos e em manter o calcanhar próximo dos glúteos durante a recuperação.
- Trave o joelho da perna oposta à perna de ataque.
- Repita por 20-30 metros.

52 Atravessando barreiras

(*Run-through*)

Propósito

Melhorar a frequência de passos e, ao mesmo tempo, fortalecer os flexores do quadril, aprimorando a ambidesteridade dos membros inferiores.

Procedimento

- Organize de 8 a 10 barreiras de 15 a 32 cm, separadas umas das outras a uma distância de 91 cm.
- Corra, atravessando as barreiras com ênfase na rapidez da elevação do joelho e dos dedos do pé e uma rápida recuperação do movimento do calcanhar aos glúteos.
- Realize o exercício com duas batidas de pé entre cada barreira ou corra mais rápido, com uma batida de pé entre barreiras.
- Mantenha a mesma perna de ataque durante o exercício.

53 *Fast leg* com barreiras
(*Hurdle fast legs*)

Propósito

Melhorar a frequência de passos e, ao mesmo tempo, fortalecer os flexores do quadril, aprimorando a ambidesteridade dos membros inferiores.

Procedimento

- Organize barreiras de 15 a 32 cm, de forma que metade se alinhe à perna direita e a outra metade, à perna esquerda.
- O padrão de barreiras deve ser uma barreira para a perna esquerda seguida por uma para a perna direita, com uma distância de 91 cm entre cada barreira. Repita o padrão.
- A sequência de pernas consiste em passar a barreira esquerda com o pé esquerdo, depois, dar dois passos até a próxima barreira para o pé direito.

54 Agachamento com salto unilateral
(*Split-squat jumps*)

Propósito

Aumentar a potência dos quadris e a amplitude de passos.

Procedimento

- Comece posicionado agachado com um joelho à sua frente e o outro próximo do chão.
- Salte e retorne à posição original.
- Repita sem pausas.
- O joelho mais próximo do chão nunca deve chegar a tocá-lo.
- Suas mãos ficam posicionadas em cada lado da cabeça, próximo das orelhas, ou podem ser usadas em conjunto com o movimento, para levá-lo para cima a cada salto.
- Repita com a outra perna.

Variação

- *Agachamento com saltos unilaterais alternados*: a cada salto, as pernas mudam de posição, e a outra perna fica à sua frente ao aterrissar de volta ao chão.

55 Corridas de velocidade da subida para o plano

(Uphill to flat contrast speed runs)

Propósito

Melhorar a força e a potência de corrida e a amplitude de passos.

Procedimento

- A gravidade produz resistência nas corridas em subidas.
- Enfatize mecânicas perfeitas de velocidade máxima.
- Não passe de uma inclinação de 3° se o objetivo for desenvolver a velocidade máxima de corrida.
- Ladeiras mais íngremes são mais adequadas para mecânicas de aceleração, que serão discutidas posteriormente.

56 Corridas de velocidade em descidas

(Downhill speed runs)

Propósito

Melhorar a velocidade máxima final e a frequência de passos.

Procedimento

- A gravidade produz assistência nas corridas em descidas.
- Enfatize mecânicas perfeitas de velocidade máxima.
- Você pode passar de uma inclinação de 3° a 7°, se o objetivo for desenvolver a velocidade de corrida máxima, mas tenha ciência de que passos muito à frente resultarão em desaceleração e interferirão no seu desenvolvimento de velocidade.
- Realize este exercício numa superfície de grama em vez de numa de asfalto, para prevenir lesões caso você caia.

57 Corridas de velocidade da descida para o plano

(*Downhill to flat contrast speed runs*)

Propósito

Melhorar a velocidade máxima final e a frequência de passos.

Procedimento

- Posicione-se de 10 a 20 metros acima do fim da ladeira.
- Acelere rapidamente para chegar à velocidade próxima da máxima quando estiver a 5 metros do fim da ladeira.
- Continue aumentando sua velocidade ao passar para o solo plano.
- Tente manter uma velocidade acima da máxima durante a transição e no solo plano por 2 a 3 segundos, correndo, então, mais 10 a 15 metros.

58 Corrida com paraquedas

(*Parachute running*)

Propósito

Melhorar a força e a potência de corrida e a amplitude de passos.

Procedimento

- Vista um cinto conectado a um pequeno paraquedas por um cabo. Peça para um parceiro segurar o paraquedas atrás de você.
- Comece a correr (*vide* figura). O paraquedas entra em ação entre zero e quatro passos – variando de acordo com o vento e o modelo do paraquedas –, oferecendo uma resistência adicional ao ar.

59 Corrida com e sem paraquedas
(*Contrast parachute running*)

Propósito

Melhorar a amplitude de passos e a transferência de pernas em velocidade máxima. Aumentar a velocidade inicial e a aceleração para a velocidade máxima.

Procedimento

- Conecte-se a um paraquedas, que deve acompanhá-lo por trás durante a corrida.
- Enfatize mecânica de velocidade adequada.
- Após a aceleração e 10 a 20 metros de corrida a uma velocidade próxima da máxima, solte o velcro do cinto, permitindo uma corrida sem resistência.
- Você deve sentir uma sensação de enorme velocidade pelos próximos 10 ou 20 metros.

60 Corrida na areia
(*Sand running*)

Propósito

Aumentar a amplitude de passos e a força do quadril.

Procedimento

- Realizar *sprints* em praia com areia solta torna os *sprints* mais difíceis, podendo fornecer um bom treino de resistência.
- Isso também pode fornecer melhorias na propriocepção do ambiente locomotivo.

Velocidade é um dos atributos mais procurados em todos os esportes. A chave para desenvolver uma velocidade explosiva é dominar mecânicas básicas de velocidade na largada, na fase de aceleração e no momento em que se passa para a velocidade máxima. Além disso, participar de um programa de força e de condicionamento físico adequadamente estruturado, que inclua treinos de resistência e exercícios de pliometria, pode aumentar as capacidades fisiológicas de um atleta ao melhorar a qualidade muscular e desenvolver maior explosão. Ao tratar desses componentes, um atleta terá a melhor oportunidade de obter o máximo de seu potencial genético e conseguir seu melhor desempenho.

Capítulo 5

Treinos de agilidade

John F. Graham

Agilidade pode ser definida pelas habilidades necessárias para fazer mudanças explosivas em direção e em velocidade. É uma habilidade necessária para atletas em quase qualquer esporte de campo ou de quadra. Em geral, agilidade refere-se a duas formas distintas de funções motoras. Ela é fundamental para a capacidade de largar, acelerar, mudar de direção e reacelerar explosivamente, enquanto se mantém o controle sobre o corpo e se minimiza a perda de velocidade. Nesse quesito, agilidade é essencial em atividades atléticas, pois os movimentos costumam ser iniciados de diversos alinhamentos corporais. Portanto, atletas precisam estar aptos a reagir com potência explosiva e rapidez a partir desses alinhamentos em tiros de menos de 10 metros antes de realizar uma mudança de direção. A agilidade também pode se referir à habilidade de sincronizar duas ou mais habilidades de esportes específicos, como quando um *quarterback* evita investidas de adversários ao segurar a bola e procura pelo campo por alguém válido para receber um passe (Cissik e Barnes, 2011; Halberg, 2001).

Muitos atletas e treinadores acreditam que a agilidade é estabelecida sobretudo por genética e que, por esse motivo, é difícil melhorá-la ou aprimorá-la consideravelmente. Treinadores ficam empolgados com um atleta que tenha atributos físicos naturais – tamanho, força, potência vertical e horizontal, composição corporal ideal etc. –, associados a desempenhos de sucesso. Contudo, esses atributos por si só não irão garantir sucesso em esportes que exigem agilidade.

Infelizmente, em razão da atenção dada a características físicas, programas para o período fora de temporada, em geral, giram em torno de treinos de força e de condicionamento físico. O desenvolvimento da agilidade e da velocidade com base nas velocidades de esportes específicos é ignorado ou recebe atenção limitada durante pequenos blocos de tempo na pré-temporada. Porém, a agilidade envolve adaptações neurais essenciais, que podem ser desenvolvidas apenas ao longo do tempo e com várias repetições (Brown e Khamoui, 2012). Atletas precisam de semanas, de meses para obter avanços na velocidade e na agilidade. Por isso, o treinamento de agilidade deve ser considerado um componente integral do programa de treinamento anual. As habilidades de movimento e os movimentos de esportes específicos que ocorrem em altas velocidades durante a prática atlética têm pouquíssimo tempo para serem aprimorados, se não se cuida deles no período entre temporadas. Há uma correlação direta entre aumento de agilidade e *timing*, ritmo e movimento (Cissik e Barnes, 2011; Costello e Kreis, 1993; Plisk, 2008).

Uma quantidade considerável de pesquisas em relação ao treinamento físico de atletas resultou em uma série de mudanças em como os atletas são instruídos, preparados e treinados. Essas mudanças resultaram em uma concentração inédita sobre como o treino de agilidade é projetado e implementado, que, por sua vez, levou à evolução de atletas mais rápidos, fortes e bem-condicionados. A chave para melhorar a agilidade é minimizar a perda de velocidade ocorrida quando o centro de gravidade de um atleta muda. Exercícios que exigem mudanças rápidas de direção para a frente, para trás, vertical e lateralmente irão ajudar a melhorar tanto agilidade como coordenação, por treinarem o corpo a fazer essas mudanças em movimento mais rápido (Arthur e Bailey, 1998). Este capítulo fornece uma extensa descrição de como o treinamento de agilidade gera esses ganhos.

Por que atletas precisam treinar a agilidade? Muitas vezes, técnicos esportivos têm dificuldades em aplicar os benefícios obtidos por treinos de força, de potência e metabólicos a condicioná-los ao desempenho esportivo. Mesmo para um atleta que nunca faça uma manobra como as de Michael Jordan e deixe os espectadores de queixo caído, o treino de agilidade fornece os benefícios de adaptação neuromuscular e de melhores capacidades atléticas.

Adaptação neuromuscular

Treinos de agilidade podem ser a forma mais eficiente de lidar com as demandas neuromusculares de executar com eficácia habilidades de esportes específicos, dado que tais treinos são mais similares à intensidade, à duração e ao tempo de recuperação requeridos no desempenho esportivo (Cissik e Barnes, 2011). A inclusão de treinos de agilidade em um ciclo anual de treinamento é crucial para que um trabalho abrangente de força e condicionamento físico se traduza em resultados no campo atlético.

Melhores capacidades atléticas

O efeito primário do treinamento de agilidade é o aumento do controle sobre o corpo, que resulta de uma percepção cinestésica focada. Em outras palavras: ele se concentra nas complexidades de controlar pequenas transições motoras nas articulações do pescoço, do ombro, das costas, do quadril, do joelho e do tornozelo, em prol do melhor alinhamento de postura. Isso aprimora o senso de controle de um atleta, permitindo que ele se mova mais rapidamente. Destarte, treinos de agilidade também podem se mostrar centrais no desenvolvimento de confiança de atletas desencorajados pelo próprio desempenho, em especial aqueles com pouca coordenação. O treinamento de agilidade permite que atletas aprendam mais sobre si mesmos.

Desenvolvendo programas de agilidade

Ao criar um programa de agilidade para melhorar o desempenho atlético, um treinador de força e condicionamento físico deve incorporar formas de treinamento que enfatizem os seguintes componentes: aceleração, coordenação, desaceleração, equilíbrio dinâmico, uso do sistema de energia, potência e força.

Aceleração

A aceleração é medida pela mudança de velocidade por unidade de tempo. Ela tem um papel central em passar de uma posição estacionária à velocidade máxima e, logo em seguida, aumentar a velocidade novamente ao mudar de direção. Ter a habilidade de acelerar rapidamente pode ser a diferença entre, por exemplo, um atacante passar por um buraco na linha de defesa ou ser interceptado.

Coordenação

A coordenação envolve a habilidade de controlar e processar vários movimentos musculares, de forma a pôr as habilidades atléticas em prática (Cissik e Barnes, 2011). Ela exige a interação suave entre grupos musculares. Quase todo movimento humano ocorre por meio de várias articulações e músculos atuando de forma coordenada para realizar determinada tarefa.

Desaceleração

A desaceleração refere-se à habilidade de diminuir a velocidade ou de parar quando estiver a velocidade máxima ou próxima da máxima. Ela é a chave para diminuir a velocidade do corpo para uma que permita mudanças de direção rápidas, seguidas de reaceleração. A desaceleração pode ocorrer de várias maneiras, de passar em um ou mais passos para corrida de costas, deslocamentos laterais ou com o uso de uma passada cruzada. Em todas essas situações, desaceleração envolve ações musculares excêntricas. Ela causa um desgaste considerável nas articulações e é uma causa frequente de lesões entre atletas.

Equilíbrio dinâmico

O equilíbrio dinâmico é a habilidade de manter o controle sobre o corpo em movimento. Quando o corpo está se movendo, um atleta recebe mensagens por meio da visão, da percepção cinestésica e de estímulos feitos pelo sistema nervoso, que permitem que ele ajuste seu centro de gravidade (Cissik e Barnes, 2011). A agilidade está muito alinhada ao equilíbrio, por ela exigir que os atletas regulem mudanças no centro de gravidade do corpo enquanto realizam desvios de postura (Brittenham, 1996).

Uso do sistema de energia

Todos os três sistemas de energia (fosfagênico, glicolítico e oxidativo) estão sempre ativados, mas o tipo de exercício irá influenciar qual desses sistemas de energia predomina. Os sistemas fosfagênio e glicolítico não exigem oxigênio e, portanto, são referidos como sistemas de energia anaeróbios; o sistema oxidativo exige oxigênio e é chamado de sistema de energia aeróbio (Hoffman,

2012). Como a maioria das atividades em esportes que exigem agilidade é restrita a pequenas explosões de atividade (5 a 10 segundos), o sistema fosfagênico deve ser o sistema de energia mais treinado (Brown e Khamoui, 2012). O sistema fosfagênico é predominantemente usado durante exercícios de esforço máximo e curta duração, de menos de 15 segundos (Hoffman, 2012).

Potência

A potência pode muito bem ser o componente de treinamento mais importante. Ela se refere à razão do trabalho realizado (força × velocidade). Quanto mais rápido um atleta passa de um ponto a outro, maior a potência. Portanto, a potência pode ser aumentada ao melhorar a velocidade.

Força

A força refere-se à energia máxima que um músculo ou grupo muscular pode gerar em determinada velocidade (Harman, 2008a; Murphy e Forney, 1997). Quando um atleta está em contato com um oponente, a combinação da força aplicada pelo oponente e o peso do próprio atleta age como resistência (Cissik e Barnes, 2011). Pesquisas apontam uma forte correlação entre força dos membros inferiores e agilidade. Quanto mais ênfase é colocada na força em determinada atividade esportiva, maior a necessidade de treinos de força.

No desenvolvimento de um programa de agilidade para atletas, diversas variáveis devem ser consideradas. Segue uma breve descrição dessas variáveis.

- *Seleção de exercício*: exercícios são escolhidos com base em padrões de movimento do esporte, em intervalos de esforço (considerando distância e tempo), em intervalos de repouso (irá variar de acordo com objetivos de treino) e em complexidade (Cissik e Barnes, 2011).
- *Duração*: a distância ou o tempo do intervalo de esforço.
- *Equipamento*: após o atleta ser capaz de demonstrar técnica adequada às velocidades de esportes específicos, implementos como bolas, faixas de resistência, cordas esportivas ou outros atletas podem aumentar a complexidade do exercício. Sugestões de técnicas para aumentar a complexidade do exercício estão inclusas.
- *Frequência*: o número de sessões de treino realizadas em uma semana. Atletas devem ter duas sessões de agilidade por semana quando estiverem fora de temporada e uma por semana durante a temporada.
- *Intensidade*: a velocidade na qual o exercício é realizado. Se o exercício tem limite de tempo, a intensidade é a distância percorrida.
- *Recuperação*: o tempo entre uma repetição e outra. O tempo entre as repetições deve se basear na complexidade da técnica e nas exigências metabólicas do esporte.
- *Repetição*: a execução completa de uma técnica de movimento.
- *Sequência*: exercícios que sejam em maior parte técnicos, exijam o máximo de potência e sejam mais similares às demandas do esporte devem ser realizados primeiro.

- *Série*: um grupo de exercícios de agilidade e de intervalos de repouso.
- *Fatores de treino*: devem ser considerados fatores como histórico médico, idade do atleta, nível de maturidade física do atleta, nível de habilidade no esporte, experiência de treino, forma física atual e experiência em treinos de pliometria e de força.
- *Carga e volume*: a quantidade de exercício realizada por programa de agilidade. Por exemplo, um atleta pode realizar quatro exercícios na escada de agilidade, duas vezes cada.

APERFEIÇOANDO EXERCÍCIOS DE AGILIDADE

Ao instruir atletas na execução de exercícios de agilidade, é muito importante se concentrar nas seguintes questões: direção e velocidade iniciais, queda ou aumento da velocidade (ou ambos), redirecionamento de movimento e direção e velocidade finais (Plisk, 2008). Aperfeiçoar a técnica do exercício é de extrema importância. Exercícios feitos com desleixo porque a velocidade não pode ser controlada de nada servem ao atleta.

Exercícios de treino de agilidade

Os seguintes tipos de exercício devem ser incluídos em um programa de treino de agilidade:

- *Exercícios em linha*: exercícios conduzidos de forma linear e que incorporam mudança de direção, movimento dos pés, tempo de reação, aceleração, desaceleração, capacidade de parada, condicionamento, transições entre habilidades e capacidade de troca brusca de direção.
- *Exercícios com cones*: exercícios que incorporam mudança de direção, movimento dos pés, tempo de reação, aceleração, desaceleração, capacidade de parada, condicionamento, transições entre habilidades e capacidade de troca brusca de direção com o uso de cones.
- *Exercícios na escada de agilidade*: exercícios que exigem o uso de uma escada de agilidade para melhorar a coordenação, rapidez dos membros inferiores, equilíbrio e rapidez do movimento dos pés.
- *Exercícios com steps*: exercícios que exigem o uso de *steps* para melhorar mudança de direção, ação rápida dos pés, flexibilidade, movimento de joelhos altos e movimento lateral.
- *Exercícios de corrida de costas*: exercícios que incorporam movimentos de corrida de costas a mudanças de direção, tempo de reação, aceleração e desaceleração.
- *Exercícios com minibarreiras*: exercícios que melhoram a mudança de direção explosiva com o uso de minibarreiras.

EXERCÍCIOS EM LINHA

61 Pró-agilidade (ir e vir de 20 metros)
Pro agility (20-yard shuttle)

Propósito

Desenvolver mudança de direção, movimento dos pés e tempo de reação.

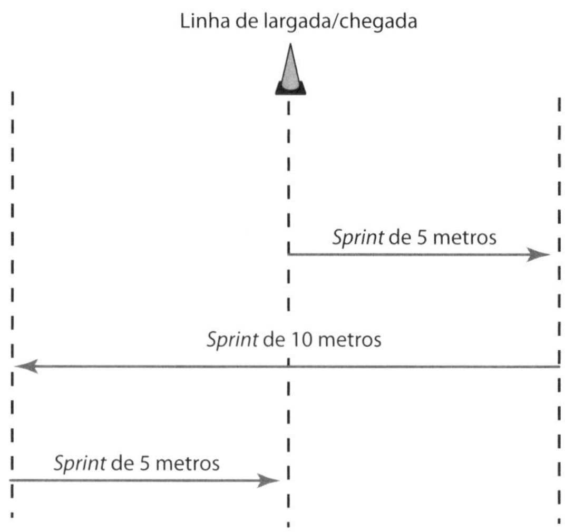

Procedimento

- Comece em postura de dois apoios [*two-point stance*, no original], com um pé de cada lado da linha de largada.
- Vire para a direita, faça um *sprint* e toque uma linha a 5 metros de distância com a mão direita.
- Vire para a esquerda, faça um *sprint* de 10 metros e toque a terceira linha com a mão esquerda.
- Vire para a direita e faça um *sprint* de 5 metros até a linha de largada/chegada, para concluir.

Variações

- Execute diferentes habilidades biomotoras a cada corrida dentro do exercício.
- Pegue uma bola colocada em cada linha.

62 *Squirm*

Propósito

Desenvolver movimento dos pés e tempo de reação.

Procedimento

- Comece em postura de dois apoios.
- Faça um *sprint* frontal de 5 metros.
- Gire 360° e corra mais 5 metros.
- Gire 360° e corra mais 5 metros.
- Faça um *sprint* para a direita ou para a esquerda por 10 metros.

Variações

- Coloque sua mão direita no chão durante o primeiro giro de 360° e sua mão esquerda durante o segundo.
- Varie a distância.
- Faça as viradas ocorrerem sob o comando do treinador.
- Faça várias combinações de habilidades biomotoras ao longo do exercício.

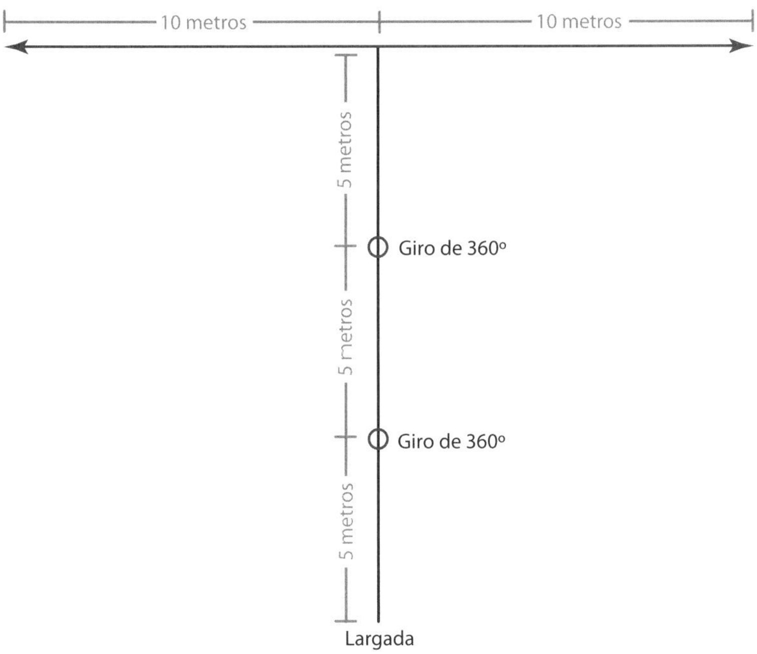

63 *Sprint* linear de 40 metros

(40-yard line sprint)

Propósito

Desenvolver agilidade e condicionamento.

Procedimento

- Comece em postura de dois apoios, com um pé de cada lado da linha de largada.
- Faça um *sprint* de 5 metros até a primeira linha, toque-a com sua mão direita, volte à linha de largada e toque-a com a mão esquerda.
- Faça um *sprint* de 10 metros até a segunda linha, toque-a com sua mão direita, volte à linha de largada e toque-a com a mão esquerda.
- Faça um *sprint* de 5 metros até a primeira linha, toque-a com sua mão direita e volte à linha de largada.

Variações

- Combine habilidades biomotoras a cada corrida dentro do exercício.
- Comece o exercício a partir de posições variadas (por exemplo, deitado, sentado).
- Adicione uma cambalhota a cada virada.

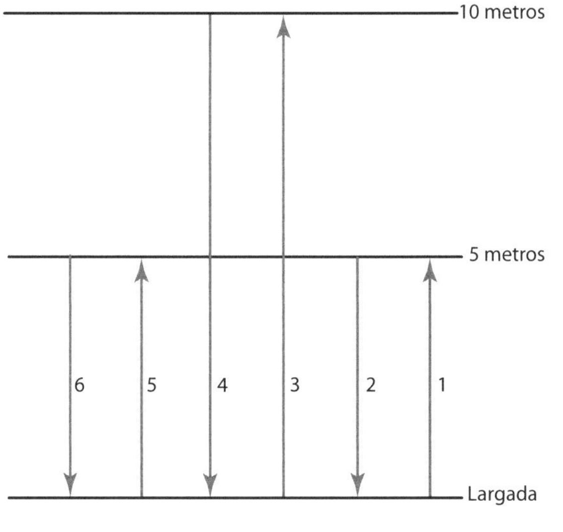

64 Sprint linear de 60 metros

(60-yard line sprint)

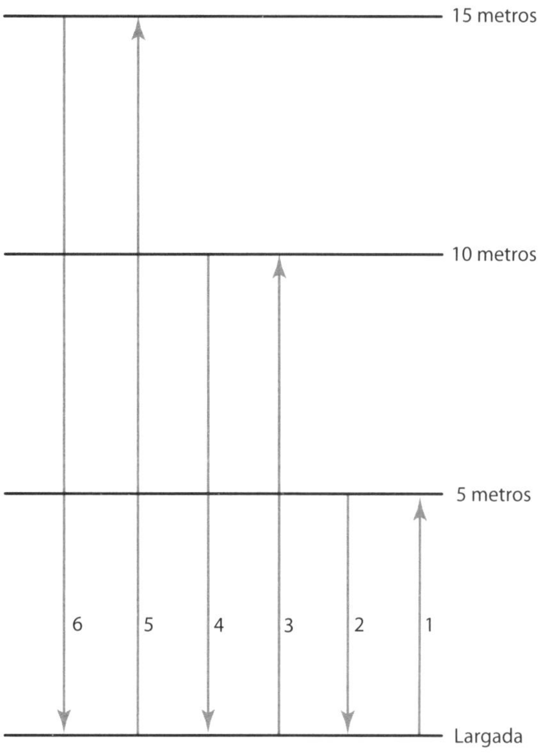

Propósito

Desenvolver agilidade e condicionamento.

Procedimento

- Faça um *sprint* frontal de 5 metros até a primeira linha e toque-a com qualquer uma das mãos.
- Dê meia-volta e retorne à linha de largada.
- Faça um *sprint* frontal de 10 metros até a segunda linha e toque-a com qualquer uma das mãos.
- Dê meia-volta e retorne à linha de largada.
- Faça um *sprint* frontal de 15 metros até a terceira linha, toque-a com qualquer uma das mãos.
- Dê meia-volta e atravesse a linha de largada.

65 Exercício em T de 30 metros
(30-yard T drill)

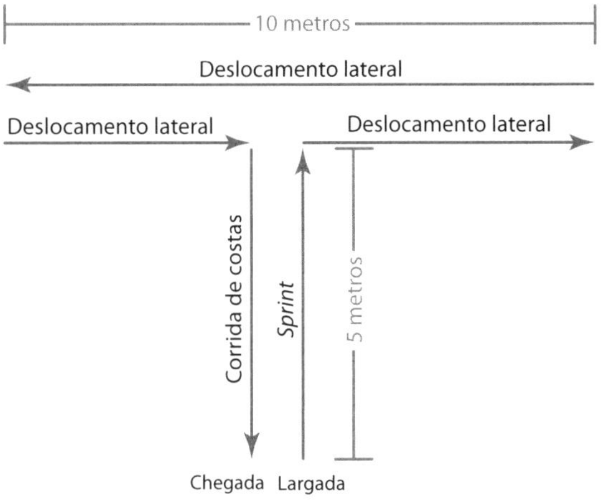

Propósito

Desenvolver agilidade, condicionamento, força e flexibilidade dos adutores e abdutores.

Procedimento

- Faça um *sprint* frontal de 5 metros até uma marca no chão.
- Realize um deslocamento lateral para a direita, e toque uma linha a 5 metros com a mão direita.
- Faça um deslocamento lateral de 10 metros para a esquerda e toque a linha dessa extremidade com a mão esquerda.
- Realize um deslocamento lateral de volta à marca 5 metros à direita.
- Toque a marca com qualquer um dos pés e corra de costas até a linha de largada/chegada, para concluir o exercício.

66 Deslocamento lateral linear de 40 metros
(40-yard line shuffle)

Propósito

Desenvolver agilidade, condicionamento, força e flexibilidade dos adutores e abdutores.

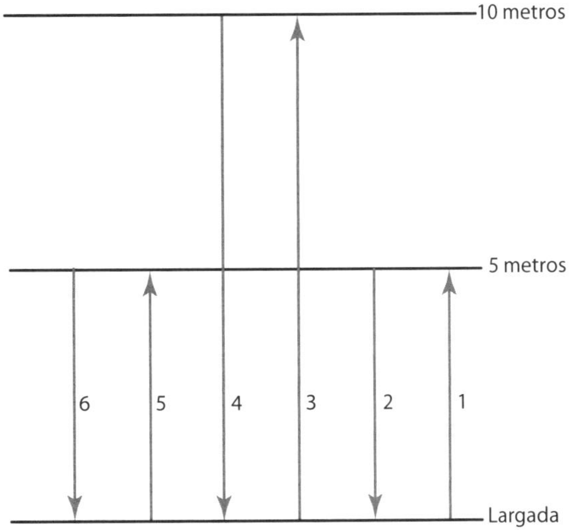

Procedimento

- Comece em postura de dois apoios, com um pé de cada lado da linha de largada.
- Desloque-se lateralmente 5 metros para a primeira linha, toque-a com o pé direito; volte para a linha de largada em deslocamento lateral e toque-a com o pé esquerdo.
- Desloque-se lateralmente 10 metros para a segunda linha, toque-a com o pé direito; volte para a linha de largada em deslocamento lateral e toque-a com o pé esquerdo.
- Desloque-se lateralmente 5 metros para a primeira linha, toque-a com o pé direito; volte para a linha de largada em deslocamento lateral.

67 Corrida de costas e *sprint* lineares (40 metros)

(40-yard line backpedal to sprint)

Propósito

Desenvolver agilidade, mudança e direção e condicionamento.

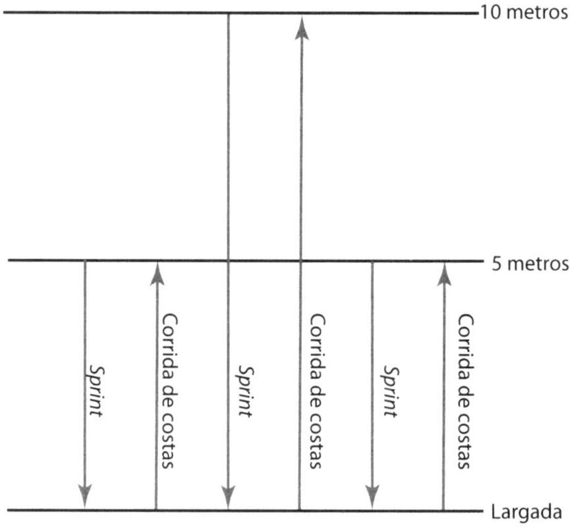

Procedimento

- Comece em postura de dois apoios, de costas para a linha de largada.
- Corra 5 metros de costas até chegar à primeira linha, e toque-a com qualquer um dos pés; faça um *sprint* de volta à linha de largada e toque-a com qualquer um dos pés.
- Corra 10 metros de costas até chegar à segunda linha, e toque-a com qualquer um dos pés; faça um *sprint* de volta à linha de largada, e toque-a com qualquer um dos pés.
- Corra 5 metros de costas até chegar à primeira linha, e toque-a com qualquer um dos pés; faça um *sprint* de volta à linha de largada.

68 Corrida de costas com virada de 180° e *sprint* lineares (40 metros)

(40-yard line backpedal turn 180 degrees and sprint)

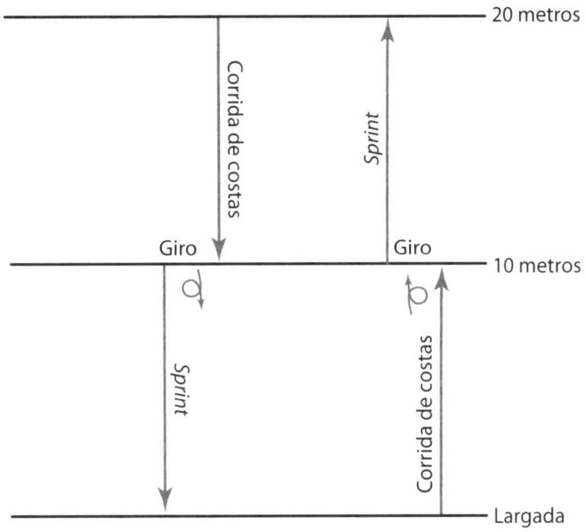

Propósito

Desenvolver agilidade, mudança e direção e condicionamento.

Procedimento

- Comece em postura de dois apoios, de costas para a linha de largada.
- Corra 10 metros de costas, vire 180° para a direita, faça um *sprint* de 10 metros e toque a linha com qualquer um dos pés.
- Corra 10 metros de costas, vire 180° para a esquerda e faça um *sprint* de 10 metros até a linha de largada.

AGILIDADE

69 *Sprint* e corrida de costas lineares (55 metros)

(55-yard line sprint to backpedal)

Propósito

Desenvolver aceleração e capacidade de parada.

Procedimento

- Faça um *sprint* frontal de 10 metros.
- Corra 5 metros de costas.
- Faça um *sprint* frontal de 10 metros.
- Corra 5 metros de costas.
- Faça um *sprint* frontal de 10 metros.
- Corra 5 metros de costas.
- Faça um *sprint* frontal de 10 metros.

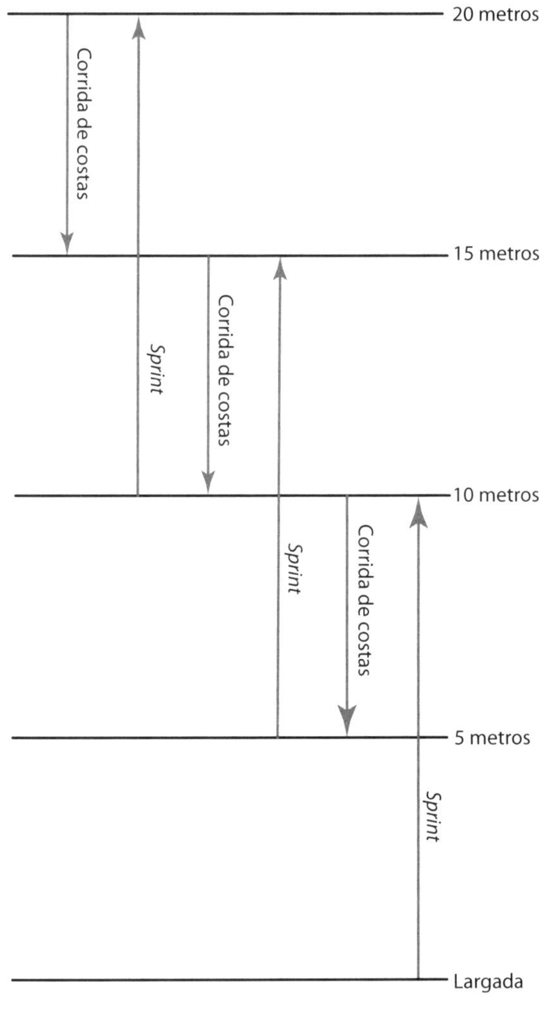

70 Corrida de ir e vir de 100 metros
(*100-yard line shuttle*)

Propósito
Desenvolver mudança de direção, movimento dos pés e tempo de reação.

Procedimento
- Comece em postura de dois apoios, na linha de largada.
- Faça um *sprint* de 5 metros até a primeira linha e toque-a com sua mão direita; volte à linha de largada e toque-a com a mão esquerda.
- Faça um *sprint* de 10 metros até a segunda linha e toque-a com sua mão direita; volte à linha de largada e toque-a com a mão esquerda.
- Faça um *sprint* de 15 metros até a terceira linha e toque-a com sua mão direita; volte à linha de largada e toque-a com a mão esquerda.
- Faça um *sprint* de 20 metros até a quarta linha e toque-a com sua mão direita; volte à linha de largada e toque-a com a mão esquerda.

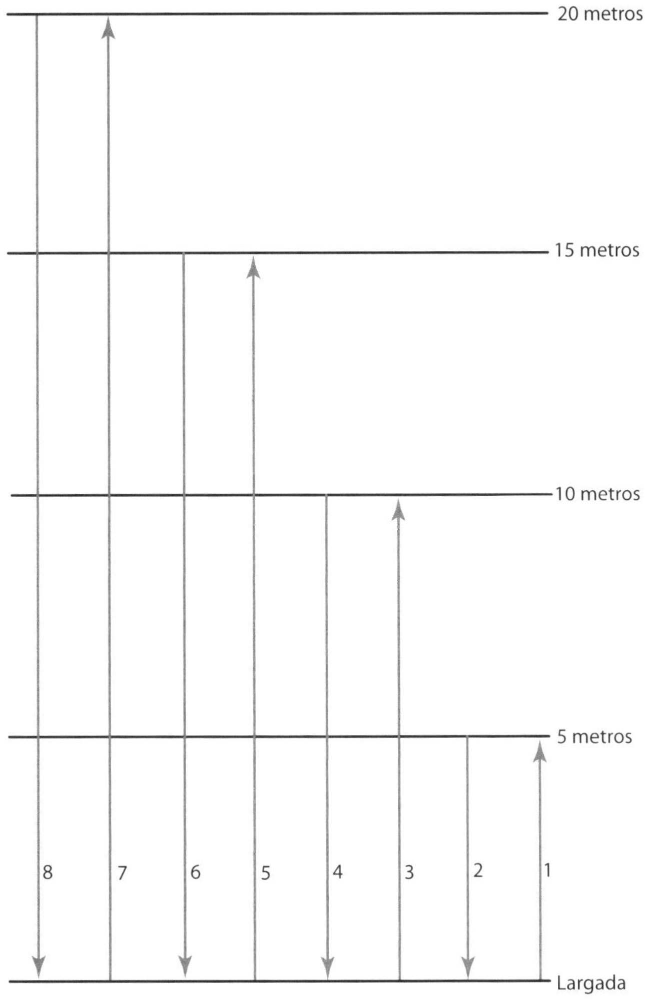

71 Corrida de costas e *sprint* (30 metros)

(30-yard backpedal to sprint)

Propósito

Desenvolver capacidade de reação e mudança de direção.

Procedimento

- Comece em postura de dois apoios, de costas para a linha de largada.
- Corra 5 metros de costas até a primeira linha, e faça um *sprint* de 5 metros de volta à linha de largada.
- Corra 10 metros de costas até a segunda linha, e faça um *sprint* de volta à linha de largada para concluir o exercício.

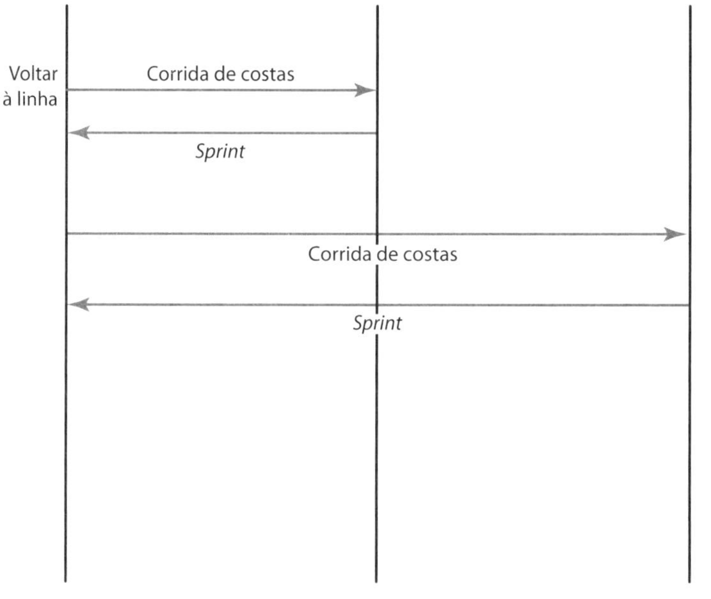

72 Corrida de costas com virada de 90°
(90-degree backpedal with turn)

Propósito

Desenvolver capacidade de reação e mudança de direção.

Procedimento

- Comece em postura de dois apoios, de costas para a linha de largada.
- Corra 10 metros de costas até a outra linha.
- Vire em um ângulo de 90° e faça um *sprint* de 10 metros para a direita ou para a esquerda.

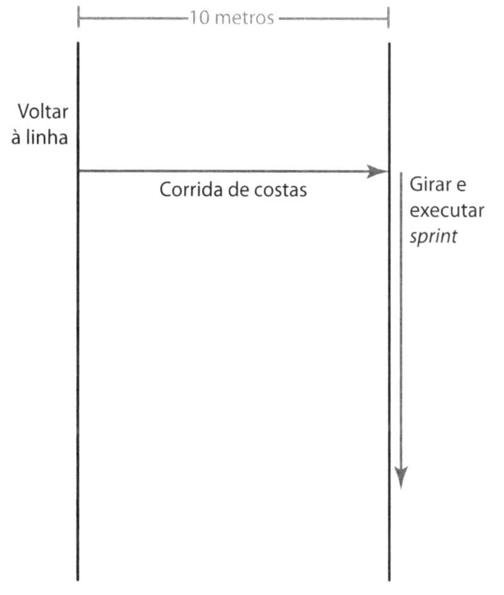

73 Corrida de costas com virada de 45°
(45-degree backpedal with turn)

Propósito

Desenvolver capacidade de reação e mudança de direção.

Procedimento

- Comece em postura de dois apoios, de costas para a linha de largada.
- Corra 10 metros de costas até a outra linha.
- Troque de direção e faça um *sprint*, em um ângulo de 45°, para a direita ou para a esquerda.

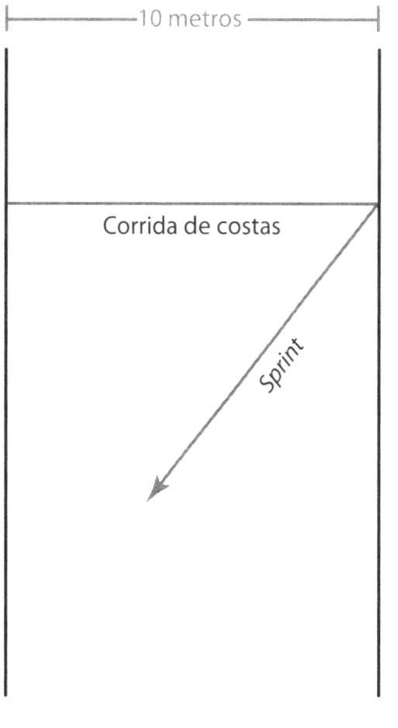

74 *Post–Corner*

Propósito

Desenvolver capacidade de mudança de direção e de aceleração após uma virada.

Procedimento

- Corra 10 metros de costas até a outra linha.
- Gire e acelere a um ângulo de 45°, para a direita ou para a esquerda, por 20 metros.

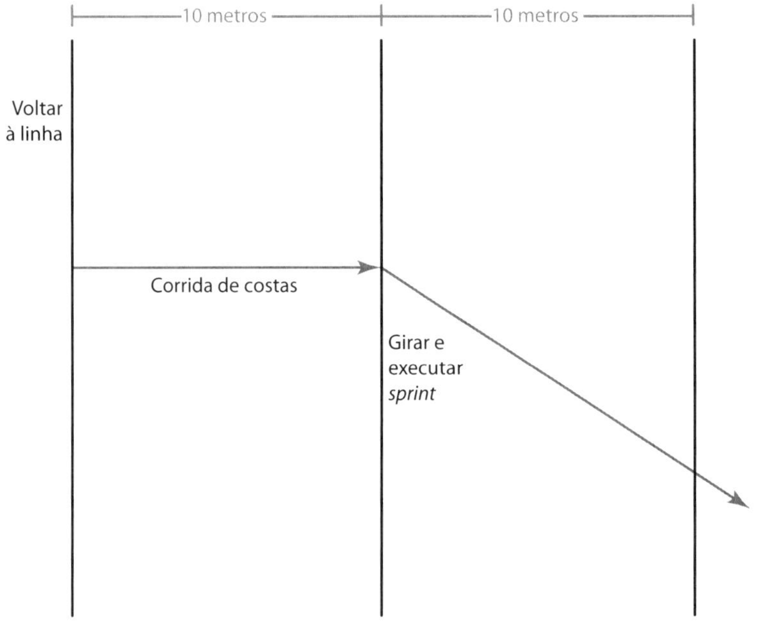

75 *Post–Corner–Post*

Propósito

Desenvolver capacidade de mudança de direção, reação e aceleração após uma virada.

Procedimento

- Corra 10 metros de costas até a outra linha.
- Gire e acelere a um ângulo de 45°, para a direita ou para a esquerda, por 10 metros.
- Gire no sentido oposto e acelere a um ângulo de 45°, por 10 metros.

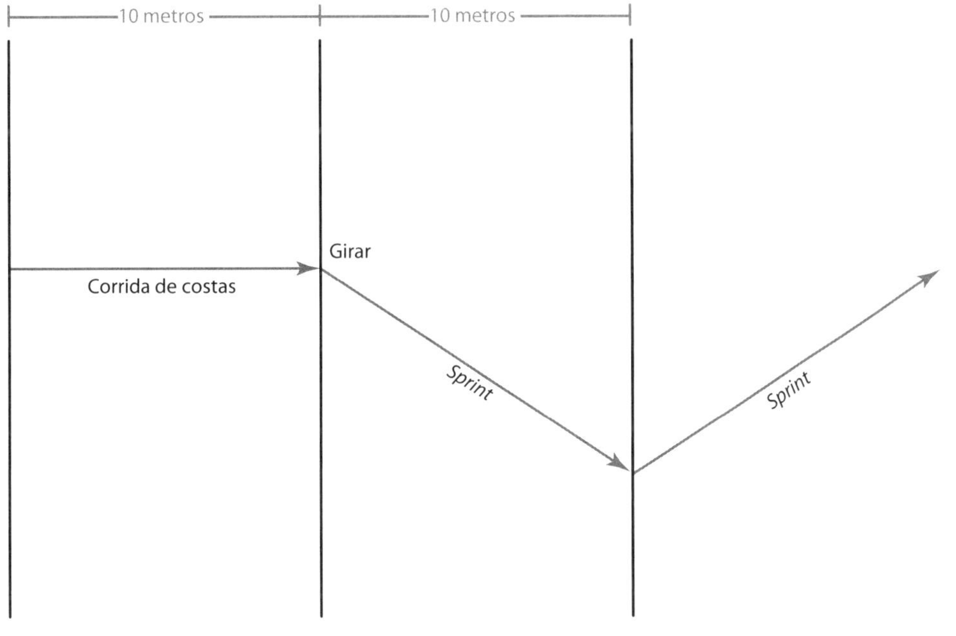

76 Ir e vir simples
(*Comeback*)

Propósito

Desenvolver capacidade de reação e mudança de direção.

Procedimento

- Comece em postura de dois apoios, de costas para a linha de largada.
- Corra 10 metros de costas até a outra linha.
- Faça um *sprint* frontal de 10 metros, concentrando-se na aceleração.

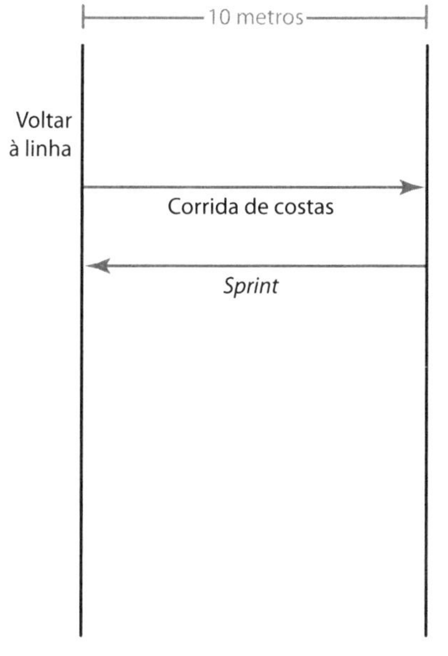

77 *Skipping* de passos cruzados
(*Crossover skipping*)

Propósito

Desenvolver mecânicas explosivas de passos cruzados para mudanças de direção.

Procedimento

- Comece em postura de dois apoios.
- Inicie um *skipping* para a esquerda ao longo de uma linha, cruzando a perna direita à frente da esquerda.
- Dê ênfase à extensão do quadril esquerdo e à flexão do quadril direito.
- Gire os quadris para a esquerda conforme a perna direita passar à frente da esquerda.
- Mantenha os ombros erguidos em linha reta.

78 Corrida de passos cruzados
(*Crossover run*)

Propósito

Soltar o pé e o tornozelo ao orientar o passo ligeiramente para dentro.

Procedimento

- Desloque-se lateralmente 20 metros, colocando o pé de ataque no eixo bilateral do corpo, pisando para dentro.
- Continue essa passada como se andasse por cima de uma linha.
- Volte à linha de largada, fazendo esse mesmo movimento, iniciando com o outro pé.

79 Salto em zigue-zague com os dois pés
(*Double-side forward jump*)

Propósito

Desenvolver agilidade, equilíbrio e rapidez.

Procedimento

- Fique com os pés alinhados com os ombros, ao lado de uma linha de 18 metros (figura *a*).
- Salte sobre a linha, para a frente e para trás, enfatizando a rapidez conforme você avança lateralmente pela linha (figuras *b*, *c*).
- Continue o padrão de movimento até percorrer todo o comprimento da linha.

80 Salto para a frente com um pé
(*Single-side forward hop*)

Propósito

Desenvolver agilidade, equilíbrio, força nas pernas e rapidez.

Procedimento

- Comece apoiado em um dos pés, ao lado de uma linha de 18 metros (figura *a*).
- Salte de um lado para o outro, atravessando a linha em um pé só, enfatizando a rapidez conforme você avança pela linha (figura *b*, *c*).
- Ao atingir a marca de 9 metros, comece a saltar com o outro pé, sem parar de avançar.
- Continue o padrão de movimento até chegar ao fim da linha.

81 Deslocamento lateral

(*Lateral shuffle*)

Propósito

Desenvolver agilidade, equilíbrio, movimento lateral e rapidez.

Procedimento

- Fique com os pés alinhados com os ombros, ao lado de uma linha de 18 metros (figura *a*).
- De forma rápida, desloque-se lateralmente pela linha, sem cruzar os pés (figuras *b-d*).
- Ao chegar ao fim da linha, siga rapidamente para a direção oposta.

82 Deslocamento lateral padrão Ali
(Ali shuffle)

Propósito

Desenvolver agilidade, equilíbrio, coordenação e rapidez.

Procedimento

- Fique com um pé de cada lado de uma linha de 18 metros.
- Faça o jogo de pernas usado por Muhammad Ali conforme se move lateralmente pela linha: um pé vai para a frente da linha enquanto o outro fica atrás dela (figura *a-c*).
- Ao chegar ao fim da linha, siga rapidamente para a direção oposta.

83 Passo tesoura
(*Scissors step*)

Propósito

Desenvolver agilidade, equilíbrio, coordenação e rapidez.

Procedimento

- Posicione-se de frente para uma linha de 18 metros, com um pé de cada lado da linha (figura *a*).
- Conforme se move frontalmente pela linha, realize passos padrão tesoura: os pés se cruzam à frente e atrás, cada vez de um lado da linha (figuras *b*, *c*).
- Inverta os pés cada vez que você saltar.
- Ao chegar ao fim da linha, vire-se rapidamente e siga na direção oposta.

84 Virada de 180° na linha

(*180-degree line turn*)

Propósito

Desenvolver agilidade, equilíbrio, flexibilidade dos quadris e rapidez.

Procedimento

- Fique com um pé de cada lado de uma linha de 18 metros, de costas para o início da linha.
- Dê um salto de 180° graus, fazendo meia-volta, de forma que cada pé caia de um lado da linha e você fique de frente para a direção do seu trajeto (figura *a*).
- Continue com os saltos de 180° até chegar ao fim da linha (figura *b*, *c*).
- Ao chegar ao fim da linha, repita o exercício para o sentido oposto.

EXERCÍCIOS COM CONE

85 Exercício de mudança de direção (15 metros)

(15-yard turn drill)

Propósito

Melhorar habilidade de mudar de direção, flexibilidade nos quadris e movimento de pés.

Procedimento

- Comece em postura de dois apoios.
- Faça um *sprint* frontal de 5 metros até o cone 2, e dê uma volta ao redor dele pela direita.
- Faça um *sprint* até o cone 3, a 5 metros à direita do ponto de largada, e faça uma curva por fora dele, pela esquerda.
- Faça um *sprint* de 5 metros até o ponto de largada, para concluir o exercício.

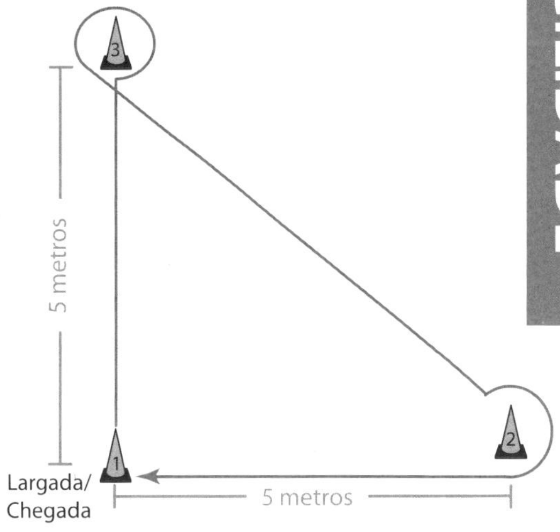

Variações

- Ao fazer curvas, coloque a mão do lado de dentro da curva no chão.
- Mude a distância entre os cones.
- Faça as curvas sob comando do treinador, não em cones predeterminados.

86 Quadrado de 20 metros
(20-yard square)

Propósito

Melhorar mudança de direção e de posição do corpo, transições entre habilidades e capacidade de troca brusca de direção.

Procedimento

- Os cones ficam dispostos formando um quadrado.
- Comece em postura de dois apoios.
- Faça um *sprint* de 5 metros até o cone 2 e uma virada fechada para a direita.
- Desloque-se lateralmente 5 metros para a direita, até o cone 3, e faça uma virada fechada para trás.
- Corra 5 metros de costas até o cone 4, e faça uma virada fechada para a esquerda.
- Desloque-se lateralmente até o cone 1, para finalizar o exercício.

Variações

- Comece de diferentes posições (por exemplo, deitado, com os pés e as mãos apoiados no chão).
- Mude a distância entre os cones de acordo com as distâncias apropriadas para o esporte e o sistema de energia.
- Modifique as técnicas de cada perna para atender a necessidades específicas.
- Troque de direção com a perna interna ou externa; troque de direção passando por fora dos cones; ou dê uma volta nos cones.
- Durante curvas, coloque no chão a mão que estiver voltada para dentro do quadrado.
- Pegue uma bola na mudança de direção.

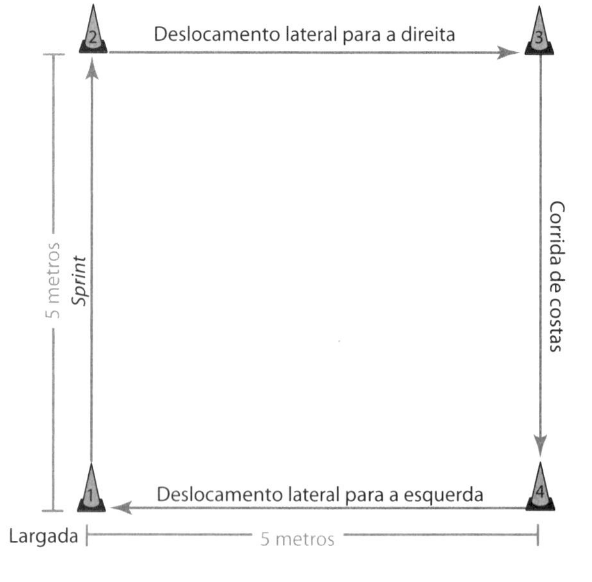

87 Múltiplas habilidades em X

(X-pattern multiskill)

Propósito

Melhorar movimentos de transição e capacidade de mudança brusca de direção.

Procedimento

- Os cones ficam dispostos formando um quadrado e o exercício é realizado ao se correr em uma formação em X.
- Comece em postura de dois apoios.
- Faça um *sprint* de 10 metros até o cone 1.
- A partir do cone 1, faça um *sprint* de 14 metros, diagonalmente, até o cone 2.
- Corra 10 metros de costas até o cone 3.
- A partir do cone 3, faça um *sprint* de 14 metros, diagonalmente, até o cone 4.

Variações

- Comece de diferentes posições (por exemplo, deitado, com os pés e as mãos apoiados no chão).
- Mude a distância entre os cones de acordo com as distâncias apropriadas para o esporte e o sistema de energia.
- Modifique as técnicas de cada perna para atender a necessidades específicas.
- Troque de direção com a perna interna ou externa; troque de direção passando por fora dos cones; ou dê uma volta nos cones.
- Durante curvas, coloque no chão a mão que estiver voltada para dentro do quadrado.
- Realize uma atividade adicional, como bater uma bola, ao realizar o exercício.

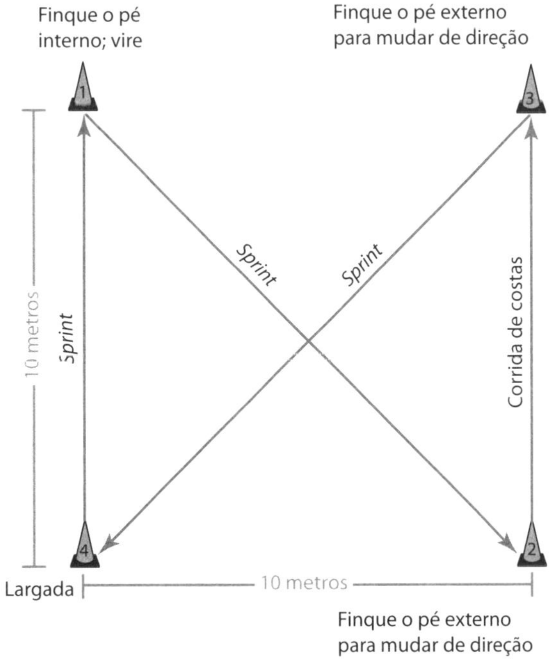

88 Corrida em Z
(*Z-pattern run*)

Propósito

Melhorar movimento transicional e capacidade de virada.

Procedimento

- Posicione seis cones em duas linhas paralelas, a 5 metros de distância uma da outra, de forma que os cones da linha 1 fiquem nas marcas de 0, 10 e 20 metros, e os cones na linha 2 fiquem nas marcas de 5, 15 e 25 metros.
- Comece em postura de dois apoios.
- Faça um *sprint* de 5 metros, diagonalmente, até o cone 2, finque o pé externo e corra ao redor do cone.
- Continue a correr diagonalmente até cada cone, dando a volta em cada um deles.

Variações

- Comece de diferentes posições (por exemplo, deitado, com os pés e as mãos apoiados no chão).
- Mude a distância entre os cones de acordo com as distâncias apropriadas para o esporte e o sistema de energia.
- Modifique as técnicas de cada perna para atender a necessidades específicas.
- Troque de direção com a perna interna ou externa.
- Troque de direção passando por fora dos cones ou dê uma volta nos cones.
- Durante curvas, coloque no chão a mão interna.
- Após passar todos os cones, corra pelo resto do campo ou quadra enquanto realiza uma habilidade como bater bola.

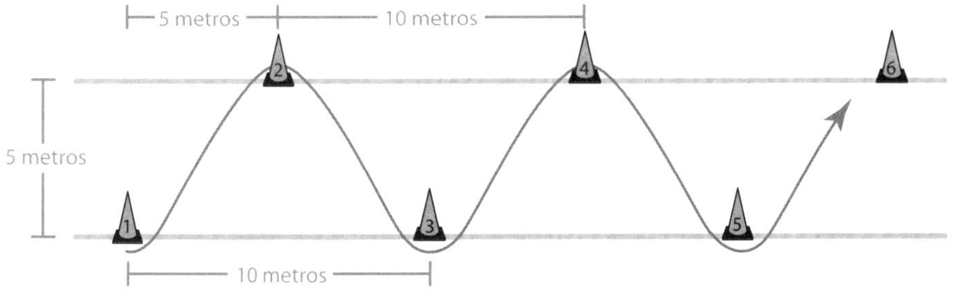

89 Quadrado de 40 metros em passo carioca
(40-yard square carioca)

Propósito

Desenvolver mudança de direção, flexibilidade nos quadris e movimento de pés.

Procedimento

- Os cones ficam dispostos 10 metros afastados entre si, formando um quadrado.
- Comece em postura de dois apoios, do lado direito do quadrado.
- Faça um *sprint* frontal de 10 metros.
- Ao chegar ao cone 2, faça um pivô reverso.
- Faça o passo carioca por 10 metros até o cone 3.
- Faça um pivô reverso e corra 10 metros de costas até o cone 4.
- Faça um pivô reverso e um deslocamento de 10 metros em passo carioca até o ponto de largada/chegada.

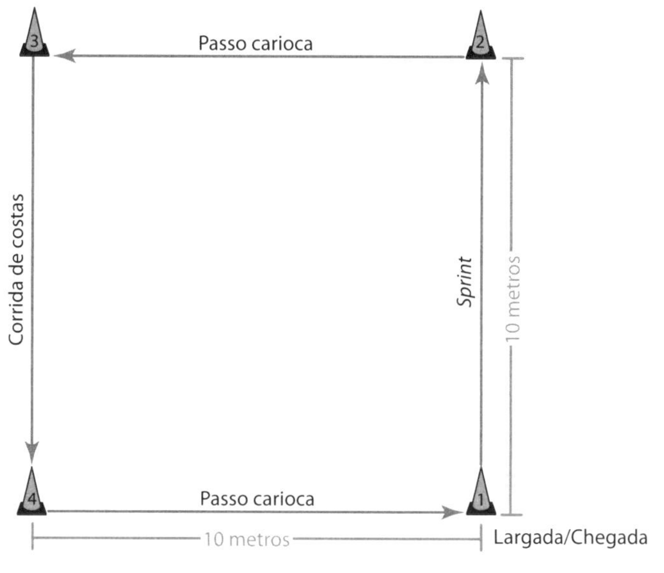

AGILIDADE

90 Deslocamento em quadrado de 40 metros
(40-yard square shuffle)

Propósito

Desenvolver flexibilidade, movimento dos pés e força na área da virilha.

Procedimento

- Os cones ficam dispostos 10 metros afastados entre si, formando um quadrado.
- Comece em postura de dois apoios, do lado direito do quadrado.
- Faça um *sprint* frontal de 10 metros.
- Ao chegar ao cone 2, faça um pivô reverso e desloque-se lateralmente por 10 metros até o cone 3, sem cruzar as pernas.
- Faça um pivô reverso e corra de costas por 10 metros até o cone 4.
- Faça um pivô reverso e desloque-se lateralmente até o ponto de largada/chegada.

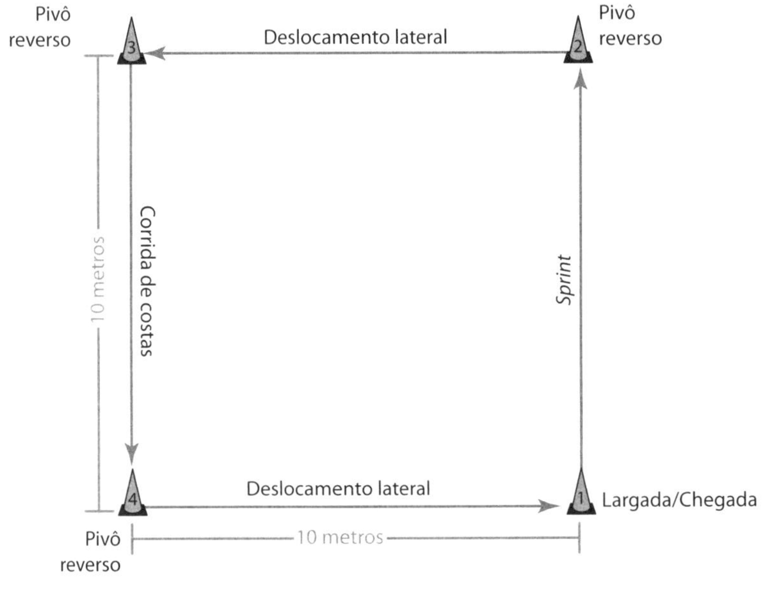

91 Corrida de costas e *sprint* em X
(*X-pattern backpedal to sprint*)

Propósito

Melhorar corrida de costas, mudanças de direção e movimento dos pés.

Procedimento

- Os cones ficam dispostos formando um quadrado e o exercício é realizado ao se correr em uma formação em "X".
- Comece em postura de dois apoios.
- Comece do lado direito do quadrado e corra 10 metros de costas, até o cone 2.
- A partir do cone 2, faça um *sprint* de 14 metros, diagonalmente, até o cone 3.
- Corra 10 metros de costas até o cone 4.
- A partir do cone 4, faça um *sprint* de 14 metros, diagonalmente, até o cone 1.

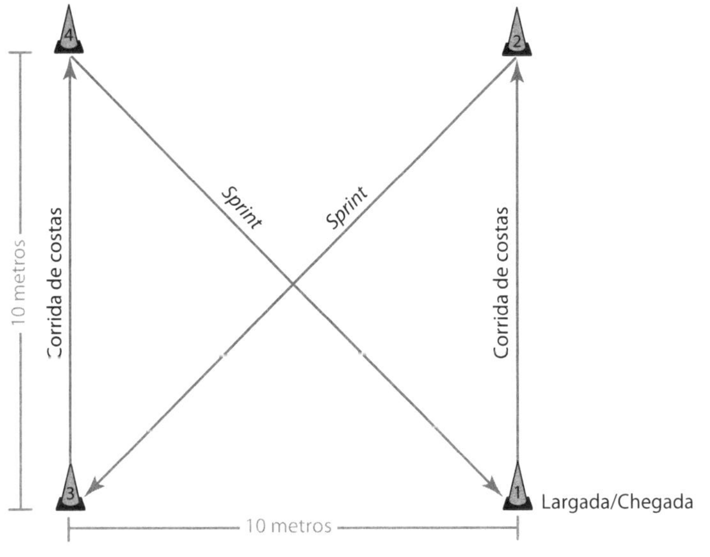

92 *Sprint* e corrida de costas em X
(*X-pattern sprint to backpedal*)

Propósito

Melhorar mudanças de direção e movimento dos pés.

Procedimento

- Os cones ficam dispostos formando um quadrado.
- Comece em postura de dois apoios.
- Posicione-se do lado direito do quadrado e faça um *sprint* frontal de 10 metros.
- Corra de costas por 14 metros, diagonalmente.
- Faça um *sprint* frontal de 10 metros.
- Corra de costas por 14 metros, diagonalmente, até o ponto de chegada.

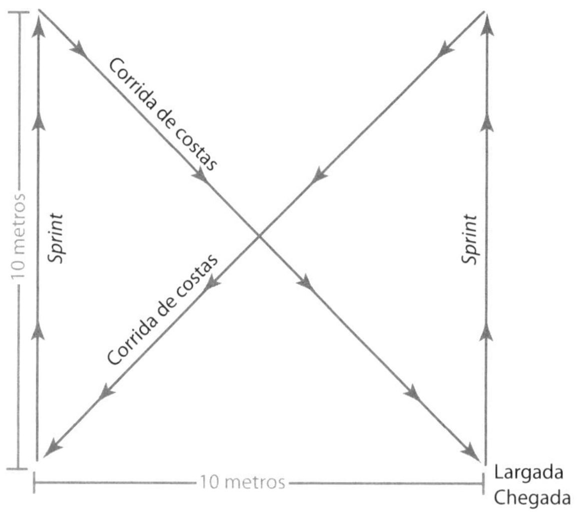

93 Volta ao redor de cones
(*Cone spin*)

Propósito

Desenvolver flexibilidade nas pernas e nos quadris, velocidade e movimento dos pés e rapidez.

Procedimento

- Os cones ficam dispostos formando um quadrado de 10 metros em cada lado.
- Comece em um cone em postura de dois apoios.
- Faça um *sprint* de 10 metros até o cone 1 e dê uma volta de 360° ao redor dele, com a mão direita no chão.
- Faça um *sprint* de 10 metros até o cone 2 e dê uma volta de 360° ao redor dele, com a mão esquerda no chão.
- Faça um *sprint* de 10 metros até o cone 3 e dê uma volta de 360° ao redor dele, com a mão direita no chão.
- Faça um *sprint* de 10 metros até o cone 4 e dê uma volta de 360° ao redor dele, com a mão esquerda no chão.

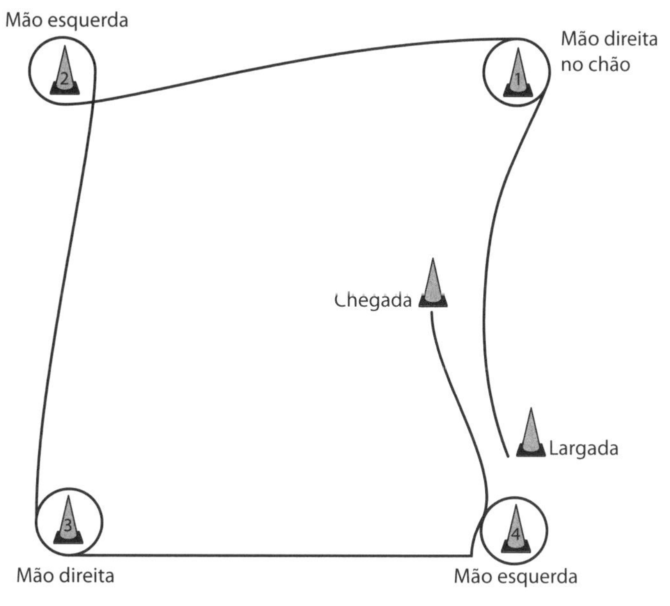

94 *Sprint*–Deslocamento lateral–Corrida de costas–*Sprint* na diagonal

(*Sprint–Shuffle–Backpedal–Break*)

Propósito

Desenvolver aceleração, mudança de direção, desaceleração e movimento dos pés.

Procedimento

- Disponha cones formando um quadrado, dispensando o cone no ponto de largada e colocando um cone a 10 metros e a 45° do último cone.
- Comece em um cone em postura de dois apoios.
- Faça um *sprint* de 10 metros até o cone 1.
- Mude o pé esquerdo de direção com um passo lateral, e desloque-se lateralmente (sem cruzar as pernas) por 10 metros à direita, até o cone 2.
- Ao chegar ao cone 2, corra 10 metros de costas até o cone 3.
- Ao chegar ao cone 3, fixe o pé esquerdo e faça um *sprint* de 10 metros para a direita, em um ângulo de 45°.

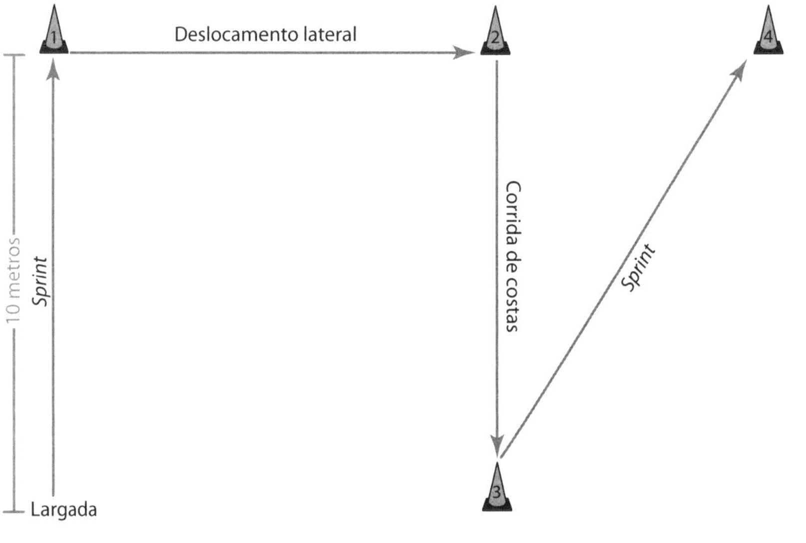

95 Mudança de direção em Z
(Z-pattern cuts)

Propósito

Desenvolver a rapidez dos pés.

Procedimento

- Posicione seis cones em duas linhas paralelas a 5 metros de distância uma da outra, de forma que os cones da linha 1 fiquem nas marcas de 0, 10 e 20 metros, e os cones na linha 2 fiquem nas marcas de 5, 15 e 25 metros.
- Comece em postura de dois apoios.
- Faça um *sprint* de 5 metros, diagonalmente, até o cone 2, finque o pé externo e mude a direção bruscamente rumo ao cone 3.
- Continue a fazer *sprints* de 5 metros, diagonalmente, até cada um dos cones, fincando o pé externo e usando um passo lateral para mudar bruscamente de direção.

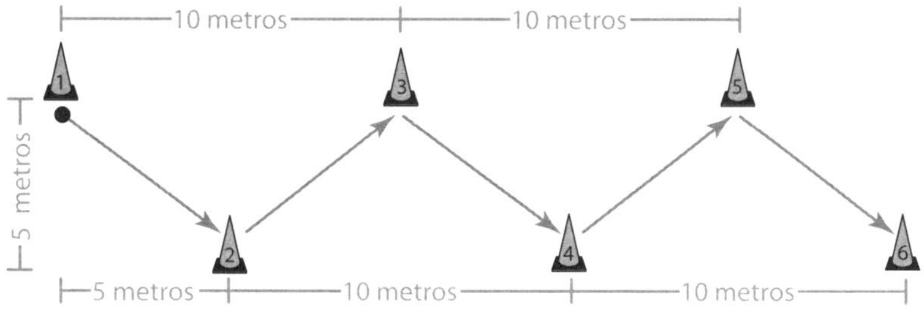

AGILIDADE

96 Zigue-zague em cones
(Cone zigzag)

Propósito

Desenvolver movimento e rapidez dos pés.

Procedimento

- Comece em postura de dois apoios, de frente para uma fileira de 10 cones, um a cada metro.
- Rapidamente, dê um passo diagonal à frente com o pé direito, ficando à direita do cone 1, e leve o pé esquerdo até o direito.
- Conduza o pé esquerdo ao lado esquerdo do cone seguinte, e, em seguida, leve o pé direito até o esquerdo.
- Faça o zigue-zague pelos cones rápida e explosivamente.

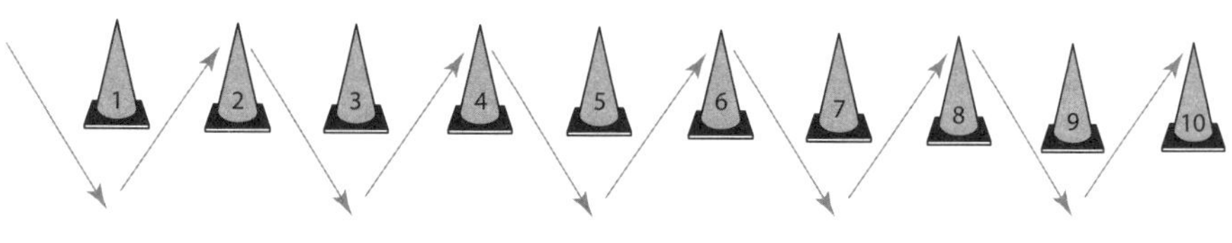

97 Zigue-zague de costas
(*Backward zigzag*)

Propósito

Desenvolver coordenação e rapidez dos pés.

Procedimento

- Comece em postura de dois apoios, de costas para uma fileira de 10 cones, um a cada metro.
- Dê um passo diagonal para trás com o pé esquerdo, ficando à esquerda do cone 1, e leve o pé direito até o pé esquerdo.
- Dê um passo diagonal para trás com o pé direito, ficando à direita do cone seguinte, e leve o pé esquerdo até o pé direito.
- Repita a ação ao longo de todos os cones.

98 Zigue-zague combinado
(*Combo zigzag*)

Propósito

Desenvolver mudança de direção, coordenação e rapidez dos pés.

Procedimento

- Comece em postura de dois apoios, de costas para uma fileira de 10 cones, um a cada metro.
- Dê um passo diagonal para trás com o pé esquerdo, deixando-o de frente para o cone 2, e deslize o pé direito em direção ao esquerdo.
- Repita o movimento na direção oposta.
- Continue esse padrão por todos os 10 cones.

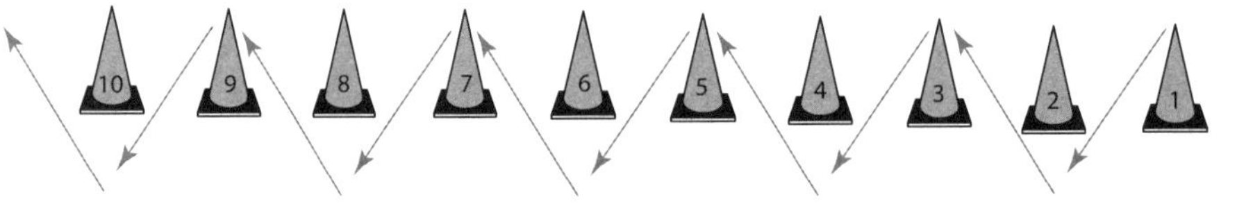

99 *Sprint-Sprint*-Corrida de costas
(*Sprint–Sprint–Backpedal*)

Propósito

Desenvolver mudança de direção e rapidez dos pés.

Procedimento

- Comece em postura de dois apoios.
- Faça um *sprint* do cone 1 ao cone 2.
- Gire rapidamente por trás do cone e faça um *sprint* de volta ao cone 1.
- Corra de costas do cone 1 ao cone 3.
- Faça um *sprint* do cone 3 de volta ao cone 1.

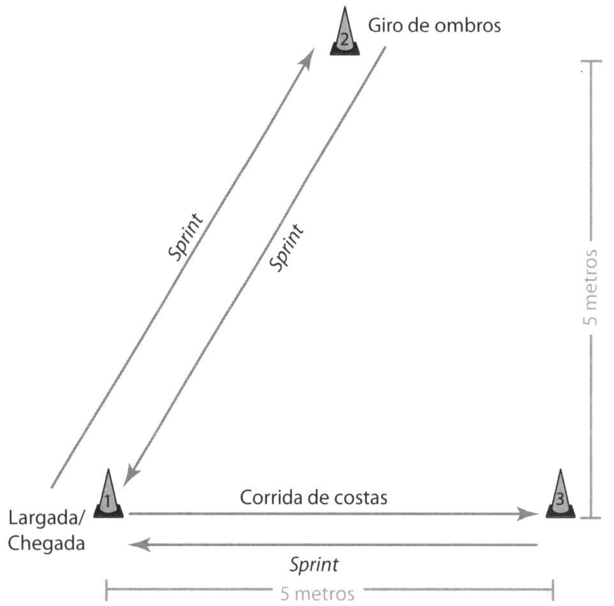

100 Deslocamento lateral em Z na diagonal
(*Z-pattern diagonal shuffle*)

Propósito

Desenvolver flexibilidade, movimento dos pés e força na área da virilha.

Procedimento

- Comece em postura de dois apoios, no cone 1.
- Faça um deslocamento lateral, diagonalmente, até o cone 2.
- Vire bruscamente no cone 2 com o pé externo e faça um deslocamento lateral até o cone 3, diagonalmente.
- Repita o procedimento em todos os cones.

Variações

- Alterne entre *sprints* frontais e deslocamentos laterais na diagonal.

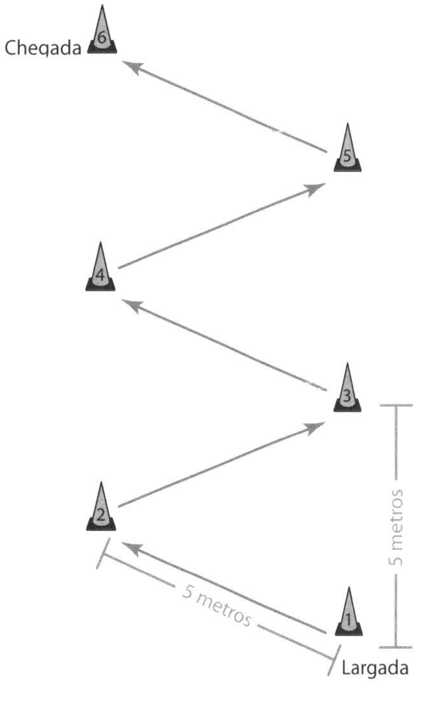

101 Corrida em S

(S-pattern run)

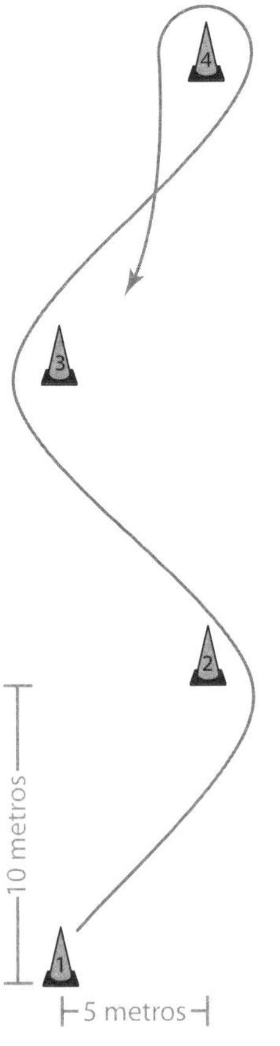

Propósito

Desenvolver rapidez dos pés.

Procedimento

- Coloque dois pares de cones em duas linhas diferentes, 5 metros separadas entre si, de forma que o segundo cone da linha esquerda (cone 3) esteja posicionado na marca de 20 metros em relação ao cone 1 (largada), e os cones da linha direita estejam nas marcas de 10 (cone 2) e 30 metros (cone 4).
- Comece em postura de dois apoios, à esquerda do cone 1.
- Faça um *sprint* até a direita do cone 2, coloque sua mão direita sobre ele e faça um giro de 360°.
- Continue o *sprint* até a esquerda do cone 3, coloque sua mão esquerda sobre ele e faça um giro de 360°.
- Prossiga até o cone 4, circundando-o pela direita e fazendo o percurso de volta, passando por cada cone, até chegar novamente ao cone 1.
- Comece o movimento com um ritmo controlado até adquirir a propriocepção e o equilíbrio necessários, e, então, aumente a velocidade progressivamente.

102 Retângulo de 20 metros
(20-yard rectangle)

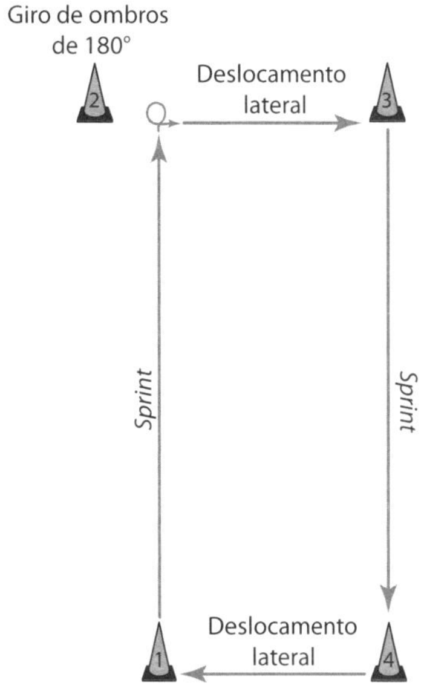

Propósito

Melhorar mudança de direção e posição de corpo, transição entre habilidades e capacidade de mudança brusca de direção.

Procedimento

- Comece em postura de dois apoios, no cone 1.
- Faça um *sprint* de 8 metros até o cone 2.
- Faça um giro de ombros de 180° e um deslocamento lateral de 2 metros para a esquerda, até o cone 3.
- Faça um *sprint* do cone 3 ao cone 4.
- Ao chegar ao cone 4, troque a direção bruscamente para a direita, deslocando-se lateralmente até o cone 1.

Variações

- Comece de diferentes posições (por exemplo, deitado, com os pés e as mãos apoiados no chão).
- Mude a distância entre os cones de acordo com as distâncias apropriadas para o esporte e o sistema de energia.
- Modifique as técnicas de cada perna para atender a necessidades específicas.
- Troque de direção com a perna interna ou externa.
- Troque de direção passando por fora dos cones ou dê uma volta nos cones.
- Durante curvas, coloque no chão a mão que estiver para dentro do circuito.

103 Exercício em triângulo
(*Triangle drill*)

Propósito

Desenvolver aceleração, capacidade de parada e controle do corpo.

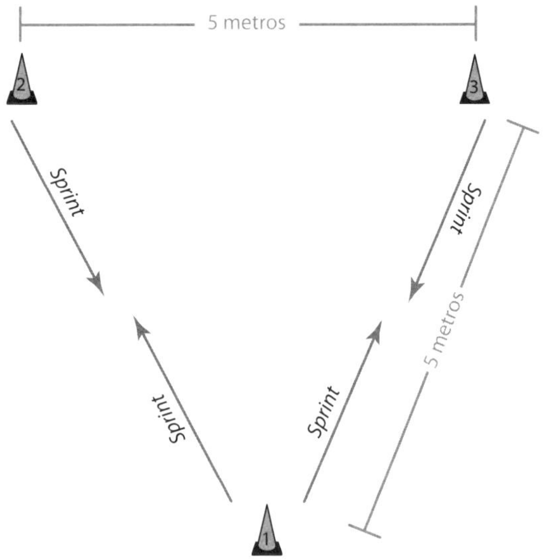

Procedimento

- Disponha três cones formando um triângulo de cabeça para baixo, de forma que cada lado tenha 5 metros.
- Corra do cone 1 ao cone 2.
- Toque o cone 2 e corra de volta ao cone 1.
- Toque o cone 1 e corra para o cone 3.
- Toque o cone 3 e corra de volta ao cone 1.

Variações

- Use deslocamento lateral, corrida de costas ou combinações.
- Faça o exercício com limite de tempo.

104 *Sprint*-Deslocamento lateral-*Sprint*
(*Sprint–Shuffle–Sprint*)

Propósito

Desenvolver aceleração, capacidade de parada, aceleração lateral e controle do corpo.

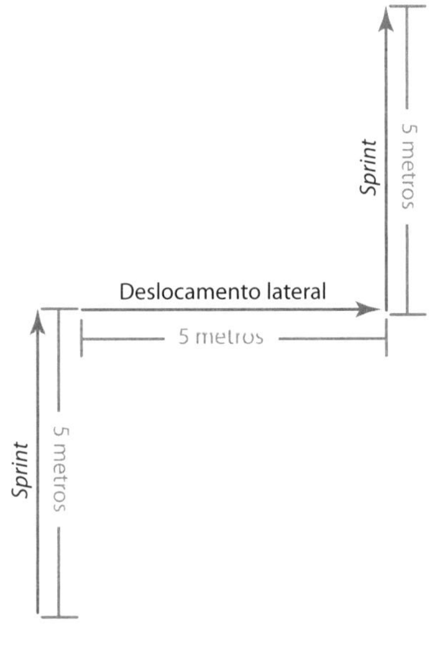

Procedimento

- Sob comando, faça um *sprint* frontal de 5 metros.
- Desloque-se lateralmente 5 metros para a direita ou para a esquerda.
- Faça um *sprint* frontal de 5 metros.
- Mantenha um centro de gravidade baixo, com os joelhos e os quadris flexionados durante o deslocamento lateral.
- Mova os pés o mais rápido possível durante o deslocamento lateral.

105 Deslocamento lateral–Deslocamento lateral na diagonal–*Sprint*

(*Side shuffle–Angled shuffle–Sprint*)

Propósito

Desenvolver a mudança de direção controlada.

Procedimento

- Faça um deslocamento lateral até o cone 2.
- Faça um deslocamento lateral de 5 metros, em diagonal, para a direita.
- Faça um deslocamento lateral 5 metros, em diagonal, para a esquerda.
- Faça um *sprint* de 5 metros, em diagonal, para a direita.
- Faça um deslocamento lateral para a esquerda.

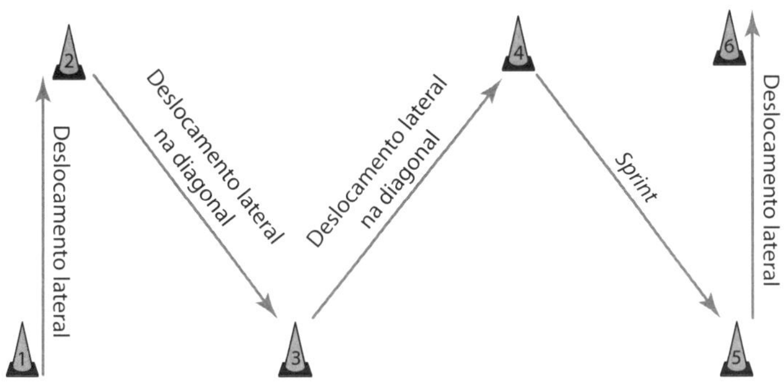

106 Deslocamento lateral em M

(*M-shufflc drill*)

Propósito

Desenvolver transições eficazes entre movimentos e controle do corpo.

Procedimento

- Comece deslizando diagonalmente para a direita por 10 metros até o cone 1.
- Deslize diagonalmente para a esquerda por 10 metros até o cone 2.
- Deslize diagonalmente para a direita por 10 metros até o cone 3.
- Deslize diagonalmente para a esquerda por 10 metros até o cone 4.

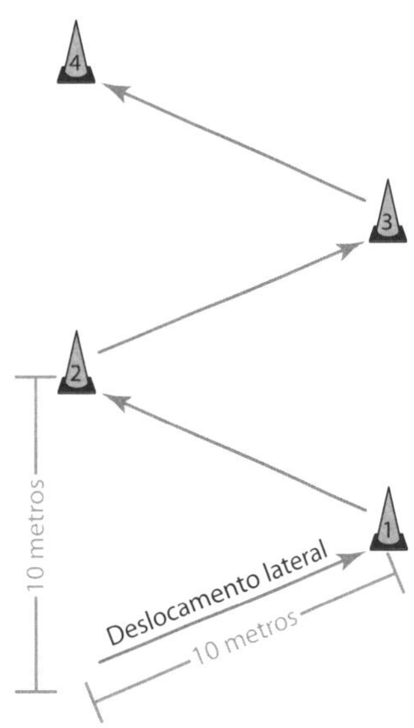

107 *Sprint* e passo carioca rápido em W
(*W-pattern sprint to quick step carioca*)

Propósito

Desenvolver aceleração e capacidade de parada.

Procedimento

- Disponha três cones de forma que eles fiquem sobre uma linha reta, afastados 5 metros entre si.
- Posicione um cone a 7 metros da primeira linha, entre os cones 1 e 3, e mais dois cones nessa linha paralela, um a 5 metros e outro a 10 metros do cone 2.
- Comece no cone 1 e faça um *sprint* até o cone 2.
- Chegando ao cone 2, faça um passo carioca de movimentos rápidos e baixos até o cone 3.
- Faça um *sprint* até o cone 4 e continue esse padrão nos cones restantes.

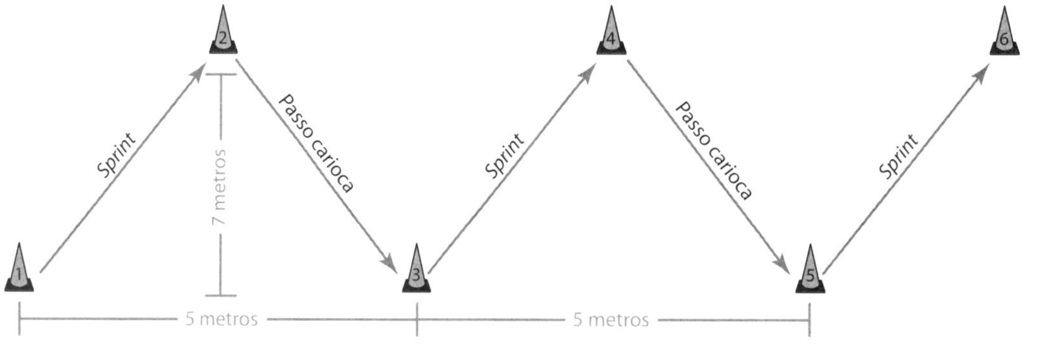

108 Deslocamento lateral diamante
(Diamond shuffle)

Propósito

Desenvolver aceleração lateral, capacidade de parada e posição atlética baixa.

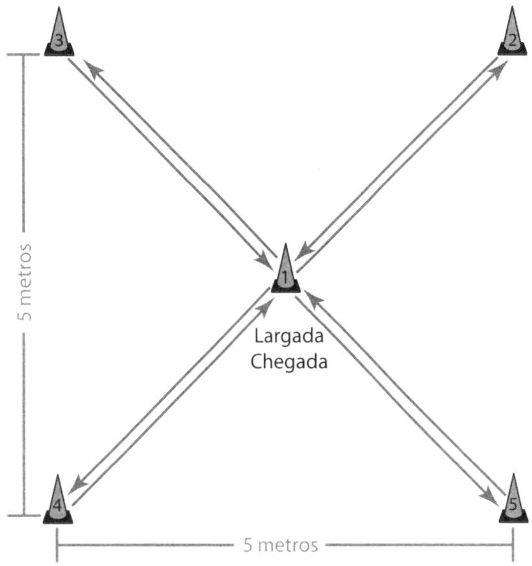

Procedimento

- Comece no cone central e fique em posição de centro de gravidade baixo, com os joelhos e os quadris flexionados, as costas retas e os olhos erguidos.
- Faça um deslocamento lateral até o cone 2 e, depois, outro de volta para o cone central.
- Ao chegar a um cone, toque-o com a mão que alcançar primeiro o cone.
- Siga esse padrão em todos os cones.
- Mantenha a cabeça erguida e o olhar à frente, usando a visão periférica para localizar os cones.

109 Corrida de costas-Deslocamento lateral-*Sprint*
(Backpedal–Shuffle–Sprint)

Propósito

Desenvolver aceleração, capacidade de parada, aceleração lateral, passo cruzado e controle do corpo.

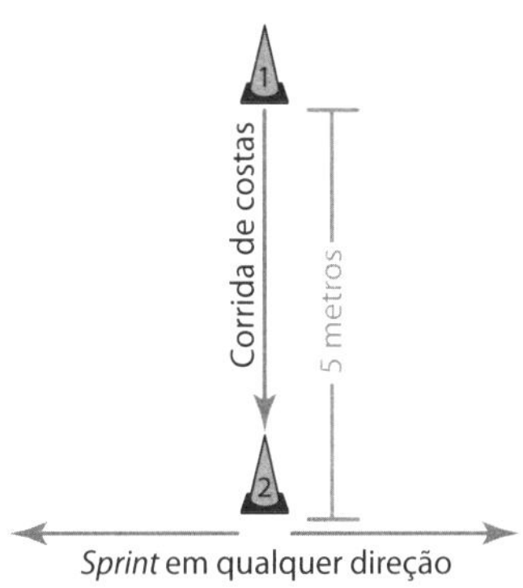

Procedimento

- Corra 5 metros de costas do cone 1 para o cone 2.
- Faça um deslocamento lateral de 5 metros para a direita ou para a esquerda.
- Execute a passada cruzada (*crossover step*) e faça um *sprint* de 5 metros.
- Mantenha o centro de gravidade baixo, com os joelhos e os quadris flexionados durante o deslocamento lateral.
- Mova os pés o mais rápido que puder durante o deslocamento lateral.

110 Corrida frontal com deslocamento lateral

(*Forward run with lateral shuffle*)

Propósito

Desenvolver mudanças de direção controladas e integrar dois padrões de movimento.

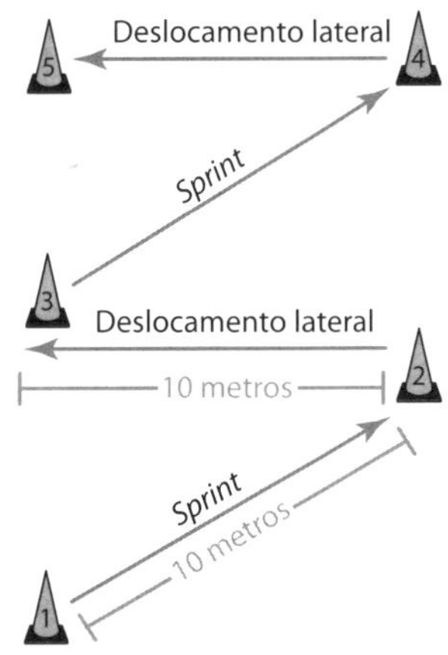

Procedimento

- Comece fazendo um *sprint* de 10 metros, na diagonal, do cone 1 ao 2.
- Faça um deslocamento lateral de 10 metros para a esquerda, do cone 2 ao 3.
- Faça um *sprint* de 10 metros, na diagonal, do cone 3 ao 4.
- Faça um deslocamento lateral de 10 metros para a esquerda, do cone 4 ao 5.
- Mantenha a cabeça erguida e o olhar à frente, usando a visão periférica para localizar os cones.

111 Corrida de 15 metros em Z

(*15-yard Z drill*)

Propósito

Desenvolver mudança de direção, flexibilidade nos quadris e rapidez dos pés.

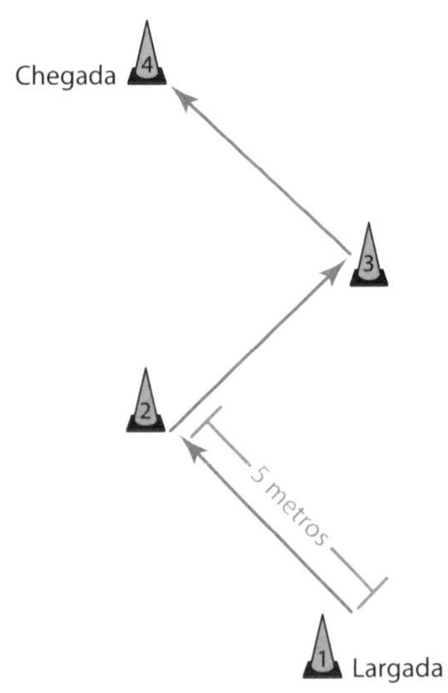

Procedimento

- Disponha quatro cones em forma de um Z com 5 metros entre um e outro.
- Comece em postura de dois apoios.
- Execute um *sprint* frontal de 5 metros até o cone 2 e faça uma curva para a direita ao redor dele, colocando a mão direita no chão para a virada.
- Execute um *sprint* até o cone 3 e faça uma curva para a esquerda ao redor dele, colocando a mão esquerda no chão para a virada.
- Execute um *sprint* frontal de 5 metros até o cone 4.

112 Múltiplas habilidades em quadrado de 40 metros

(40-yard square multiskill)

Propósito

Melhorar mudança de direção e posição de corpo, transição entre habilidades e capacidade de mudança brusca de direção.

Procedimento

- Posicione quatro cones em um quadrado de 10 metros de cada lado, de forma que o cone 1 fique na linha de largada, o cone 2 fique 10 metros adiante do cone 1, o cone 3 fique 10 metros à esquerda do cone 2 e o cone 4 fique 10 metros à esquerda do cone 1.
- Comece em postura de dois apoios no cone 1.
- Você fará dois trajetos por esse percurso: um em sentido anti-horário e outro em sentido horário.
- Ao comando "Vai!", faça um *sprint* frontal do cone 1 ao cone 2.
- Ao chegar ao cone 2, faça o andar de urso para a esquerda até chegar ao cone 3.
- Corra de costas do cone 3 ao cone 4.
- Faça o andar de urso do cone 4 ao cone 1.
- Ao chegar de volta ao ponto de largada/chegada, repita o exercício, indo no sentido oposto.

Variação

- Repita o exercício, mas, desta vez, com *sprint*, salto unilateral e corrida de costas.

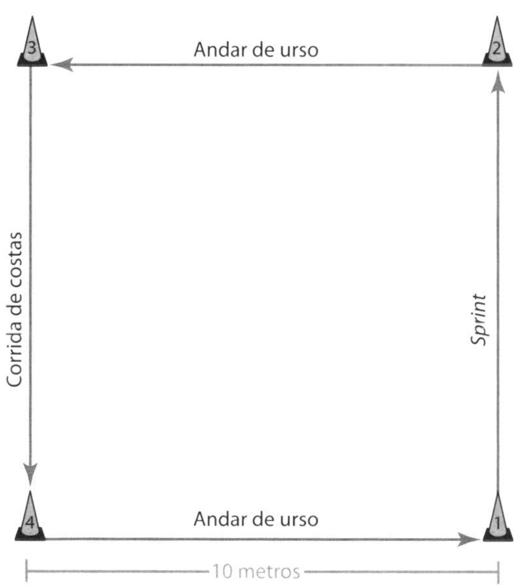

113 Exercício da serpente 1
(*Snake drill 1*)

Propósito

Melhorar mudança de direção e posição de corpo, transição entre habilidades e capacidade de mudança brusca de direção.

Procedimento

- Posicione quatro cones em um quadrado de 10 metros de cada lado, de forma que o cone 1 fique na linha de largada, o cone 2 fique 10 metros adiante do cone 1, o cone 3 fique 10 metros à esquerda do cone 2 e o cone 4 fique 10 metros à esquerda do cone 1. Um quinto cone deve ser colocado no centro do quadrado.
- Comece em postura de dois apoios, entre os cones 1 e 2.
- Faça um *sprint* frontal até o cone 2 e dê a volta nele por fora.
- Faça um *sprint* até o cone 5, diagonalmente.
- Faça um *sprint* até o cone 3, diagonalmente.
- Faça um *sprint* frontal até o cone 4.
- Faça um *sprint* até o cone 5, diagonalmente.
- Faça um *sprint* até o cone 1, diagonalmente.
- Faça um *sprint* do cone 1 até o ponto de largada/chegada, entre os cones 1 e 2.

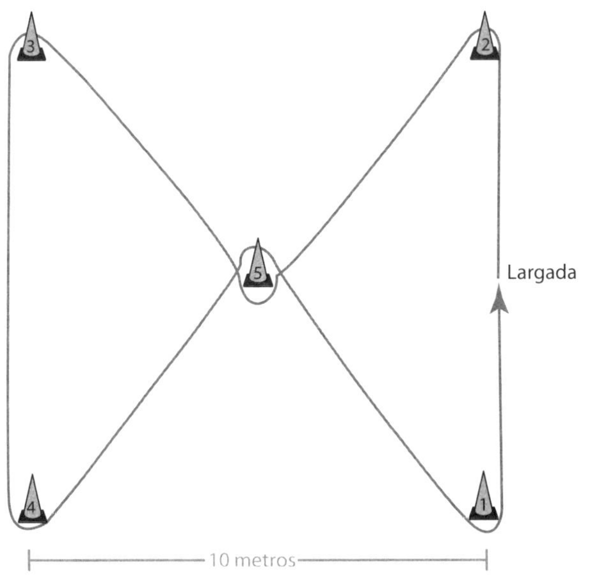

114 Exercício da serpente 2
(*Snake drill 2*)

Propósito

Melhorar mudança de direção e posição de corpo, transição entre habilidades e capacidade de mudança brusca de direção.

Procedimento

- Disponha sete cones em uma linha reta, a 5 metros de distância entre si. Em uma linha paralela, coloque cones a 5 metros de distância dos cones 2, 4 e 6.
- Sem cruzar os pés, faça um deslocamento lateral do cone 1 ao 2.
- Fixe o pé direito no chão e faça um *sprint* para o cone paralelo ao 2. Dê a volta por fora desse cone e continue o *sprint*, diagonalmente, até o cone 3.
- Sem cruzar os pés, faça um deslocamento lateral do cone 3 ao 4.
- Fixe o pé direito no chão e faça um *sprint* para o cone paralelo ao 4. Dê a volta por fora desse cone e continue o *sprint*, diagonalmente, até o cone 5.
- Sem cruzar os pés, faça um deslocamento lateral do cone 5 ao 6.
- Fixe o pé direito no chão e faça um *sprint* para o cone paralelo ao 6. Dê a volta por fora desse cone e continue o *sprint*, diagonalmente, até o cone 7.
- Faça o exercício em ambas as direções, o que constitui uma repetição.

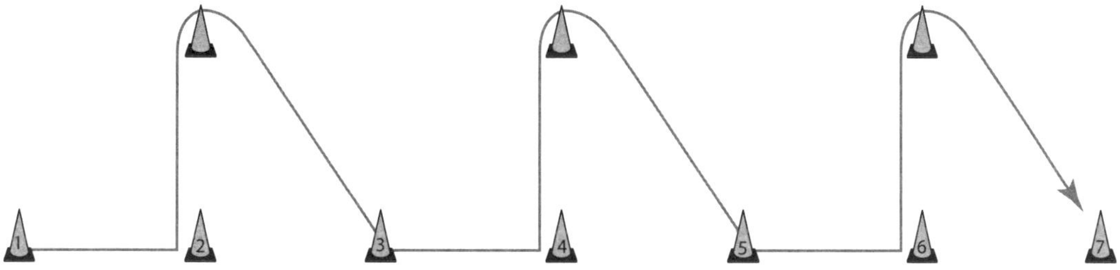

AGILIDADE

AGILIDADE

115 Exercício em V

(V drill)

Propósito

Melhorar mudança de direção e posição de corpo, transição entre habilidades e capacidade de mudança brusca de direção.

Procedimento

- Posicione três cones de maneira que formem um ângulo de 45°, com o cone 1 na linha de largada; os cones 2 e 3 posicionados, respectivamente, 10 metros à direita e 10 metros à esquerda do cone 1, alinhados entre si, e essa linha deve estar a 10 metros de distância do cone 1.
- Faça um *sprint* frontal para a esquerda, diagonalmente, até o cone 2.
- Fixe seu pé esquerdo no chão e corra de costas de volta ao cone 1.
- Sem parar, faça um *sprint* frontal para a direita, diagonalmente, até o cone 3.
- Fixe seu pé direito no chão e corra de costas de volta ao cone 1.
- Um *sprint* e uma corrida de costas nas duas direções constituem uma repetição.

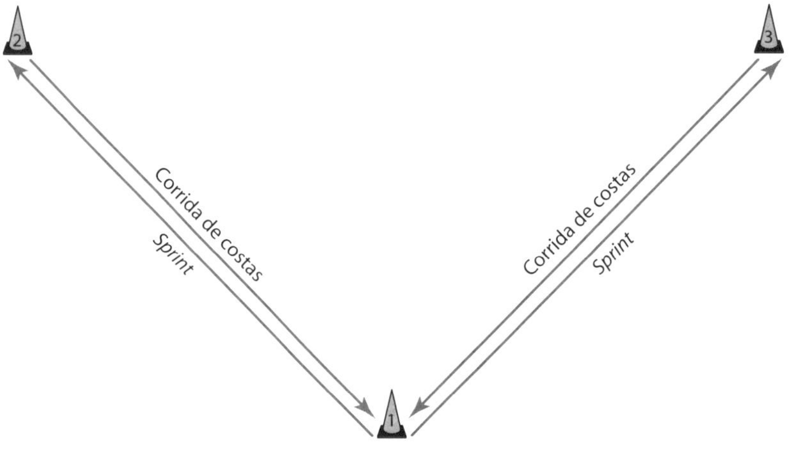

116 Movimento em A
(*A movement*)

Propósito

Melhorar mudança de direção e posição de corpo, transição entre habilidades e capacidade de mudança brusca de direção.

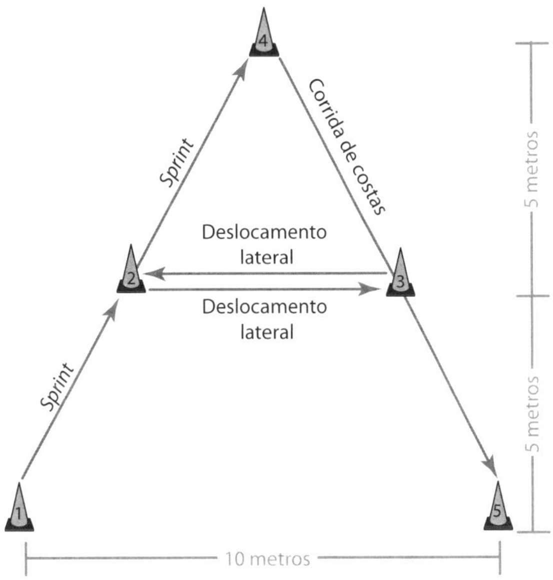

Procedimento

- Disponha cinco cones em forma de um "A", de forma que os cones 1 e 5 estejam a 10 metros um do outro na linha de largada. Os cones 2 e 3 devem estar a 5 metros de distância da linha de largada, com o cone 2 entre os cones 1 e 4, e o cone 3 entre os cones 4 e 5. O cone 4 deve estar a 10 metros da linha de largada e equidistante dos cones 1 e 5.
- Faça um *sprint* do cone 1 ao 2.
- Desloque-se lateralmente do cone 2 ao 3.
- Desloque-se lateralmente de volta do cone 3 ao 2.
- Faça um *sprint* do cone 2 ao 4.
- Corra de costas do cone 4 ao cone 5.

Variação

Realize uma atividade adicional, como driblar, ao fazer o exercício.

117 Movimento em E
(*E movement*)

Propósito

Melhorar mudança de direção e posição de corpo, transição entre habilidades e capacidade de mudança brusca de direção.

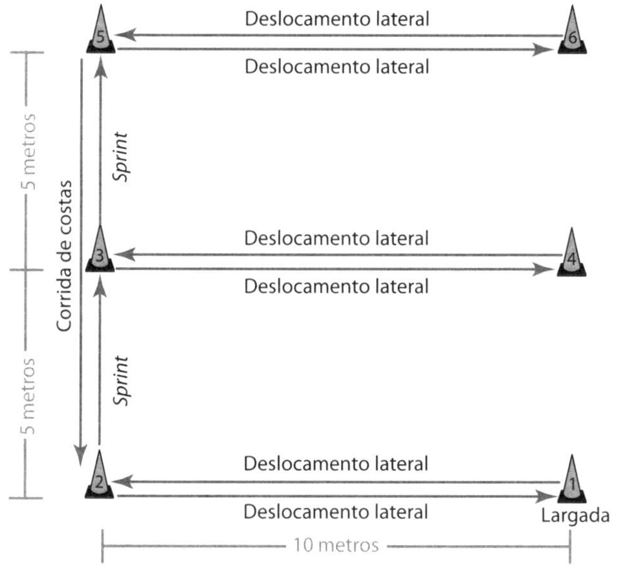

Procedimento

- Disponha 6 cones na forma de um E, de forma que os cones 1 e 2 fiquem a 10 metros um do outro, os cones 3 e 4 em paralelo e a 5 metros dos cones 2 e 1, respectivamente, e os cones 5 e 6 em paralelo e a 5 metros dos cones 3 e 4, respectivamente.
- Desloque-se lateralmente do cone 1 ao 2.
- Faça um *sprint* do cone 2 ao 3.
- Desloque-se lateralmente do cone 3 ao 4.
- Desloque-se lateralmente de volta do cone 4 ao 3.
- Faça um *sprint* do cone 3 ao 5.
- Desloque-se lateralmente do cone 5 ao 6.
- Desloque-se lateralmente de volta do cone 6 ao 5.
- Corra de costas do cone 5 ao 2.
- Desloque-se lateralmente do cone 2 ao 1.

Variações

Realize uma atividade adicional, como driblar, ao fazer o exercício.

118 Movimento em F
(*F movement*)

Propósito

Melhorar mudança de direção e posição de corpo, transição entre habilidades e capacidade de mudança brusca de direção.

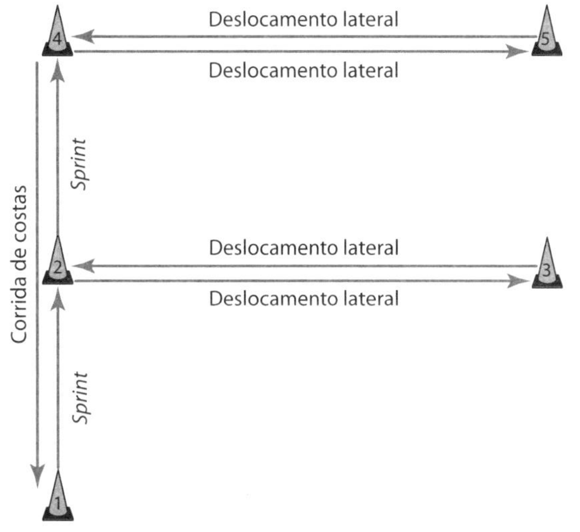

Procedimento

- Disponha 5 cones na forma de um F, de forma que o cone 1 fique na linha de largada. O cone 2 deve ficar 5 metros à frente do 1, e o cone 3, 5 metros à direita do 2. Os cones 4 e 5 ficam em paralelo entre si e a 5 metros dos cones 2 e 3, respectivamente.
- Faça um *sprint* do cone 1 ao cone 2.
- Desloque-se lateralmente do cone 2 ao cone 3.
- Desloque-se lateralmente de volta do cone 3 ao 2.
- Faça um *sprint* do cone 2 ao 4.
- Desloque-se lateralmente do cone 4 ao 5.
- Desloque-se lateralmente de volta do cone 5 ao 4.
- Corra de costas do cone 4 ao 1.

Variação

Realize uma atividade adicional, como driblar, ao fazer o exercício.

119 Movimento em H
(*H movement*)

Propósito

Melhorar mudança de direção e posição de corpo, transição entre habilidades e capacidade de mudança brusca de direção.

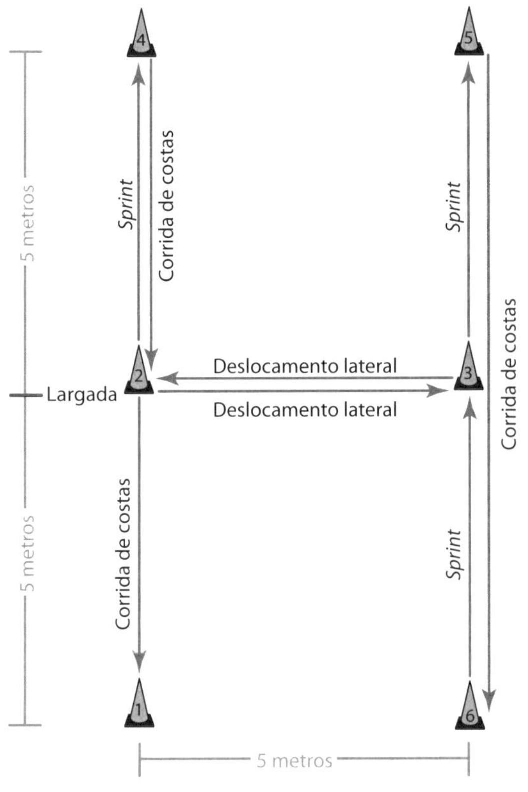

Procedimento

- Disponha seis cones na forma de um H, de forma que o cone 1 fique na linha de largada. O cone 2 deve ficar 5 metros à frente da linha de largada, à frente do 1. O cone 3 deve ficar 5 metros à direita do cone 2. Os cones 4 e 5 devem ficar 5 metros à frente dos cones 2 e 3, respectivamente. O cone 6 deve ficar 5 metros à direita do cone 1.
- Faça um *sprint* do cone 2 ao 4.
- Corra de costas do cone 4 ao 2.
- Desloque-se lateralmente do cone 2 ao 3.
- Faça um *sprint* do cone 3 ao 5.
- Corra de costas do cone 5 ao 6.
- Faça um *sprint* do cone 6 ao 3.
- Desloque-se lateralmente de volta do cone 3 ao 2.
- Corra de costas do cone 2 ao cone 1.

Variação

Realize uma atividade adicional, como driblar, ao fazer o exercício.

AGILIDADE

120 Estrela
(Star drill)

Propósito

Melhorar mudança de direção e posição de corpo, transição entre habilidades e capacidade de mudança brusca de direção.

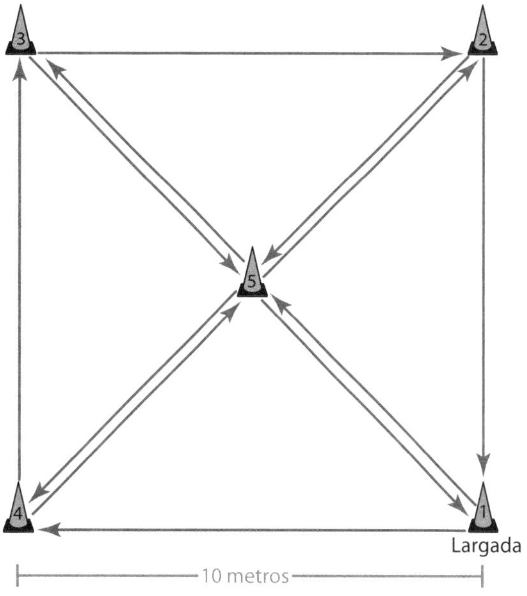

Procedimento

Posicione quatro cones em um quadrado de 10 metros de cada lado, de forma que o cone 1 fique na linha de largada, o cone 2 fique 10 metros adiante do 1, o cone 3 fique 10 metros à esquerda do 2 e o cone 4 fique 10 metros à esquerda do 1. Um quinto cone deve ser colocado no centro do quadrado. Use essa disposição para fazer diversas combinações de corrida.

Variações

Use as seguintes combinações de corrida: *sprint*–deslocamento lateral–corrida de costas; *sprint*–carioca–deslocamento lateral; *sprint*–carioca–corrida de costas; *sprint*–corrida de costas–carioca; *sprint*–deslocamento lateral–carioca; *sprint*–andar de urso–deslocamento lateral; *sprint*–andar de urso–corrida de costas; *sprint*–corrida de costas–andar de urso; *sprint*–deslocamento lateral–andar de urso.

121 *Skipping* multidirecional
(Multidirectional skipping)

Propósito

Melhorar rapidez e coordenação em mecânicas locomotivas.

Procedimento

- Disponha cones formando uma área de qualquer tamanho.
- Faça uma corrida saltada em várias direções dentro da área dos cones, mantendo-se de frente para um alvo determinado.
- Durante o *skipping*, responda a comandos para mudar de direção: para a frente, para trás e para os lados.

Variações

- Aumente a amplitude dos seus saltos e reduza o número de repetições.
- Diante do comando de mudança de direção, concentre-se no primeiro passo.
- Adicione a execução de um *sprint* ou de alguma habilidade, sob comando.

122 Exercício em forma de oito com cone
(Figure-eight cone drill)

Propósito

Melhorar a habilidade de mudar de direção e o tempo de reação.

Procedimento

- Posicione dois cones a uma distância de 5 a 10 metros.
- Comece em postura de dois apoios.
- Corra em forma de oito pelos cones; ao virar, coloque no cone a mão que estiver do lado de dentro do circuito.

Variações

- Mude a distância entre os cones.
- Mude o raio das curvas.
- Comece o exercício de diferentes posições (por exemplo, deitado, sentado, postura de quatro apoios etc.).

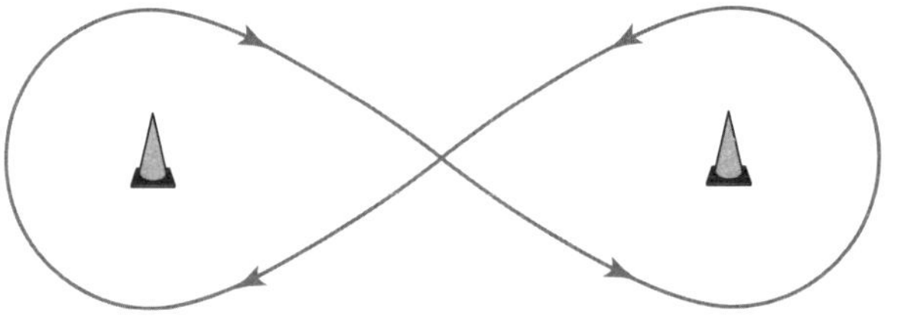

EXERCÍCIOS NA ESCADA DE AGILIDADE

123 *Ickey shuffle*[1]

Propósito

Melhorar a coordenação e a rapidez dos membros inferiores.

Procedimento

- Comece à esquerda da escada.
- Dê um passo lateral com o pé direito e coloque-o no primeiro quadrado; o pé esquerdo segue o direito para dentro do primeiro quadrado da escada.
- Dê um passo lateral com o pé direito para o lado direito da escada e, em seguida, avance com o pé esquerdo para o próximo quadrado na escada.
- Leve o pé direito para o quadrado no qual está o pé esquerdo.
- Dê um passo lateral com o pé esquerdo para o lado esquerdo da escada e, em seguida, avance com o pé direito para o próximo quadrado na escada.
- Repita o padrão seguindo em frente e, depois, voltando de costas.

Variação

Para adicionar complexidade a qualquer exercício em escada de agilidade, faça o exercício olhando para cima e evitando olhar para os próprios pés.

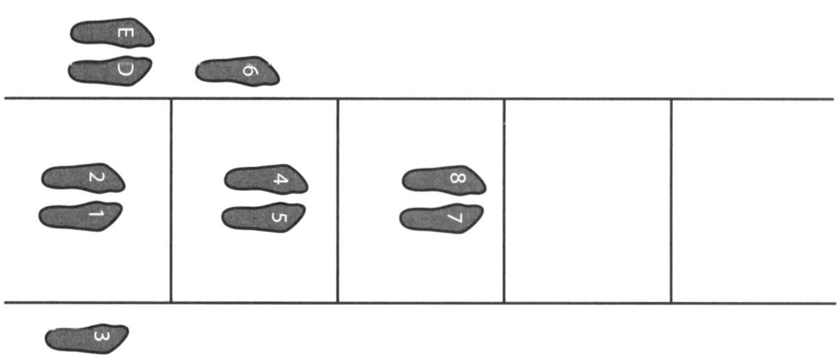

[1] N. do E.: Nome dado à comemoração de um *touchdown* feita pelo jogador de futebol americano Elbert "Ickey" Woods, do Cincinnati Bengals, na partida que decidiu a temporada de 1988 da NFL.

124 Deslocamento lateral dentro-fora
(*In-out shuffle*)

Propósito

Desenvolver agilidade, equilíbrio, coordenação e rapidez.

Procedimento

- Comece em postura de dois apoios, ao lado da escada de agilidade, de frente para o primeiro quadrado da direita para a esquerda.
- Dê um passo com o pé esquerdo para a frente, para dentro do primeiro quadrado.
- Leve o pé direito ao primeiro quadrado.
- Dê um passo diagonal para trás, à esquerda, de forma que o pé esquerdo fique de frente para o segundo quadrado.
- Leve o pé direito também à esquerda, para que fique diante do segundo quadrado.
- Repita essa sequência ao longo da escada.
- Cada pé passa por cada quadrado.

Variações

- Execute o mesmo padrão com cada pé pisando em um quadrado diferente.
- Faça o exercício quadrado sim, quadrado não, aumentando a passada lateral.
- Realize o exercício de costas (comece com a escada atrás de você).
- Realize uma atividade adicional, como bater bola, ao realizar o exercício.

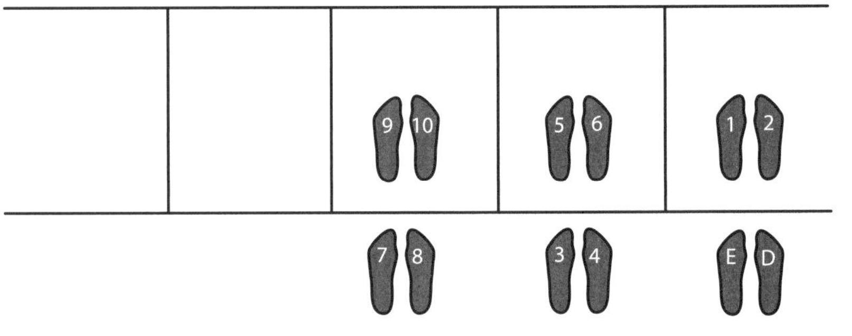

125 Virada de 180° na escada de agilidade
(180-degree ladder turn)

Propósito
Desenvolver agilidade, equilíbrio flexibilidade e rapidez.

Procedimento
- Comece em postura de dois apoios, com os pés nos dois primeiros quadrados da escada (figura *a*).
- Com os dois pés, salte e gire 180°, de modo a cair com cada pé tendo avançado um quadrado adiante (figuras *b*, *c*).
- Continue repetindo os saltos de meia-volta em cada quadrado ao longo da escada de agilidade.

Variação
Faça o exercício em posição perpendicular à escada.

a

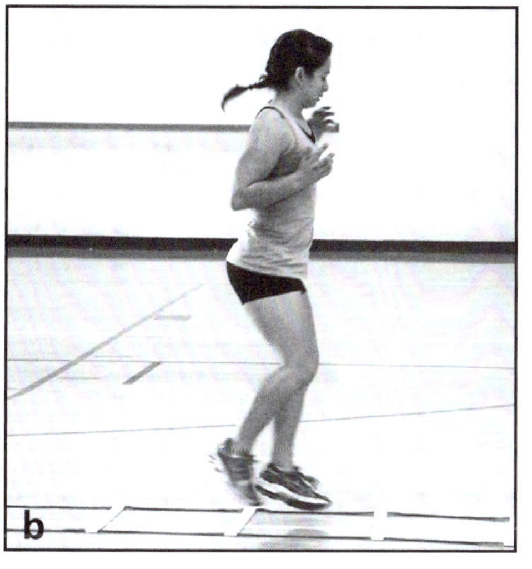
b

c

126 Todos os quadrados
(*Every hole*)

Propósito

Desenvolver equilíbrio, flexibilidade, movimento dos pés e dos joelhos altos.

Procedimento

- Comece em postura de dois apoios.
- Faça um *sprint* frontal, com joelhos altos e boa ação de braços.
- Pise em cada quadrado da escada, sempre alternando os pés (figuras *a-c*).

127 Passo duplo
(*Double step*)

Propósito

Desenvolver equilíbrio, flexibilidade, rapidez dos pés e movimento de joelhos altos.

Procedimento

- Comece em postura de dois apoios.
- Faça um *sprint* frontal, com joelhos altos e boa ação de braços.
- Tanto o pé direito como o esquerdo pisam em cada quadrado ao longo da escada (figuras *a-c*).

c

a

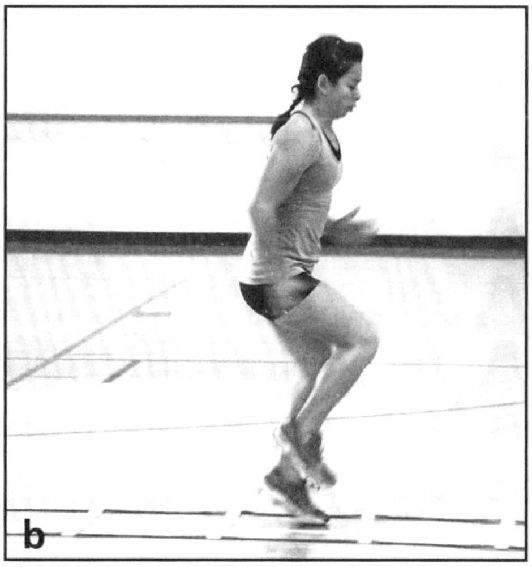

b

128 Passo carioca

Propósito

Desenvolver equilíbrio, flexibilidade nos quadris, movimento dos pés e visão periférica.

Procedimento

- Comece em postura de dois apoios.
- Fique de lado em uma das pontas da escada de agilidade.
- Coloque o pé direito no primeiro quadrado.
- Passe o pé esquerdo para o segundo quadrado. O pé esquerdo deve cruzar o direito pela frente.
- Leve o pé direito ao terceiro quadrado, passando-o por trás do esquerdo.
- Passe o pé esquerdo para o quarto quadrado. O pé esquerdo deve cruzar o direito por trás.
- Leve o pé direito ao quinto quadrado, passando-o pela frente.
- Repita essa sequência ao longo da escada (figuras *a-c*).
- Dê ênfase a uma passada de joelho elevada ao cruzar pela frente.

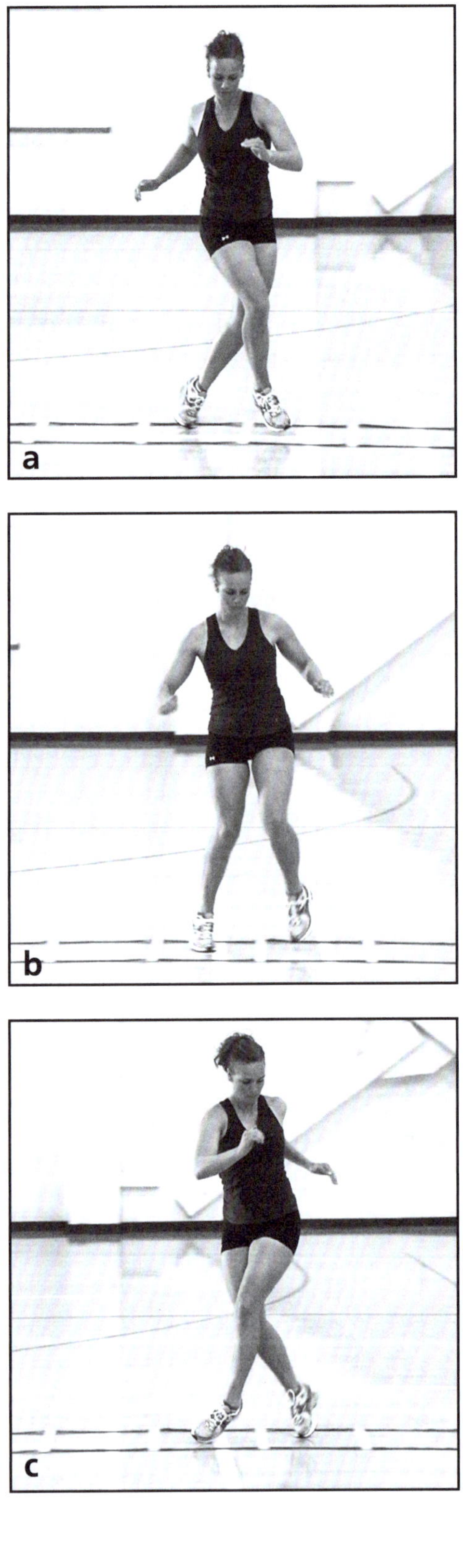

129 Passada lateral na escada
(*Ladder side step*)

Propósito

Desenvolver equilíbrio, flexibilidade, movimento dos pés e visão periférica.

Procedimento

- Comece em postura de dois apoios.
- Faça um *sprint* lateral ao longo da escada de agilidade, com joelhos altos e boa ação de braços.
- Pise em cada quadrado da escada, sempre alternando os pés (figuras *a*, *b*).

130 Passada lateral na escada com passo duplo
(*Ladder side step with double step*)

Propósito

Desenvolver equilíbrio, flexibilidade, rapidez dos pés e visão periférica.

Procedimento

- Comece em postura de dois apoios.
- Faça um *sprint* lateral ao longo da escada de agilidade, com joelhos altos e boa ação de braços.
- Tanto o pé direito como o esquerdo pisam em cada quadrado ao longo da escada (figuras *a-c*).

131 Salto em *slalom*

(*Slalom jump*)

Propósito

Desenvolver agilidade, equilíbrio, coordenação e rapidez.

Procedimento

- Comece em postura de dois apoios, com o pé esquerdo dentro do primeiro quadrado da escada de agilidade, e o pé direito fora.
- Salte ao longo da escada, de modo que o pé direito fique dentro do próximo quadrado, e o pé esquerdo fique do lado de fora.
- Continue pela escada realizando a sequência (figuras *a-c*).

Variação

Faça o exercício em uma perna só, conforme você adquirir mais experiência.

132 Salto com giro
(*Twist jump*)

Propósito

Desenvolver agilidade, equilíbrio, coordenação, flexibilidade nos quadris e rapidez.

Procedimento

- Comece em postura de dois apoios.
- Mantendo os pés juntos, realize uma série de saltos de um quarto de volta (figuras *a-c*).
- A direção dos pés para cada salto segue esta sequência: frente, direita, frente, esquerda.
- Esse exercício força você a girar os quadris a cada salto.

133 Deslocamento lateral dentro-fora duplo
(*Double in-out shuffle*)

Propósito

Desenvolver agilidade, equilíbrio, coordenação e rapidez.

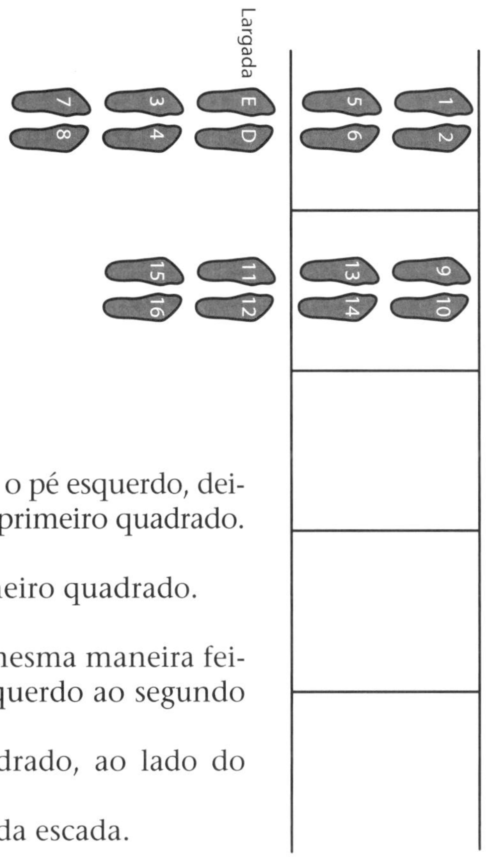

Procedimento

- Comece em postura de dois apoios, ao lado da escada de agilidade, de frente para o primeiro quadrado da esquerda para a direita.
- Leve o pé esquerdo para dentro do primeiro quadrado.
- Da mesma forma, leve o pé direito para dentro do primeiro quadrado.
- Dê um passo para fora da escada com o pé esquerdo, deixando-o novamente de frente para o primeiro quadrado.
- Faça o mesmo com o pé direito.
- Leve o pé esquerdo de volta ao primeiro quadrado.
- Faça o mesmo com o pé direito.
- Leve os pés para fora da escada da mesma maneira feita antes e, em seguida, leve o pé esquerdo ao segundo quadrado.
- Leve o pé direito ao segundo quadrado, ao lado do esquerdo.
- Repita esse procedimento ao longo da escada.

134 Pé esquerdo dentro
(*Side left in*)

Propósito

Desenvolver agilidade, equilíbrio, coordenação e rapidez.

Procedimento

- Comece em postura de dois apoios, ao lado da escada de agilidade, de frente para o primeiro quadrado da esquerda para a direita.
- Pise no primeiro quadrado com o pé esquerdo.
- Leve o pé direito à frente, passando-o por cima do primeiro quadrado e deixando-o fora da escada, diante do primeiro quadrado.
- Mova-se lateralmente, levando o pé esquerdo ao segundo quadrado.
- Leve o pé direito para trás, passando-o por cima do primeiro quadrado, deixando-o fora da escada, diante do segundo quadrado.
- Mova-se lateralmente, levando o pé esquerdo ao terceiro quadrado.
- Repita essa sequência ao longo da escada.

135 Pé direito dentro
(Side right in)

Propósito
Desenvolver agilidade, equilíbrio, coordenação e rapidez.

Procedimento
- Comece em postura de dois apoios, ao lado da escada de agilidade, de frente para o primeiro quadrado da direita para a esquerda.
- Pise no primeiro quadrado com o pé direito.
- Leve o pé esquerdo à frente, passando-o por cima do primeiro quadrado, deixando-o fora da escada, diante do primeiro quadrado.
- Mova-se lateralmente, levando o pé direito ao segundo quadrado.
- Leve o pé esquerdo para trás, passando-o por cima do primeiro quadrado, deixando-o fora da escada, diante do segundo quadrado.
- Mova-se lateralmente, levando o pé direito ao terceiro quadrado.
- Repita essa sequência ao longo da escada.

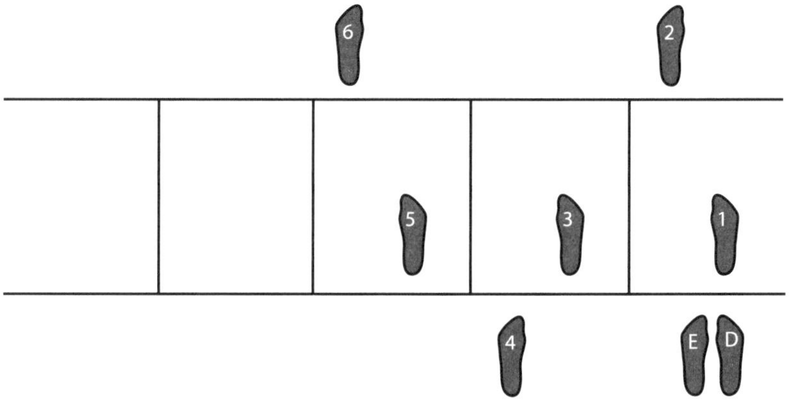

136 Salto em *slalom* para trás
(Backward slalom jump)

Propósito

Desenvolver agilidade, equilíbrio, coordenação e rapidez.

Procedimento

- Comece em postura de dois apoios, de costas para a escada.
- Posicione o pé esquerdo dentro do primeiro quadrado, e o pé direito fora.
- Salte para trás, atravessando a escada lateralmente, de modo que o pé direito fique dentro do quadrado, e o pé esquerdo fique do lado de fora da escada.
- Continue seguindo na escada realizando essa sequência (*vide* figura).

Variação

Faça o exercício em uma perna só, conforme você adquirir mais experiência.

137 Salto com giro para trás
(Backward twist jump)

Propósito

Desenvolver agilidade, equilíbrio, coordenação e rapidez.

Procedimento

- Comece em postura de dois apoios, ao lado da escada de agilidade, de frente para o primeiro quadrado da direita para a esquerda.
- Com os pés juntos, realize uma série de saltos de um quarto de volta (*vide* figura).
- A direção dos pés para cada salto segue esta sequência: para trás, à direita, para trás, à esquerda.
- Esse exercício força você a girar os quadris a cada salto enquanto se move para trás.

AGILIDADE

138 *Ickey shuffle* para trás
(Backward Ickey shuffle)

Propósito

Desenvolver agilidade, equilíbrio, coordenação e rapidez.

Procedimento

- Comece em postura de dois apoios, ao lado da escada e de costas para ela.
- Dê um passo para trás com o pé esquerdo, para dentro do primeiro quadrado da escada (figura *a*).
- O pé direito também segue para dentro do primeiro quadrado, enquanto o esquerdo vai para fora da escada, em deslocamento lateral, ficando paralelo ao segundo quadrado (figura *b*).
- Dê um passo para trás em diagonal com o pé direito, levando-o para dentro do segundo quadrado.
- Passe o pé esquerdo para dentro do segundo quadrado, enquanto o direito vai para fora da escada, em deslocamento lateral, ficando paralelo ao terceiro quadrado .
- Dê um passo para trás em diagonal com o pé esquerdo, levando-o para dentro do terceiro quadrado.
- Repita essa sequência ao longo da escada.

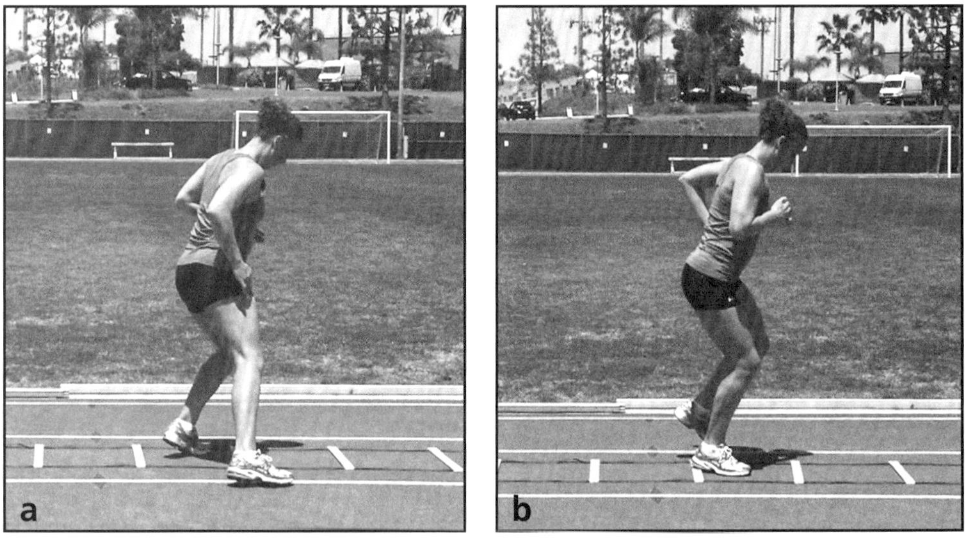

139 Zigue-zague frontal na escada
(*Forward ladder zigzag*)

Propósito

Desenvolver coordenação dos pés e flexibilidade nos abdutores e adutores.

Procedimento

- Comece em postura de dois apoios, em um dos lados da escada de agilidade, com os dois pés fora dela.
- Dê um passo lateral para dentro do primeiro quadrado com o pé externo, cruzando-o à frente do pé interno, de modo a pisar sozinho no quadrado (figuras *a*, *b*).
- Mova-se lateralmente ao longo da escada, sempre com o pé externo cruzando à frente do pé interno, para que apenas um pé pise no quadrado (figuras *c*, *d*).

140 Zigue-zague para trás na escada
(*Backward ladder zigzag*)

Propósito

Desenvolver coordenação dos pés e flexibilidade nos abdutores e nos adutores.

Procedimento

- Comece em postura de dois apoios, em um dos lados da escada de agilidade e de costas para ela.
- Mova-se para trás, dando um passo lateral para dentro do primeiro quadrado com o pé externo, cruzando-o à frente do pé interno, de modo a pisar sozinho no quadrado.
- Mova-se lateralmente ao longo da escada, de costas, sempre com o pé externo cruzando a frente do pé interno, para que apenas um pé pise no quadrado.

141 Zigue-zague frontal com um pé só na escada
(*Forward zigzag same in*)

Propósito

Desenvolver flexibilidade nos abdutores e adutores e coordenação dos pés.

Procedimento

- Comece em postura de dois apoios, à direita da escada de agilidade.
- Cruze o pé direito lateralmente à frente do esquerdo, posicionando-o dentro do primeiro quadrado.
- Leve o pé esquerdo lateralmente por trás do pé direito, posicionando-o à esquerda da escada.
- Leve o pé direito junto do esquerdo, para fora da escada de agilidade.
- Pise à frente e ao lado com o pé direito, colocando-o no segundo quadrado.
- Cruze o pé esquerdo à frente do direito para dar um passo lateral e colocá-lo ao lado direito da escada, na linha do segundo quadrado.
- Leve o pé direito por trás e coloque-o junto do esquerdo.
- Continue avançando pela escada de agilidade seguindo esse padrão.

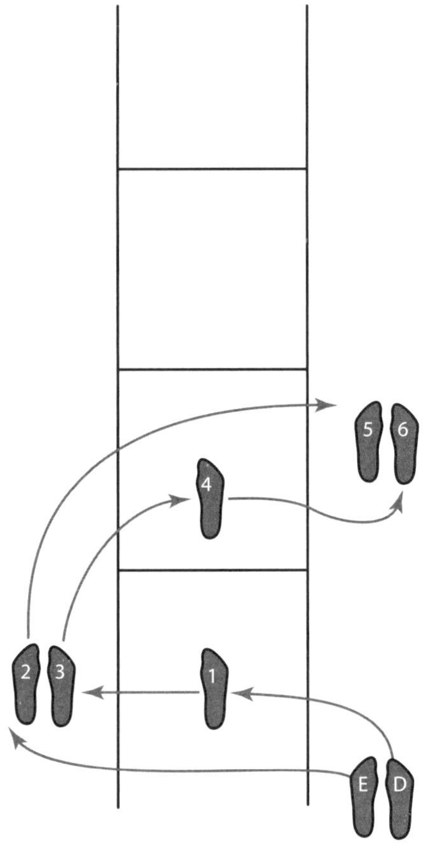

142 Zigue-zague para trás com um pé só na escada
(*Backward zigzag same in*)

Propósito

Desenvolver coordenação dos pés e flexibilidade nos abdutores e adutores do quadril.

Procedimento

- Comece em postura de dois apoios, à esquerda da escada de agilidade e de costas para ela.
- Dê um passo lateral para trás com o pé esquerdo, colocando-o no primeiro quadrado.
- Leve o pé direito por trás do esquerdo e coloque-o fora da escada, à direita do segundo quadrado.
- Dê um passo para trás com o pé esquerdo, colocando-o no segundo quadrado.
- Leve o pé direito por trás do esquerdo e coloque-o fora da escada, à esquerda do terceiro quadrado.
- Continue recuando pela escada de agilidade seguindo esse padrão.

143 Deslocamento lateral para trás
(*Backward shuffle bound*)

Propósito

Desenvolver flexibilidade, movimento dos pés, força na área da virilha e mudança de direção.

Procedimento

- Comece em postura de dois apoios, à esquerda da escada de agilidade e de costas para ela.
- Atravesse a escada lateralmente, colocando o pé direito no primeiro quadrado, e, em seguida, o pé esquerdo no mesmo quadrado, conforme o pé direito vai para fora da escada, ao lado do segundo quadrado.
- Repita o movimento, atravessando a escada lateralmente, colocando o pé esquerdo no segundo quadrado, e, em seguida, o pé direito no mesmo quadrado, conforme o pé esquerdo vai para fora da escada, ao lado do terceiro quadrado.
- Continue esse formato até o fim da escada de agilidade.

144 Deslocamento lateral para a frente
(Forward shuffle bound)

Propósito

Desenvolver flexibilidade, movimento dos pés e força na área da virilha.

Procedimento

- Comece em postura de dois apoios, à esquerda da escada de agilidade.
- Atravesse a escada lateralmente, colocando o pé direito no primeiro quadrado, e, em seguida, o pé esquerdo no mesmo quadrado, conforme o pé direito vai para fora da escada, ao lado do segundo quadrado (figuras *a*, *b*).
- Repita o movimento, atravessando a escada lateralmente, colocando o pé esquerdo no segundo quadrado, e, em seguida, o pé direito no mesmo quadrado, conforme o pé esquerdo vai para fora da escada, ao lado do terceiro quadrado.
- Continue esse formato até o fim da escada de agilidade.

145 Corrida de salto cruzado para a frente

(Forward cross-step bound)

Propósito

Desenvolver coordenação dos pés, flexibilidade nos abdutores e adutores e mudança de direção.

Procedimento

- Comece em postura de dois apoios, à esquerda da escada de agilidade.
- Faça um passo cruzado com o pé esquerdo, passando-o pela frente do direito e colocando-o no primeiro quadrado (figura *a*).
- Leve o pé direito por trás do pé esquerdo e coloque-o à direita do primeiro quadrado (figura *b*).
- Dê um passo ao lado com o pé esquerdo, colocando-o à direita do primeiro quadrado.
- Faça um passo cruzado com o pé direito, passando-o pela frente do pé esquerdo e colocando-o no segundo quadrado (figura *c*).
- Leve o pé esquerdo por trás do pé direito e coloque-o à esquerda do segundo quadrado (figura *d*).
- Dê um passo ao lado com o pé direito, colocando-o à esquerda do primeiro quadrado.
- Continue avançando pela escada de agilidade seguindo esse padrão.

146 Corrida de salto cruzado para trás
(*Backward cross-step bound*)

Propósito

Desenvolver coordenação dos pés, flexibilidade nos abdutores e adutores e mudança de direção.

Procedimento

- Comece em postura de dois apoios, à esquerda da escada de agilidade e de costas para ela.
- Faça um passo cruzado com o pé esquerdo, passando-o à frente do pé direito e pousando-o no primeiro quadrado.
- Passe o pé direito por trás do pé esquerdo e coloque-o fora da escada, à direita do primeiro quadrado.
- Faça um passo cruzado com o pé direito, passando-o à frente do pé esquerdo e pousando-o no segundo quadrado.
- Passe o pé esquerdo por trás do pé direito e coloque-o fora da escada, à esquerda do segundo quadrado.
- Faça um passo cruzado com o pé esquerdo, passando-o à frente do pé direito e pousando-o no terceiro quadrado.
- Passe o pé direito por trás do pé esquerdo e coloque-o fora da escada, à direita do terceiro quadrado.
- Continue recuando pela escada de agilidade seguindo esse padrão.

147 Deslocamento lateral cruzado
(*Crossover shuffle*)

Propósito

Aumentar a flexibilidade e a potência nos quadris; melhorar a habilidade de mudar de direção.

Procedimento

- Fique com a escada à sua direita, ao lado de uma das pontas dela.
- Faça um passo cruzado com o pé esquerdo para dentro do primeiro quadrado da escada.
- Faça um passo lateral com o pé direito para fora da escada, posicionando-o à direita do primeiro quadrado. Apenas um pé deve pisar dentro da escada por vez.
- Então, faça um passo cruzado com o pé direito para dentro do segundo quadrado da escada.
- Dê um passo lateral com o pé esquerdo para fora da escada, posicionando-o à esquerda do segundo quadrado.
- Repita.

148 Deslocamento lateral cruzado em zigue-zague
(Zigzag *crossover shuffle*)

Propósito

Melhorar o movimento dos pés, a flexibilidade nos abdutores e adutores e a habilidade de mudar de direção.

Procedimento

- Comece em postura de dois apoios, à esquerda da escada de agilidade.
- Faça um passo cruzado com o pé esquerdo, passando-o pela frente do pé direito e colocando-o no primeiro quadrado da escada.
- Leve o pé direito para o lado direito do primeiro quadrado.
- Faça um passo para o lado com o pé esquerdo, colocando-o à direita do primeiro quadrado.
- Faça um passo cruzado com o pé direito, passando pela frente do pé esquerdo e colocando-o no segundo quadrado da escada.
- Leve o pé esquerdo para o lado esquerdo do segundo quadrado.
- Dê um passo para o lado com o pé direito, colocando-o à esquerda do segundo quadrado.
- Continue avançando pela escada de agilidade seguindo esse padrão.

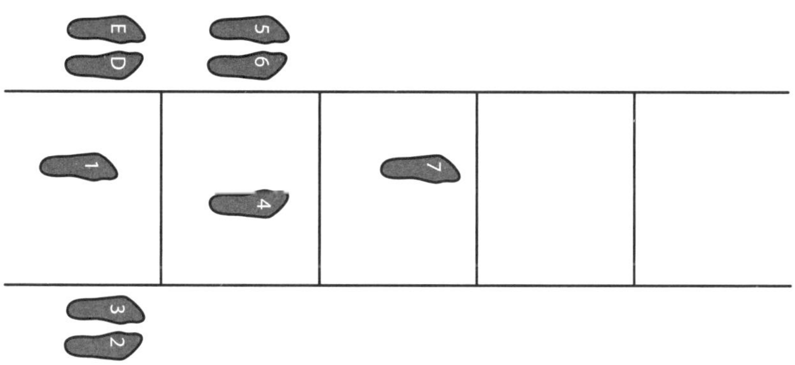

149 Corrida rápida pela escada com *sprint*

(*Ladder quick run with sprint*)

Propósito

Desenvolver agilidade, equilíbrio, coordenação, rapidez e transições entre habilidades.

Procedimento

- Avançando ao longo da escada, dê um passo para cada quadrado de espaço criado pela escada.
- Comece com o pé esquerdo, e, nas corridas subsequentes, comece com o pé direito (figura *a*).
- Ao chegar ao fim da escada, faça um *sprint* de 15 metros, para a frente ou para a direita ou esquerda (figura *b*).
- Como um diferencial ao exercício, peça ao treinador ou ao instrutor para definir a direção ao final da escada.

EXERCÍCIOS COM *STEPS*

150 Mudança de direção
(Change of direction)

Propósito

Desenvolver mudança de direção e movimento rápido dos pés.

Procedimento

- Comece em postura de dois apoios, posicionado no início de uma fileira de *steps*, dispostos da esquerda para a direita, colocando-se à esquerda do primeiro *step*.
- Faça um *sprint* frontal, correndo paralelamente ao primeiro *step*.
- Fixando o pé externo ao fim do *step*, mude de direção e corra até atingir o segundo *step*.
- Ao fazê-lo, da mesma forma, fixando o pé exterior, lance-se explosivamente até a ponta oposta dele.
- Complete o *sprint* ao longo de todos os *steps*.

Variações

- Mude a distância entre os *steps*, bem como a posição deles.
- Realize várias combinações de habilidades biomotoras ao longo do exercício.

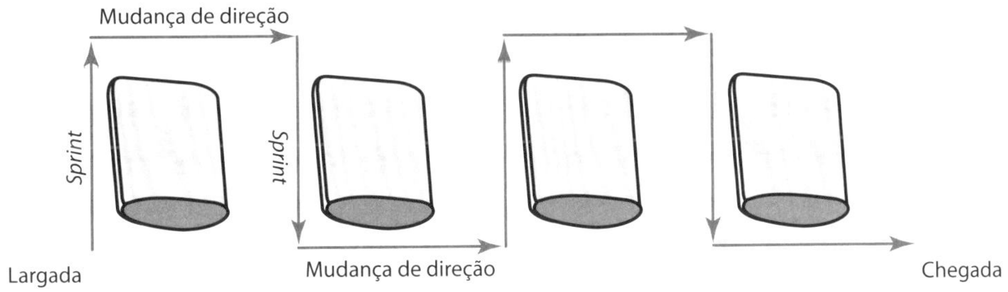

AGILIDADE

151 Costurando pelos *steps*
(*Bag weave*)

Propósito

Desenvolver flexibilidade, movimento de joelhos altos e ação rápida dos pés.

Procedimento

- Comece em postura de dois apoios, posicionado no início de uma fileira de *steps*, dispostos da esquerda para a direita, colocando-se à esquerda do primeiro *step*.
- Faça um *sprint* frontal, correndo paralelamente ao primeiro *step*, até a outra ponta dele.
- Faça um deslocamento lateral, até chegar ao espaço entre dois *steps*, mas não cruze os pés ao se mover para o lado.
- Corra de costas rapidamente, até ficar um passo depois da fileira de *steps*.
- Faça um deslocamento lateral mais uma vez e repita o padrão até atingir o outro lado da fileira de *steps*. Lembre-se de sempre manter os ombros retos, as pernas alinhadas e a cabeça erguida. Corra o mais rápido possível, mantendo uma boa postura.

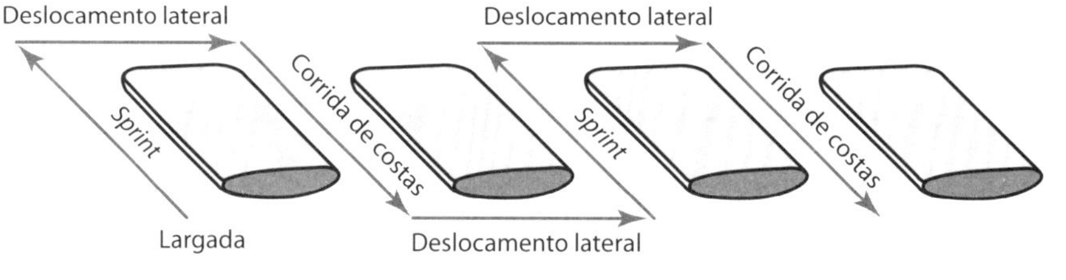

152 Costura lateral
(*Lateral weave*)

Propósito

Desenvolver rápido movimento e reação dos pés.

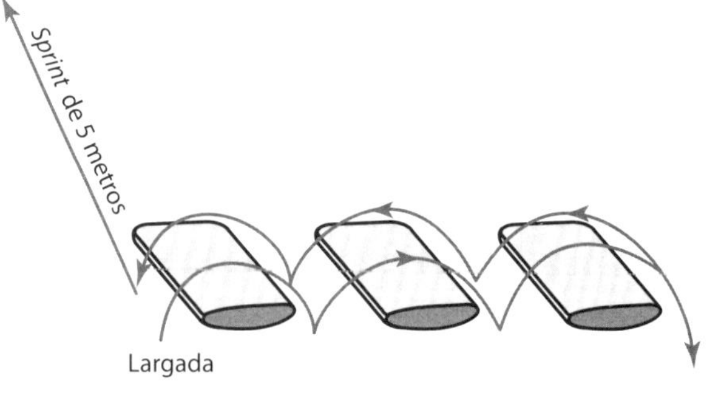

Procedimento

- Comece em postura de dois apoios, com as mãos e os braços afastados do corpo.
- Dê passos laterais rápidos, para a esquerda ou para a direita, por cima de três ou quatro *steps*.
- Após passar pelo último *step*, volte imediatamente, na direção oposta.
- Após passar pelo último *step*, faça um *sprint* frontal de 5 metros.

Variação

Adicione uma recepção de bola.

153 Zigue-zague pelos *steps*
(*Bag zigzag*)

Propósito

Desenvolver coordenação dos pés, flexibilidade nos abdutores e adutores, rapidez e força.

Procedimento

- Comece em postura de dois apoios, na extremidade direita ou esquerda de uma fileira de cinco *steps*.
- Percorra o primeiro *step* com uma corrida lateral, feita na diagonal.
- Mude de direção e vá diagonalmente até a ponta oposta do segundo *step*; continue a corrida lateral pelos *steps*.

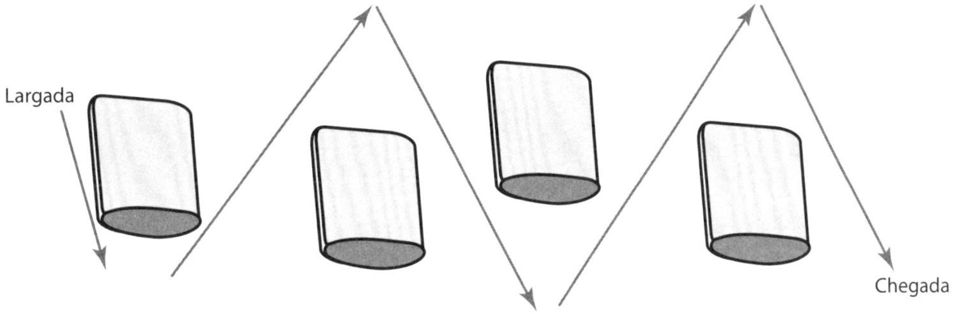

154 Roda
(*Wheel*)

Propósito

Desenvolver o equilíbrio e o movimento rápido dos pés.

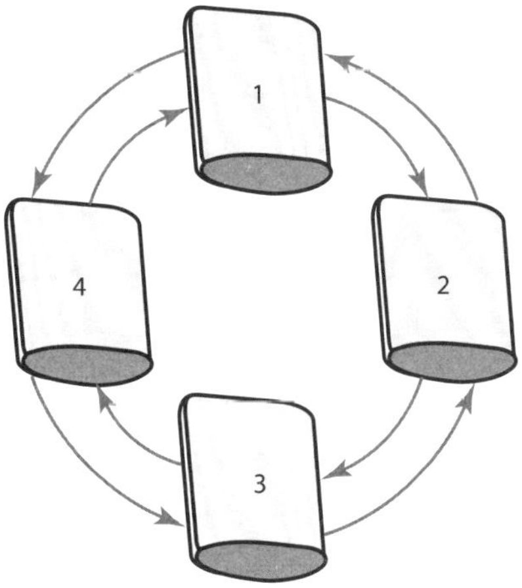

Procedimento

- Disponha quatro *steps* conforme a figura.
- Com as duas mãos no chão da área formada pelos *steps*, fique entre dois *steps*.
- Comece dando passos laterais por cima de cada *step*, passando por todos os quatro *steps*, com as mãos em contato com o chão, até retornar à posição original.
- Rapidamente, faça o movimento no sentido oposto, dando passos laterais por cima dos quatro *steps*.
- Termine o exercício saindo dos *steps* e fazendo um *sprint* de 5 metros.

155 Passadas largas

(*Strides*)

Propósito

Desenvolver flexibilidade, movimento de joelhos altos e ação rápida dos pés.

Procedimento

- Comece em postura de dois apoios.
- Faça um *sprint* frontal por cima dos *steps*, com movimento de joelhos altos e uma ligeira inclinação à frente (*vide* figura).

156 Passadas largas com passo duplo

(*Strides with double step*)

Propósito

Desenvolver flexibilidade, movimento de joelhos altos e ação rápida dos pés.

Procedimento

- Comece em postura de dois apoios.
- Faça um *sprint* frontal por cima dos *steps*, com movimento de joelhos altos e uma ligeira inclinação à frente (*vide* figura).
- Pise com ambos os pés em cada espaço entre *steps*.

157 Passada lateral sobre os *steps*
(*Bag side step*)

Propósito

Desenvolver flexibilidade, movimento de joelhos altos e ação rápida dos pés.

Procedimento

- Comece em postura de dois apoios.
- Faça um *sprint* lateral por cima dos *steps*, com movimento de joelhos altos.
- Comece com a perna mais perto do *step*.
- Passe por cima dos *steps* conduzindo com o pé direito (*vide* figura) e, depois, conduza com o pé esquerdo, ao fazer o exercício no sentido oposto.

158 Combinação de passada lateral e joelho elevado sobre os *steps*
(*Bag side step, high knee combo*)

Propósito

Desenvolver movimento lateral e movimento de joelhos altos.

Procedimento

- Disponha quatro *steps* em linha reta, na diagonal, com espaço de 2 metros entre eles. Depois, disponha quatro *steps* em linha reta horizontal, com espaço de 2 metros entre eles, de forma que o último *step* da linha diagonal fique alinhado 5 metros atrás do primeiro *step* da linha horizontal.
- Comece em postura de dois apoios, com as mãos e os braços afastados do corpo.
- Faça passos laterais rápidos na diagonal, atravessando os primeiros quatro *steps*, sucessivamente.
- Ao completar os *steps* diagonais, faça um *sprint* em um padrão circular até o primeiro dos *steps* horizontais.
- Vire-se e corra por cima da segunda série de *steps*, com os joelhos altos.

AGILIDADE

159 Passada lateral sobre os *steps* com passo duplo

(*Bag side step with double step*)

Propósito

Desenvolver flexibilidade, movimento de joelhos altos e ação rápida dos pés.

Procedimento

- Comece em postura de dois apoios.
- Faça um *sprint* lateral, com o movimento de joelhos altos (figura *a*).
- Pise com ambos os pés em cada espaço entre *steps* (figuras *b*, *c*).

160 Passada lateral sobre os *steps* com toque das duas mãos

(Bag side step with two-hand touch)

Propósito

Manter um centro de gravidade baixo, com ação rápida dos pés.

Procedimento

- Comece em postura de dois apoios, com as mãos e os braços afastados do corpo.
- Dê passos laterais por cima dos *steps*, tocando cada *step* com as duas mãos (figuras *a*, *b*).
- Ao passar pelo último *step*, faça um *sprint* frontal de 5 metros.

161 Passada lateral sobre *steps* com *sprint*
(*Bag side step with sprint*)

Propósito

Desenvolver aceleração, mudança de direção e reação.

Procedimento

- Comece em postura de dois apoios.
- Faça um *sprint* frontal até a lateral do primeiro *step* e dê um passo lateral rápido por cima dele, impulsionando com o pé externo.
- Após passar o *step*, impulsione o pé externo e faça um *sprint* até o *step* seguinte; dê um passo lateral por cima do *step*, impulsionando com o pé externo.
- Repita o procedimento com mais quatro *steps*.

162 Combinação de passada lateral, *sprint* e corrida de costas pelos *steps*
(*Bag side step, forward, and back combo*)

Propósito

Desenvolver mudança de direção, flexibilidade, movimento elevado dos joelhos e movimento rápido dos pés.

Procedimento

- Comece em postura de dois apoios, com as mãos e os braços afastados do corpo.
- Faça um *sprint* lateral por cima dos dois primeiros *steps*.
- Faça um *sprint* de 5 metros até a frente do terceiro *step*, e, em seguida, desloque-se lateralmente.
- Corra 5 metros de costas e passe lateralmente por cima dos *steps* quatro e cinco.
- Faça um *sprint* de 5 metros até a frente do sexto *step*, e, em seguida, desloque-se lateralmente.
- Corra 5 metros de costas e passe lateralmente por cima do *step* sete.

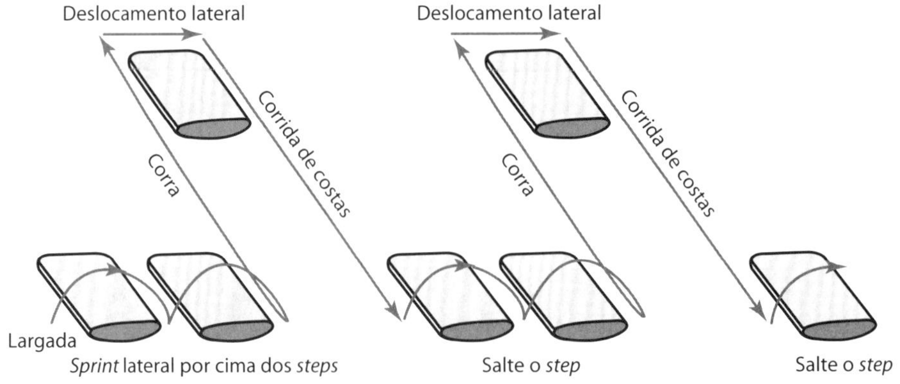

163 Salto sobre *steps* com virada de 180°

(Bag jumps with 180-degree turn)

Propósito

Desenvolver rapidez dos pés e flexibilidade dos quadris em um treinamento de pliometria.

Procedimento

- Comece em postura de dois apoios.
- Salte lateralmente por cima do primeiro *step*, girando 180° no ar.
- Aterrisse entre os dois primeiros *steps* e imediatamente salte por cima do segundo *step*, girando 180° no sentido oposto.
- Salte e gire por cima de quatro a seis *steps*.

EXERCÍCIOS DE CORRIDA DE COSTAS

164 Corrida de costas
(Backward run)

Propósito

Mobilizar quadris e coxas ao fazê-los realizar uma amplitude extensa de movimentos e lançar você para trás.

Procedimento

- Faça o movimento como se fosse de uma corrida de frente.
- Impulsione-se para trás, levando seu calcanhar o mais perto possível de seus glúteos.
- Realize o movimento de forma fluida.

165 Corrida de costas–*Sprint* linear
(Backpedal–Sprint on line)

Propósito

Desenvolver rotação dos quadris.

Procedimento

- Comece em postura de dois apoios, de costas para a linha de largada.
- Corra de costas por 5 metros, vire seus quadris para a direita e corra de frente por 5 metros, mantendo-se na linha e olhando para o ponto de largada.
- Vire-se para a esquerda e corra de costas por 5 metros; vire os quadris para a esquerda e corra de frente por 5 metros, mantendo-se na linha, olhando para o ponto de largada.

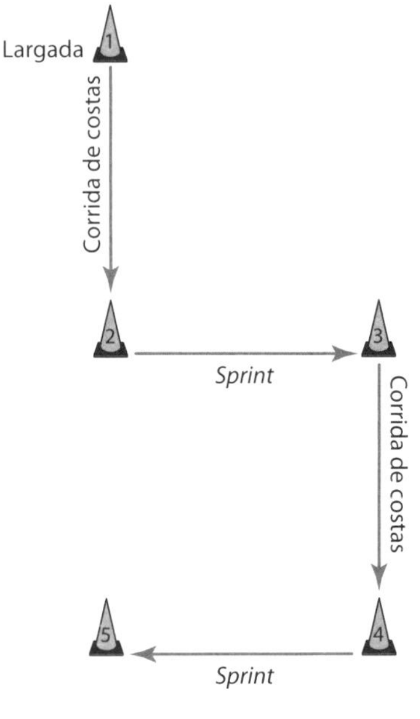

166 Corrida de costas em W
(W backpedal break)

Propósito
Desenvolver mudança de direção.

Procedimento
- Comece em postura de dois apoios.
- Corra de costas em um ângulo de 45°.
- Finque o pé externo e faça um *sprint* frontal em um ângulo de 45°.
- Repita duas vezes.

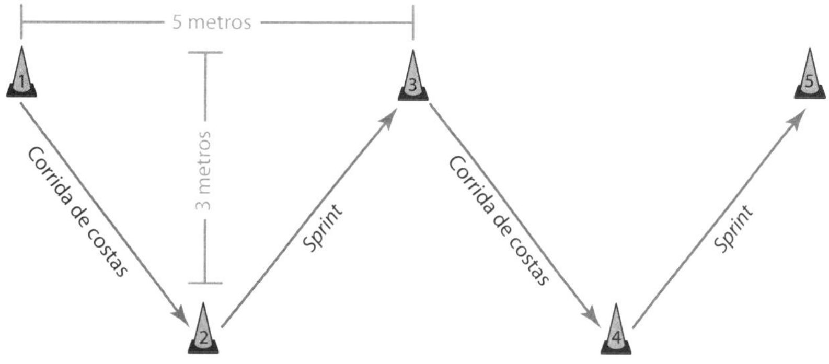

167 Corrida de costas–Joelhos altos–*Sprint*

(*Backpedal–High knees–Sprint*)

Propósito

Desenvolver mudança de direção e pés rápidos.

Procedimento

- Comece em postura de dois apoios.
- Corra 15 metros de costas, rapidamente.
- Ao chegar à marca de 15 metros, finque o pé e avance 5 metros com passos rápidos e joelhos altos antes de fazer um *sprint* frontal por 10 metros.
- Repita três vezes.

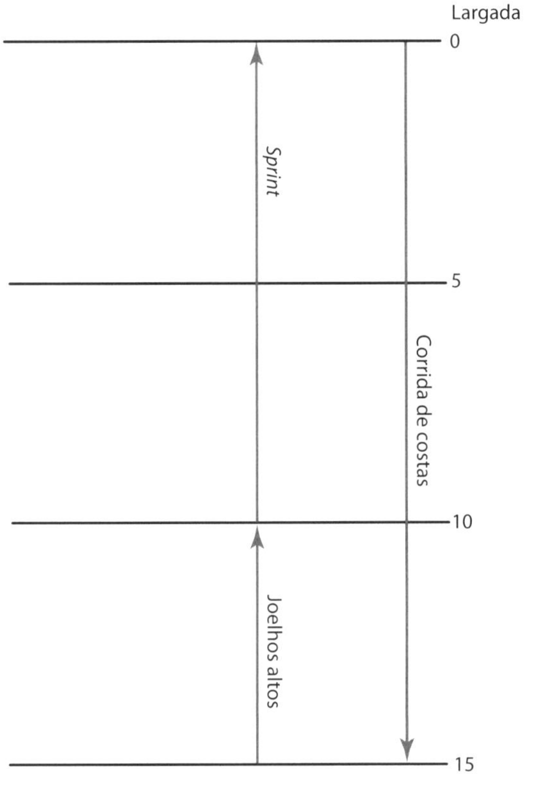

168 Corrida de costas costurada

(*Backpedal weave*)

Propósito

Desenvolver técnica de corrida de costas.

Procedimento

- Comece em postura de dois apoios.
- Corra 15 metros de costas, em um movimento costurado, mudando de direção a cada 3 ou 4 metros.

EXERCÍCIOS COM MINIBARREIRAS

169 Corrida lateral com joelhos altos
(Side high knees)

Propósito

Desenvolver mudança de direção lateral explosiva.

Procedimento

- Comece em postura de dois apoios.
- Faça um *sprint* lateral em um movimento de corrida por cima das minibarreiras (*vide* figura).
- Concentre-se em erguer os joelhos e em mover os braços rápida e explosivamente.
- Ao final, inverta o sentido e faça o caminho de volta, executando os mesmos movimentos.

170 Corrida lateral resistida com joelhos altos
(Resisted side high knees)

Propósito

Desenvolver mudança de direção lateral explosiva resistida e em velocidade máxima.

Procedimento

- Comece em postura de dois apoios.
- Conectado a um cinto de tração ligado a um ponto fixo ou segurado por um treinador ou colega parado, faça um *sprint* lateral em um movimento de corrida por cima das minibarreiras (*vide* figura).
- Concentre-se em erguer os joelhos e mover os braços rápida e explosivamente.
- Ao final, inverta o sentido e faça o caminho de volta, executando os mesmos movimentos.

AGILIDADE DE CORPO INTEIRO

171 Cambalhota frontal sobre o ombro
(Forward roll over shoulder)

Propósito

Desenvolver agilidade de corpo inteiro e senso cinestésico.

Procedimento

- Comece em postura de dois apoios (figura *a*), com o pé esquerdo à frente.
- Flexione o corpo e comece a cair à frente (figura *b*).
- Quando estiver prestes a entrar em contato com o chão, role sobre o ombro esquerdo (figura *c*).
- Complete a cambalhota e fique em pé novamente (figuras *d, e*).
- Faça cambalhotas para a frente sobre cada um dos ombros e com cada um dos pés à frente.

Variações

- Adicione um *sprint* em qualquer direção após a cambalhota.
- Reaja a estímulos após a cambalhota (por exemplo, uma sinalização visual para correr até um cone).
- Adicione uma habilidade de um esporte específico após a cambalhota.

172 Cambalhota para trás sobre o ombro
(Backward roll over shoulder)

Propósito

Desenvolver agilidade de corpo inteiro e senso cinestésico.

Procedimento

- Comece em postura de dois apoios.
- Flexione as pernas e comece a sentar no chão atrás de você (figura *a*).
- Quando estiver prestes a entrar em contato com o chão, role sobre o ombro esquerdo (figura *b*).
- Complete a cambalhota e fique novamente em pé (figuras *c*, *d*).
- Faça cambalhotas para trás sobre cada um dos ombros.

Variações

- Adicione um *sprint* em qualquer direção após a cambalhota.
- Reaja a estímulos após a cambalhota (por exemplo, uma sinalização visual para correr até um cone).
- Adicione uma habilidade de um esporte específico após a cambalhota.

173 Combinação de cambalhota frontal e para trás
(*Forward roll–Backward roll combination*)

Propósito
Desenvolver agilidade de corpo inteiro e senso cinestésico.

Procedimento
- Comece em postura de dois apoios.
- Faça uma cambalhota para a frente, até tocar os pés de volta no chão.
- Imediatamente, siga com uma cambalhota para trás, impulsionando-se com as mãos.
- Você pode começar e terminar esse exercício ajoelhado, para reduzir a amplitude e a dificuldade.

Variações
- Adicione um *sprint* em qualquer direção após a cambalhota.
- Reaja a estímulos após a cambalhota (por exemplo, uma sinalização visual para correr até um cone).
- Adicione uma habilidade de um esporte específico após a cambalhota.

Com exceção do treinamento de um esporte específico, o treinamento de agilidade pode ser o fator mais determinante para definir o sucesso em um esporte. Em geral, esportes não são praticados em linha reta, eles costumam exigir mudanças de direção nas quais movimentos laterais são usados simultaneamente em diversos planos de movimento. Como, nos esportes, os movimentos são iniciados a partir de várias posições do corpo, os atletas precisam estar aptos a reagir com força, explosividade e rapidez de todas essas posições. Infelizmente, por causa da atenção dada a atributos físicos nos esportes, o enfoque dado a programas de treinamento fora de temporada gira em torno quase exclusivamente de treinos de força e de condicionamento físico. Por vezes, o desenvolvimento da agilidade e da velocidade com base nas velocidades específicas de um esporte é negligenciado ou apenas tratado durante pequenos períodos de tempo na pré-temporada. A agilidade é uma habilidade neural desenvolvida ao longo do tempo por meio de muitas repetições (Halberg, 2001). Pesquisadores descobriram que um aumento na velocidade e na força não era tão eficaz em desenvolver agilidade quanto a participação em atividades especificamente projetadas para aumentar essa habilidade (Barnes e Attaway, 1996; Cissik e Barnes, 2011).

O desempenho de atletas em esportes, hoje, elevou drasticamente o nível de agilidade necessário para o sucesso esportivo. Há uma correlação direta entre uma melhor agilidade e o desenvolvimento do *timing*, do ritmo e do movimento do atleta (Costello e Kreis, 1993). O treinamento de agilidade fornece ao atleta benefícios no desempenho: adaptação neuromuscular, melhoras atléticas, prevenção de lesões e menor tempo de reabilitação. Um programa de agilidade abrangente tratará de componentes da agilidade, como força, potência, aceleração, desaceleração, coordenação, equilíbrio e flexibilidade dinâmica. Ao instruir atletas sobre a execução de exercícios de agilidade, é imprescindível tratar a técnica como prioridade e reforçar a velocidade de movimento apenas depois que ela tenha sido dominada. Ao desenvolver um programa de treinamento de agilidade para atletas, muitas variáveis devem ser consideradas: fatores de treino, sequência de exercícios, repetições, séries, duração dos exercícios, intensidade, recuperação, carga e volume, frequência, seleção de exercícios e equipamento.

Capítulo 6

Treinos de rapidez e tempo de reação

Diane Vives

Um desempenho de sucesso por parte de um atleta depende fortemente de sua habilidade de reagir rápido. No desempenho esportivo, costuma-se exigir que o atleta desacelere e acelere rapidamente. Seja ao reagir a um tiro de largada no início de uma corrida, ao saltar mais alto que um adversário para um rebote na quadra de basquete ou ao interceptar um adversário no campo de futebol americano, o atleta com a maior rapidez e o melhor tempo de reação (TR), em geral, tem a vantagem competitiva.

Velocidade e *agilidade* também são palavras usadas para definir rapidez. Esses termos se referem ao movimento de um objeto ou à medida da distância que ele percorreu durante determinado tempo. Quando um atleta realiza uma tarefa ou um movimento em um tempo relativamente curto, ele é descrito como *rápido*.

Ao se discutir rapidez, fatores como velocidade, aceleração e agilidade nem sempre se distinguem claramente: "Você viu como ele acelerou *rápido*?"; "É impressionante o quão *rápido* ela fez aquelas viradas!"; "Observe a troca *rápida* de perna que aquela velocista faz!". Todos esses fatores estão, é óbvio, em certa medida, interconectados com a rapidez. Contudo, eles são meramente componentes da rapidez ou a rapidez é, em vez disso, algo que pode ser treinado e melhorado separadamente para promover um desempenho atlético de sucesso?

O TR, que é baseado na habilidade de um indivíduo reagir rapidamente a um estímulo, também desempenha um importante papel em muitos esportes. O quão rápido um jogador de hóquei pode reagir ao disco sendo solto determinará quantas disputas de posse inicial ele pode vencer. Podemos melhorar nosso TR? A resposta é sim! Neste capítulo, discutiremos como rapidez e TRs voltados a um esporte específico podem ser melhorados. Apresentaremos exercícios, de simples a complexos, que podem ser realizados especificamente para esse propósito e que se aplicam a uma ampla variedade de movimentos relacionados a esportes.

Desenvolvendo habilidades de rapidez

Atletas realizam certas técnicas biomotoras com um resultado ou objetivo final em mente. Essas técnicas realizadas são gravadas como memórias nos padrões variáveis de movimentos, sobretudo nas áreas do cérebro associadas aos sentidos, à associação de sentidos e ao controle motor. Essas memórias são chamadas de *engramas* sensoriais dos padrões de movimento. É provável que o sucesso em aprender essas técnicas biomotoras seja decorrente da realização sucessiva da mesma atividade relacionada à habilidade até que um engrama para o movimento seja criado (Guyton, 1991).

Novos movimentos sempre levam mais tempo para serem aprimorados, até que seus padrões estejam em um engrama. Se realizadas devagar, até mesmo habilidades motoras altamente complexas podem ser realizadas de primeira. Inicialmente, o movimento deve ser feito devagar o suficiente para que ocorra o processamento proprioceptivo. Isso permite que ajustes adequados sejam feitos, servindo como guias para melhoras. Contudo, diante da necessidade de aprender movimentos atléticos rápidos, deve-se sempre realizar rapidamente os padrões biomotores associados aos movimentos. Em qualquer um dos casos, movimentos que tenham sido repetidamente realizados antes podem ser recuperados da memória. Sem a necessidade de se concentrar em aprender os padrões associados a esses movimentos, o atleta pode colocar ênfase em realizá-los em alta velocidade.

Treinando rapidez

Ao considerar a progressão de treinamento, treinadores podem aplicar exercícios simples para ajudar atletas a melhorarem suas percepções sobre as complexidades envolvidas nos movimentos, bem como ajudá-los a melhorar seus níveis de habilidade em parar e manter uma posição corporal correta, bons ângulos de corpo, adequada posição de pés e controle do centro de massa. Treinadores também podem pôr foco em melhorar a habilidade de seus atletas em parar com boa posição e controle de corpo, e em diminuir o tempo que levam para começar a acelerar (ou seja, a fase de amortização) e, então, efetivamente acelerar. Ao tornar um atleta *consciente* de estratégias bem-sucedidas de movimento, com o tempo e várias tentativas bem-sucedidas, ele começará a sentir esses padrões de movimento se tornarem *inconscientes*, ou "instintivos" (Young e Farrow, 2013). O foco aqui deve ser em progressão, precisão e repetição.

Após um atleta dominar os padrões de movimento mais básicos, o treinador pode concentrar-se na verdadeira natureza da rapidez de um esporte específico, que envolve a execução pelo atleta de técnicas com estímulos múltiplos ou desordenados com a intenção de aumentar exigências reativas. Exercícios mais avançados, que exijam um processo de decisão mais complexo (como exercícios ao ar livre que incluam um aumento em padrões desordenados) imitam o ambiente mais imprevisível presente na arena esportiva. Ao realizar esses exercícios, o atleta pode continuar respondendo progressivamente a demandas físicas e reativas cada vez maiores.

Ao treinar rapidez, mantenha em mente que os movimentos que os atletas realizam ao fazer os exercícios devem sempre progredir:

- do devagar ao rápido;
- do simples ao complexo;
- do ativo ao reativo;
- do previsível ao imprevisível (em termos de demandas reativas);
- da pliometria de baixo nível para a de alto nível.

Treinando tempo de reação

O TR pode ser considerado o precursor da rapidez. Em outras palavras, o atleta deve, primeiro, observar e reconhecer a necessidade de reagir a um adversário, por exemplo, e, então, mover-se em alta velocidade para cumprir a tarefa em questão. Considerando que a maioria das decisões na arena atlética ocorre em 200 milésimos de segundo ou em um intervalo ainda menor, melhorar o tempo de processamento mental deve ser visto como igualmente importante no programa de treinamento implementado (Prentice e Voight, 1999; Schmidt e Lee, 1998). Na verdade, pode-se dizer que a velocidade de processamento mental é, sozinha, a característica definitiva da grandeza atlética. Pense a respeito. Nos patamares esportivos mais altos, todos têm atributos físicos proeminentes. Observe os jogadores profissionais de futebol americano, por exemplo. A maioria deles tem talentos físicos similares em relação a suas posições: velocidade, força e capacidade de salto parecidas. E, ainda assim, há uma distinção entre os 98% que são ótimos e os 2% que são verdadeiramente excepcionais. Como isso é possível? Por que atletas que apresentam talentos físicos similares variam tão significativamente no desempenho final? Pesquisas recentes sugerem que se concentrar na velocidade de processamento mental, ou TR, aproxima-nos da resposta a essa pergunta, dando a entender que a velocidade mental é a nova fronteira do desenvolvimento atlético.

É importante diferenciar algumas variáveis-chave que compõem o que costuma ser erroneamente referido como TR. Define-se TR como o intervalo de tempo que se leva para iniciar um movimento. Isso inclui a sensação e a percepção de um estímulo, como já observado, e a seleção de uma resposta apropriada ao estímulo, mas *não* inclui o movimento em si. Em vez disso, esse movimento é chamado de tempo de movimento, que descreve o intervalo de tempo no qual a ação é tomada, com ou sem sucesso, em relação ao estímulo ou sinal. Por conseguinte, ao descrever o movimento atlético, é mais preciso descrever a reação de um atleta a um sinal usando o tempo total de resposta. O tempo total de resposta leva em conta tanto o tempo de processamento como o movimento selecionado e executado em si. A seção a seguir descreve esses dois componentes e os vários estágios associados a cada um deles. Exemplos práticos são fornecidos para ajudá-lo a entender melhor cada componente.

Velocidade de processamento mental

A velocidade de processamento mental é composta de três estágios: sensação, percepção e seleção de resposta.

Sensação Durante o estágio de sensação, um estímulo ambiente age sobre o corpo do atleta. Como resultado, um impulso elétrico é enviado ao cérebro para um processamento extenso. O intervalo de tempo até o atleta detectar o sinal sensorial (luz, som, toque etc.) de um objeto ou do ambiente é definido como tempo de sensação. Consideremos o exemplo de uma recepção de saque no vôlei para aplicar o tempo de sensação a um contexto prático. Durante uma recepção de saque, todos os seis atletas do time devem se preparar para receber a bola. Cada atleta deve detectar não apenas se a bola está indo em sua direção, mas, também, a que velocidade e com quais características. Nesse caso, a mistura visual de cores e bordas da bola e do ambiente começa a revelar características da bola em questão, como direção, velocidade e disposição (Schmidt e Wrisberg, 2000). A distinção desses estímulos iniciais no estágio de sensação começa a dar um sentido à situação apresentada ao atleta e o leva ao segundo estágio da velocidade de processamento mental: a percepção.

Percepção Durante a fase de percepção, os resultados da fase de sensação são ainda mais processados, resultando em padrões úteis de movimento de objeto, que dão um sentido mais completo à situação do atleta. O período de tempo necessário para reconhecer e correlacionar a gama de sensações descobertas nesse estágio é definido como tempo de percepção. Continuando com nosso exemplo de recepção de saque no vôlei, todos os seis atletas combinam a mistura visual (que, gradualmente, ganha sentido) a sinais auditivos emitidos pelo especialista em defesa para detectar o movimento como um saque por cima, mirando no fundo e no canto direito (observe que sinais auditivos são registrados mais rapidamente do que estímulos visuais) (Schmidt e Wrisberg, 2000). A essa altura, cada atleta deve decidir se uma resposta é necessária. A informação coletada na fase de percepção é, então, levada à terceira fase da velocidade de processamento mental: a seleção de resposta.

Seleção de resposta Durante a fase de seleção de resposta, o atleta decide se uma resposta para lidar com o estímulo é necessária. No exemplo do vôlei, todos os seis jogadores identificaram um saque por cima, mirando no fundo e no canto direito. Como resultado, cinco jogadores decidirão que não é necessário reagir, enquanto um deve responder de uma maneira que resulte em um posicionamento de corpo adequado para um passe bem-sucedido. O total de tempo exigido para organizar uma reação – ou decidir não reagir – ao estímulo ambiente é chamado tempo de seleção de reação. Observe que, em prol da simplicidade, o exemplo de recepção de saque descreve o processo de decisão sobre receber ou não a bola sacada, sem considerar movimentos alheios à bola que são exigidos dos outros cinco jogadores em quadra.

Tempo de movimento

O segundo componente do tempo total de resposta, como já observado, é o tempo de movimento, que é o tempo necessário para iniciar e completar uma tarefa ou movimento específico. Ele envolve os mecanismos no tronco cerebral e na medula espinal que controlam a organização neuromuscular, além da própria orquestração dos músculos, necessária para produção de força, redução de força estabelecimento de força e *timing* adequados (Clark, 2001; Schmidt e Wrisberg, 2000). É importante entender que tempo de movimento descreve o tempo para iniciar e completar um movimento específico; ele não descreve se o movimento atinge ou não o objetivo desejado, como fazer contato com a bola durante uma recepção de saque.

Fatores que afetam o tempo total de resposta

Embora psicólogos usem o modelo descrito de fases de processamento para fornecer uma explicação simplificada sobre a atividade motora, na realidade, esse processo é um ciclo contínuo de ação e reação a estímulos e de uma avaliação resultante realizada pelo sistema nervoso central. Esse ciclo ocorre para melhorar a eficiência neuromuscular. Por causa das propriedades inter-relacionadas que compõem o tempo total de resposta, qualquer melhora na operação de uma ou mais fases irá melhorar esse tempo. De maneira similar, qualquer enfraquecimento da operação em uma ou mais fases será prejudicial. A seguir, discutiremos os três fatores mais influentes sobre o TR e, portanto, ao tempo total de resposta. Ficará fácil de observar que obter uma boa velocidade de processamento mental nos esportes não é apenas desejável como é absolutamente essencial, e é algo que pode ser melhorado por meio de um treinamento apropriado.

Escolhas de estímulo

Um dos fatores mais importantes que influenciam o tempo até o início de uma ação é o número de possíveis escolhas estimuladas apresentadas em dado momento. Nesta seção, discutiremos os três diferentes tipos de reação – simples, de escolha e de reconhecimento – e forneceremos exemplos práticos de cada um deles.

Uma reação simples é a mais rápida entre os três tipos de reação. Nessa situação, há apenas um sinal iminente com uma resposta correspondente. Um exemplo desse tipo de reação é a resposta de atletas no bloco de natação ao tiro de largada. Por causa da simplicidade da reação, é comum que os atletas tentem prever quando o sinal ocorrerá, para diminuir seu tempo de processamento e, em consequência, seu TR. Como resultado, a maioria das competições usa padrões predeterminados de TR (o padrão olímpico é 100 milésimos de segundo) para determinar se um atleta se adiantou ou reagiu ao sinal. No exemplo citado, se um nadador tiver um melhor tempo de reação para sair do bloco, ele poderia ganhar a vantagem de 1 metro, ao passo que os outros nadadores ainda estariam saindo dos blocos. Em outros esportes, como no futebol, a rapidez com que o atleta responde a um único estímulo no campo é diretamente proporcional ao tempo que ele tem para chutar a bola ou aplicar uma habilidade esportiva subsequente. Isso dá ao atleta a primeira camada da capacidade reativa fundamental para melhorar a rapidez e os tempos de reação gerais.

Quando um atleta é confrontado com uma reação de escolha, há dois componentes essenciais para serem processados que não estão presentes na reação simples: distinção de sinal e seleção de resposta. O primeiro termo se refere a determinar qual sinal ocorreu, e o segundo consiste em selecionar uma resposta apropriada baseada na especificidade do sinal. O tempo de reação de escolha é determinado pelo intervalo de tempo que se passa da apresentação de um dos vários sinais possíveis e imprevisíveis ao início de uma das várias possíveis reações (Schmidt e Lee, 1998; Schmidt e Wrisberg, 2000). Como resultado disso, o tempo de percepção é maior e, consequentemente, o TR é mais lento. Um exemplo pode ser observado no futebol americano quando um *running back* com posse da bola no campo aberto se depara com um defensor e reage, decidindo mudar a direção da corrida para a esquerda ou direita, porque ambas as opções estão disponíveis. Uma reação de escolha mais rápida dá ao *running back* uma melhor possibilidade de obter vantagem sobre o defensor e avançar mais jardas.

A reação de reconhecimento entra em jogo em situações nas quais há vários sinais iminentes, mas apenas uma resposta correta. Nessa situação, o atleta inicia uma reação quando um sinal específico ocorre, mas opta por não reagir quando outros são apresentados. Por isso, o TR é significativamente mais lento do que em reações simples e, até mesmo, do que reações de escolha. Pense em um jogador de basquete que avança pela quadra com a bola. Ele estuda a disposição dos colegas de equipe e dos adversários à sua frente; ouve um colega atrás dele pedir a bola e determina quais oponentes que se aproximam são as maiores ameaças. Ele, então, tem de decidir entre fazer um passe por cima da cabeça a um colega de equipe mais distante, dar um passo picado a um colega mais que esteja mais perto ou fintar o oponente à sua frente e continuar se aproximando da cesta. Nesse caso, o atleta distingue os sinais, escolhe a quais reagir e, então, opta, entre as várias possíveis respostas, por determinado sinal. A complexidade inerente demanda mais do tempo de resposta geral.

Expectativa

A essa altura, pode-se pensar que atletas seriam todos assolados por TRs prolongados. Contudo, na realidade, há uma abundância de informações prontamente disponíveis ao atleta observador que podem ser usadas para planejar e processar movimentos futuros. Dois meios essenciais de se combater TRs são prever *quais* eventos têm a possibilidade de ocorrer e *quando* eles ocorrerão. Psicólogos usam os termos expectativa espacial e temporal, respectivamente, para descrever essas duas estratégias.

A expectativa espacial, também referida como de evento, é definida como a capacidade de o atleta prever o que ocorrerá em determinada situação (Schmidt e Lee, 1998; Schmidt e Wrisberg, 2000). Essa estratégia permite que o atleta planeje seus movimentos em relação a um sinal, eliminando, assim, a segunda e a terceira fase da velocidade de processamento mental. Quando executada com sucesso, a expectativa espacial dá ao atleta uma tremenda vantagem, reduzindo o TR entre 40 e 80 milésimos de segundo. Contudo, quando executada de forma errada, essa estratégia tem consequências devastadoras, muitas vezes, custando ao atleta 200 a 300 milésimos de segundo no TR (Prentice e Voight, 1999). Um exemplo de expectativa espacial é visto no campo de futebol durante um pênalti. Nesse caso, por exemplo, o goleiro pode prever que o batedor irá colocar a bola no canto superior direito do gol.

A expectativa temporal é definida como a capacidade de um atleta de prever quando um evento irá ocorrer durante determinada situação (Schmidt e Lee 1998; Schmidt e Wrisberg, 2000). A interação tática que ocorre no futebol americano entre o *quarterback* e a linha de defesa antes do início da jogada é um bom exemplo dessa estratégia. Durante essa fase, o *quarterback* usa uma apresentação bem orquestrada de indicações visuais e auditivas para tentar tirar seus adversários da jogada enquanto comunica à sua equipe ofensiva quando devem se mover.

Como se pode observar, a combinação entre expectativa espacial e temporal permite que o atleta experiente inicie seus movimentos mais rapidamente ou em um momento que é mais pertinente em relação às demandas do ambiente (Schmidt e Lee, 1998). Em prol da simplicidade, as aplicações práticas das estratégias descritas foram apresentadas como eventos isolados. Porém, na realidade, o ambiente de jogo de um atleta é um fluxo contínuo de sinais auditivos, visuais e táteis do qual ele deve prontamente detectar e processar os sinais que podem lhe dar a vantagem competitiva sobre o adversário. É essa habilidade de interpretar de forma eficiente o fluxo contínuo de sinais emitidos pelo ambiente que permite que os melhores atletas completem uma ação enquanto pensam na seguinte, e, possivelmente, na ação depois da seguinte (Jeeves, 1961; Leonard, 1953; Prentice e Voight, 1999; Schmidt e Lee, 1998; Schmidt e Wrisberg, 2000).

Prática específica à habilidade

A lei de especificidade afirma que a adaptação à execução que ocorre durante o treino está fortemente relacionado à similaridade mecânica, neuromuscular e metabólica entre o programa de treino e a competição em si (Clark, 2001). Em outras palavras, quanto maior a similaridade entre a prática e a atividade para a qual o atleta está treinando (em termos de mecânicas de movimento, velocidade de movimento, metabolismo energético e funções cardiorrespiratórias), maior o efeito de transferência do treino (Clark, 2001). Portanto, se um jogador de beisebol precisa melhorar sua habilidade de acertar a bola, a melhor atividade para se prescrever é a prática de rebatidas.

Em relação ao tempo total de resposta, a quantidade de prática específica à habilidade e a relação entre a prática e a aplicação funcional são os dois elementos primários que regem o tempo de reação de escolha. Resumidamente, grandes quantidades de treino específico à habilidade produzem tempos de processamento menores e tempos de reação de escolha mais rápidos.

A implementação de treinamentos repetitivos e funcionais estimularão a conversão da programação consciente para inconsciente (Prentice e Voight, 1999). Como resultado disso, a resposta para certo estímulo fica armazenada como uma reação automática e acaba sendo realizada sem referência contínua a processos conscientes (Clark, 2001; Prentice e Voight, 1999). Respostas automáticas oferecem ao atleta treinado uma grande vantagem, pois há o benefício adicional de um efeito mínimo sobre a velocidade do atleta.

Exercícios de rapidez e de tempo de reação

Como mencionado, técnicas desenvolvidas para melhorar a rapidez e o TR em situações de jogo são mais bem-sucedidas quando elas são específicas à tarefa em questão. A prática extensiva específica à posição aumenta a habilidade de o atleta extrair informações relevantes de seu ambiente, resultando em seleções de respostas rápidas e de alta precisão durante diferentes situações de jogo. Esse tipo de prática possibilita ao atleta treinado anular sinais falsos, eliminar interferências auditivas, visuais e mentais no ambiente que possam distraí-lo e reduzir os tempos de percepção e de seleção de resposta. Tudo isso pode ser realizado ao aumentar a precisão da seleção de movimento em relação a vários sinais ambientes. Isso, por sua vez, levará a movimentos mais rápidos por parte do atleta, em virtude da melhora da rapidez na prática da atividade.

Portanto, levando em conta que técnicas desenvolvidas para melhorar a rapidez e o TR na *performance* de jogo devem ser restritas ao micronível, há diversas maneiras de incorporar os fatores discutidos neste capítulo ao macronível, melhorando o TR e o desempenho atlético gerais, por meio da rapidez do corpo e da velocidade aprimorada. Treinadores devem ter em mente a lei da especificidade em sua prescrição de exercício e adaptar os exercícios às necessidades específicas do atleta.

EXERCÍCIOS DE REAÇÃO A BOLAS

174 Touro na arena com *medicine ball*
(*Medicine ball bull in a ring*)

Propósito

Melhorar a rapidez e a força elástica.

Procedimento

- Fique em pé, de frente para um parceiro.
- Faça um passe de peito com a *medicine ball*, movendo-se em círculo (*vide* figura).

Variações

- Um dos dois conduz o exercício e pode mudar de direção quando quiser. O outro atleta deve reagir e acompanhar.
- Faça o exercício no passo carioca.

175 Deslocamento lateral com passe de *medicine ball*

(Medicine ball lateral shuffle with pass)

Propósito

Melhorar a rapidez e a força elástica.

Procedimento

- Fique em pé de frente para um parceiro. A distância que você percorre depende do peso da *medicine ball*: quanto mais leve a bola, maior a distância que você percorrerá.
- Ambos os atletas devem deslocar-se lateralmente enquanto realizam entre si passes de peito com a *medicine ball*, ao longo da rota predefinida (*vide* figura).
- Ao chegar ao final da rota, devem retornar no sentido oposto, realizando passes um para o outro.

Variações

- Um dos dois conduz o exercício e pode mudar de direção quando quiser. O outro atleta deve reagir e acompanhar.
- Faça o exercício no passo carioca.

176 Agachamento, arremesso, quicada e pegada de *medicine ball*

(Medicine ball squat, push toss, bounce, and catch)

Propósito

Melhorar força reativa e elástica e potência total do corpo.

Procedimento

- Comece com uma *medicine ball* capaz de quicar no chão, segurando-a na altura do peito ao se agachar; em seguida, jogue a bola acima e à frente (*vide* figuras *a*, *b*).
- Você deve ser rápido o suficiente para ir atrás da bola e pegá-la antes que ela quique duas vezes.

a b

177 Lançamento de *medicine ball* à frente com *sprint* para pegá-la

(*Medicine ball forward scoop toss, bounce, and catch*)

Propósito

Melhorar a potência total do corpo e a força reativa.

Procedimento

- Balance a *medicine ball* por entre as pernas conforme você se agacha, e, em seguida, jogue-a para a frente, soltando a bola na altura dos ombros (figuras *a*, *b*).
- Faça um *sprint* frontal na direção da bola e tente pegá-la antes que ela quique duas vezes.

178 Soltar a bola com parceiro
(*Partner ball drops*)

Propósito

Melhorar a resposta ao estímulo visual e à rapidez no primeiro passo.

Procedimento

- Um parceiro parado de 5 a 10 metros de você solta uma bola da altura do ombro (a bola pode ser específica ao esporte praticado) (figura *a*).
- Você deve pegar a bola depois da primeira quicada, mas antes da segunda (figura *b*).

Variações

- A altura da qual a bola deve ser solta ou a distância entre os parceiros podem ser modificadas, para compatibilidade com o nível de habilidade.
- Solte uma bola de cada mão para aumentar a dificuldade de resposta.

a

b

179 Exercício de goleiro
(*Goalie drill*)

Propósito

Melhorar a rapidez dos membros superiores.

Procedimento

- Você é o goleiro e um parceiro é o lançador.
- Seu parceiro joga a bola, alta ou baixa, em direção ao gol, definido por uma linha e dois cones (figura *a*).
- Tente impedir a bola de cruzar a linha usando as mãos (figura *b*).
- Troque de papel com seu parceiro e repita.

Variação

Colocar na cintura uma corda elástica que a conecte a cada pulso.

180 Jogada de bola às cegas

(Partner blind tosses)

Propósito

Melhorar a rapidez e o tempo de reação dos membros superiores e inferiores.

Procedimento

- Fique de pé, em posição de prontidão.
- Um parceiro fica atrás de você e joga uma bola de tênis por cima dos seus ombros (figura *a*).
- Reagindo ao ver a bola, faça um *sprint* e pegue-a antes que ela quique duas vezes (figura *b*).

Variação

Faça esse exercício com uma bola de reação.

a

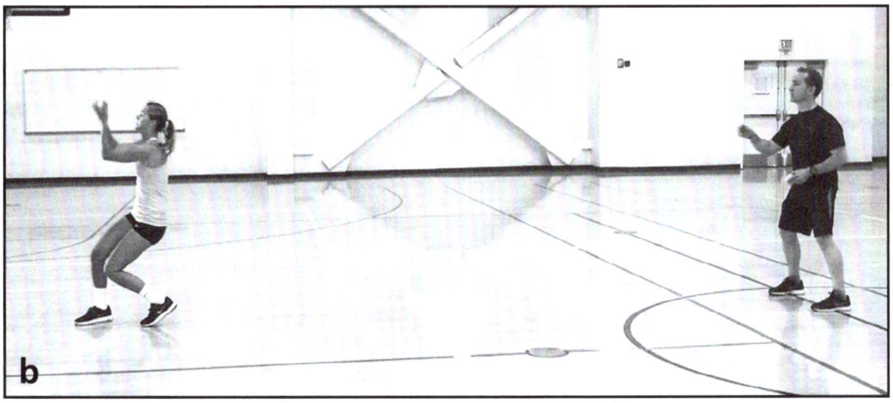

b

EXERCÍCIOS DE PLIOMETRIA

181 Braços travados com impacto na bola suíça
(*Stability ball impact lockouts*)

Propósito

Fortalecer o *core* e melhorar a capacidade do corpo de absorver impacto.

Procedimento

- Fique em postura de flexão de braços, com as mãos na bola suíça, mantendo o *core* (região lombar, quadris e músculos abdominais) ativado (figura *a*).
- Solte a bola, permitindo-se cair nela, criando impacto no alto do abdome (figura *b*).
- Ao cair sobre a bola, segure-a com as mãos e trave os braços.

Variações

- Estenda os braços e toque em um alvo enquanto cai sobre a bola.
- Bata palmas atrás das costas enquanto cai sobre a bola.

a

b

182 Saltos na bola suíça com as mãos
(Stability ball hops)

Propósito

Melhorar a rapidez na musculatura dos membros superiores usada para fazer movimentos de empurrar.

Procedimento

- Coloque os pés na bola suíça e as mãos no chão (posição de flexão de braço).
- Salte com as mãos, levando o corpo para cima, para baixo e para os lados, mantendo o equilíbrio sobre a bola com os pés (figura *a-c*).
- Não permita que o abdome e os quadris amoleçam. Mantenha uma posição de corpo firme.

183 Carrinho de mão
(*Wheelbarrow drill*)

Propósito

Melhorar a potência dos membros superiores e do *core*.

Procedimento

- Um parceiro segura você pelos pés enquanto suas mãos realizam um padrão ou uma tarefa predeterminada (figura *a*, *b*).
- Isso deve ser feito o mais rápido possível, mantendo sempre o corpo reto.

Variações

- Realize saltos em vez de corridas com as mãos.
- Faça deslocamentos laterais ou caminhadas circulares com as mãos.
- Cronometre o exercício para avaliar progressos.
- Incremente o exercício com sinais visuais, como escadas, minibarreiras ou padrões de discos coloridos.

a

b

184 Flexão de braços pliométrica
(Plyo push-ups)

Propósito

Melhorar a rapidez na musculatura dos membros superiores usada para fazer movimentos de empurrar.

Procedimento

- Começando na posição alta, faça uma flexão de braço explosiva (figuras *a-c*).
- As mãos devem deixar o chão, gerando o máximo de espaço possível entre as mãos e o chão. Termine com os braços estendidos.
- Ao aterrissar, mantenha os braços firmes, mas não travados. Passe o mínimo de tempo possível no chão e exploda de volta para cima.

Variação

Você e um parceiro ficam a 1 metro um do outro, ambos em posição de flexão de braços, com estes apontados para a mesma direção. Faça uma flexão com uma batida de palmas. Seu parceiro reage a seu movimento, fazendo também uma flexão de braço e tentando bater palmas ao mesmo tempo que você.

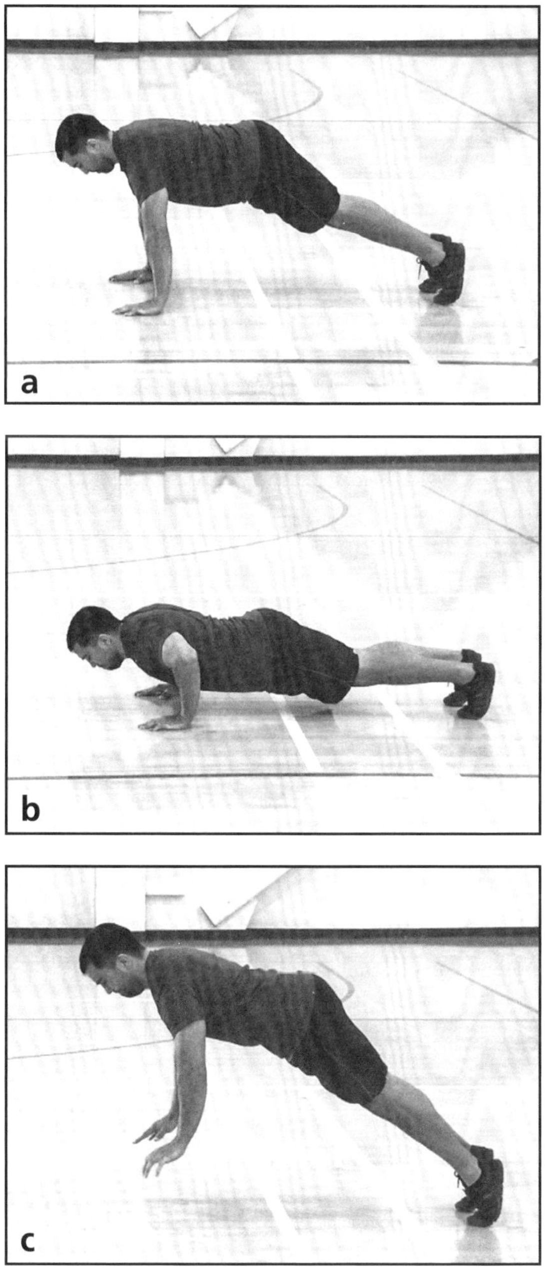

RAPIDEZ

185 Lançamento de *medicine ball* na parede com passe de peito

(*Medicine ball wall chest pass*)

Propósito

Melhorar a transmissão de potência total do corpo.

Procedimento

- Realize passes de peito para uma parede (*vide* figura).
- Receba a bola com seus braços estendidos antes de realizar o passe seguinte.
- Isso pode ser feito por um número qualquer de repetições, por tempo cronometrado ou por distância a percorrer (no caso de variações em movimento).

Variações

- Realize o exercício com um só braço.
- Realize o exercício enquanto se move lateralmente ao longo da parede, nos dois sentidos.

186 Flexão de braços e passe de *medicine ball* com parceiro

(*Medicine ball release push-ups with partner*)

Propósito

Melhorar a rapidez na musculatura dos membros superiores usada para executar movimentos de empurrar.

Procedimento

- Começando em posição ajoelhada, jogue a *medicine ball* a um parceiro e caia em posição de flexão de braços (*vide* figura).
- Volte à posição inicial com uma flexão de braços enquanto o parceiro joga a bola de volta a você.
- Repita o exercício o mais rápido possível.

187 Arremesso lateral de *medicine ball* na parede

(*Medicine ball wall side toss*)

Propósito

Melhorar mecânicas explosivas de rotação e mudanças de direção.

Procedimento

- Comece de frente para a parede em uma posição atlética, com a *medicine ball* segurada de lado (*vide* figura).
- Arremesse a bola, acertando a parede à sua frente.
- Pegue o rebote, usando a energia da bola para o corpo, fazendo imediatamente o movimento oposto ao arremesso para se preparar para a próxima repetição.

Variações

- Realize o exercício em posições diferentes, como perpendicular à parede.
- Faça o exercício em uma posição paralela e arremesse a bola de forma que ela quique em direção ao outro lado do corpo.

188 Lançamento de *medicine ball* na parede

(*Medicine ball wall scoop toss*)

Propósito

Melhorar a extensão total do corpo, a rapidez e a potência.

Procedimento

- Fique de frente para a parede, em posição atlética, com uma *medicine ball*.
- Rapidamente, agache-se e estenda seu corpo inteiro (*vide* figura).
- Jogue a bola em direção à parede o mais rápido possível, mantendo a postura agachada, com as costas retas.
- Execute este exercício por tempo cronometrado ou por um número predeterminado de repetições.

Variações

- Realize um lançamento inverso para trás.
- Faça um salto longo e, em seguida, o lançamento.

189 Lançamento de *medicine ball* na parede, por cima da cabeça

(*Medicine ball wall overhead throw*)

Propósito

Melhorar a potência explosiva em arremessos e em atividades por cima da cabeça.

Procedimento

- Deixe a *medicine ball* acima e atrás da cabeça com as duas mãos, estendendo todo o corpo (*vide* figura).
- Jogue a bola na parede com as duas mãos, e pegue-a de volta com as duas mãos.
- Mantenha uma postura paralela e os pés em contato com o chão durante a fase de lançamento da bola.

Variações

- Dê um passo à frente ao fazer o lançamento (alterne as pernas).
- Lance de uma posição ajoelhada.
- Lance com um só braço, em posição de prontidão, com as pernas semi-flexionadas.
- Lance com os dois braços, apoiando-se em uma só perna.
- Equilibre-se em só uma perna e jogue com apenas um braço (do mesmo lado da perna de apoio ou do lado oposto a ela).
- Jogue com os dois braços e incorpore saltitos multidirecionais.

190 Flexão de braços com uma mão sobre a *medicine ball*

(*Medicine ball one-arm push-off*)

Propósito

Melhorar a potência e a rapidez na musculatura dos membros superiores usada para executar movimentos de empurrar.

Procedimento

- Comece em posição de flexão de braços; seu corpo deve ficar reto, com uma mão sobre a *medicine ball*.
- Desça o corpo com a flexão dos braços e, explosivamente, empurre-se para cima com a mão que estiver apoiada no chão (figura *a*, *b*).
- A mão que estiver na bola permanece nela ao longo do exercício. A mão que empurrar o corpo para cima deve sair do chão e ficar na mesma altura (ou ligeiramente acima) do topo da *medicine ball*.
- Certifique-se de colocar a mão de volta ao chão de forma controlada, e, então, repita o empurrão explosivo quando a mão estiver em contato com o chão.
- Seu objetivo é passar o mínimo de tempo possível em contato com o solo, realizando um empurrão explosivo com a mão que estiver no chão.

191 Flexão pliométrica com *medicine ball*
(Medicine ball upper body shuffles)

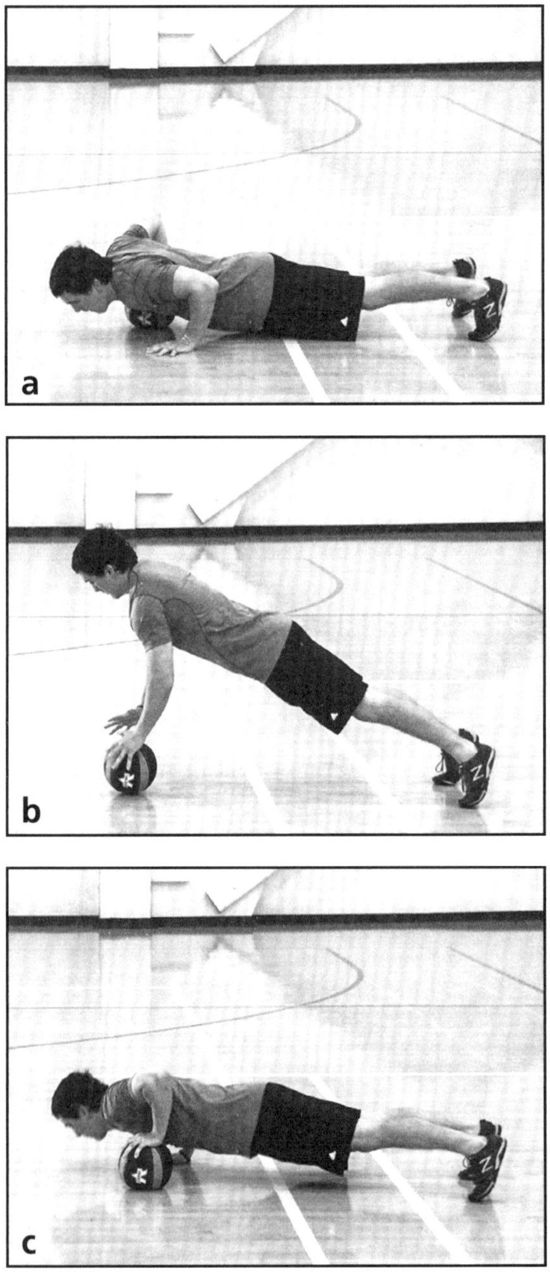

Propósito

Melhorar a potência e a rapidez na musculatura dos membros superiores usada para executar movimentos de empurrar.

Procedimento

- Comece em uma posição de flexão de braços; seu corpo deve ficar reto, com uma mão na *medicine ball* e os ombros paralelos ao chão.
- Desça o corpo fazendo uma flexão de braços e, explosivamente, empurre-se para cima e para o lado, de forma que seu corpo passe por cima da bola e a mão que estava no chão pouse sobre a bola (figura *a-c*).
- Ao longo do movimento, seus pés devem manter-se alinhados com os quadris, e seu *core*, firme.

192 Flexão com salto
(*Upper body shuffles*)

Propósito

Melhorar a rapidez na musculatura dos membros superiores usada para executar movimentos de empurrar.

Procedimento

- Comece em uma posição baixa de flexão de braço, com as mãos na linha dos ombros (figura *a*).
- Impulsione-se explosivamente para cima (figura *b*).
- Aterrisse no chão na posição baixa de flexão de braços e repita (figura *c*).

Variação

Siga o procedimento a seguir:

- Comece na posição alta, com suas mãos distantes na largura dos ombros.
- Ao descer para a flexão, deixe as mãos mais distantes que a largura dos ombros.
- Impulsione-se explosivamente para cima e alinhe suas mãos aos ombros enquanto estiver em suspensão.

a

b

c

193 Flexão com salto na caixa

(Upper body box shuffles)

Propósito

Melhorar a potência e a rapidez na musculatura dos membros superiores usada para executar movimentos de empurrar.

Procedimento

- Comece na posição de flexão de braços, com uma mão em uma caixa ou em um *step* e a outra mão no chão.
- Baixe o corpo (figura *a*).
- Impulsione-se explosivamente para cima e retorne ao chão, invertendo a posição das mãos: a mão que estava no chão deve ser colocada sobre a caixa ou *step*, e vice-versa (figuras *b*, *c*).
- Tente sair do chão o mais rápido possível.

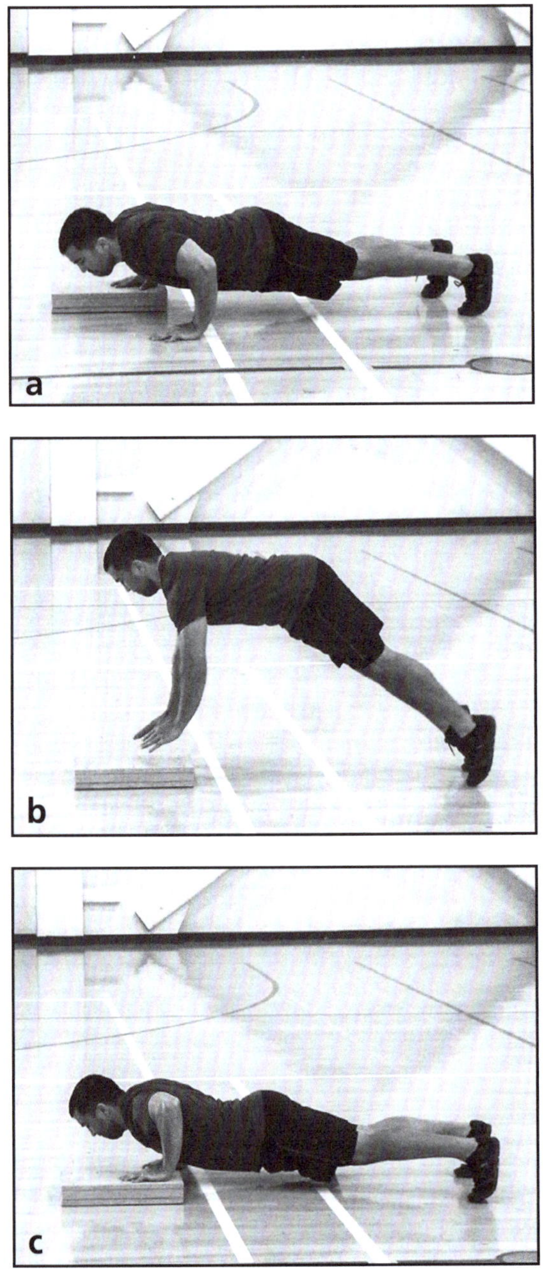

194 Puxões explosivos reclinados

(Explosive reclined pulls)

Propósito

Melhorar a potência e a rapidez na musculatura dos membros superiores usada para executar movimentos de puxar.

Procedimento

- Comece com uma corda – de, pelo menos, 5 centímetros de diâmetro, com uma superfície não escorregadia – pendurada em uma barra fixa ou em um gancho bem preso.
- Segure-se na corda com o braço estendido, o corpo reclinado em 45° com a postura reta e o *core* firme (figura *a*).
- Puxe a corda explosivamente para rapidamente elevar seu corpo (figuras *b*, *c*).
- Firme novamente as mãos na corda e repita.

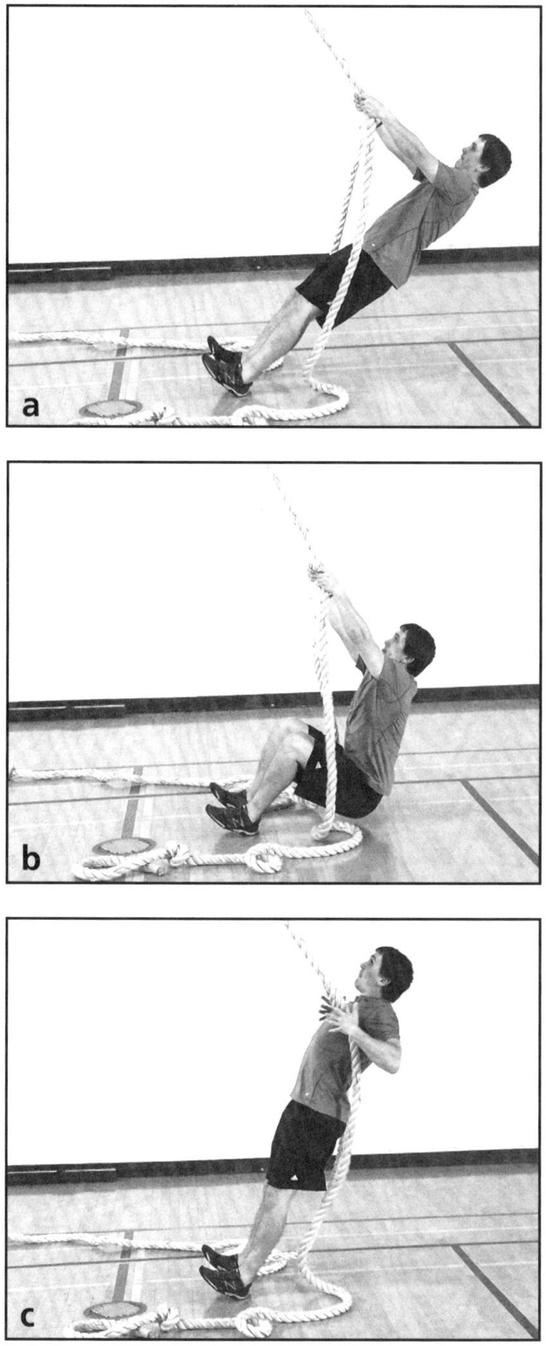

195 *Rope skipping*

Propósito

Melhorar a rapidez e a força elástica nos membros inferiores.

Procedimento

- Pule corda saltando por pontos designados no chão.
- Este exercício pode ser feito com as duas pernas ou com uma perna só.

Variações

- Padrões variáveis: pule corda, mudando padrões em resposta a comandos. Essa variação pode ser realizada com as duas pernas ou uma só perna.
- Faça o exercício usando uma corda com peso.
- *Skipping* lateral: faça o exercício pulando para a direita ou para a esquerda. A sequência de braços e de joelhos deve permanecer a mesma o tempo todo. Esse exercício pode ser o pulo de corda mais desafiador.

196 Saltos com o antepé
(Ankle jumps)

Propósito

Melhorar a força elástica e a rapidez nos membros inferiores.

Procedimento

- Realize saltos usando apenas o antepé (figuras *a*, *b*).
- Passe o mínimo de tempo possível em contato com o chão.

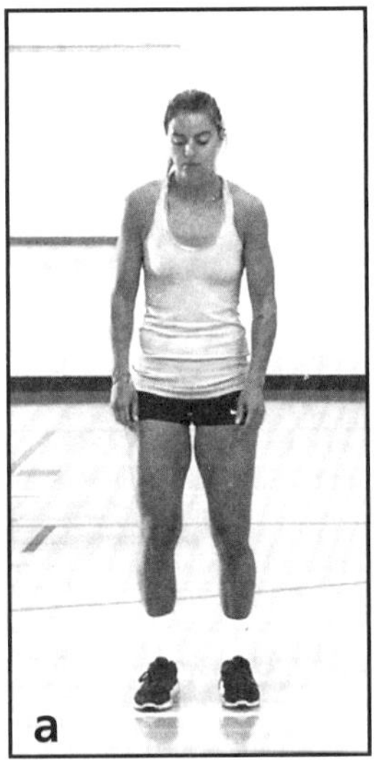
a

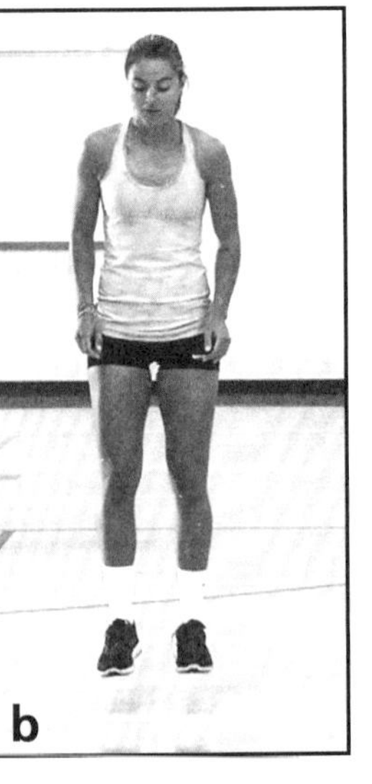
b

Variações

- Salte atravessando uma linha, para a frente e para trás, ou lateralmente, de um lado para o outro.
- Fique em posturas de corpo variadas e mude a posição dos pés, de modo que fiquem juntos, um à frente do outro, com os dedos para dentro ou para fora.

197 Saltos padrão tesoura
(*Scissors jumps*)

Propósito

Melhorar a rapidez nos quadris e aprimorar o equilíbrio.

Procedimento

- Comece com um pé à frente do outro, com os joelhos e os quadris levemente flexionados (figura *a*), e, em seguida, salte.
- Enquanto estiver sem contato com o solo, troque a posição dos pés e aterrisse em posição desbalanceada, levando à frente o pé que estava atrás no movimento anterior (figuras *b*, *c*).
- Mantenha seu tronco reto e evite inclina-lo à frente.
- Repita o mais rápido possível por um número predeterminado de repetições ou por tempo cronometrado.

Variações

- Para fazer o exercício com mais intensidade, ao saltar, afaste mais as pernas para a frente e para trás, mantendo o centro de gravidade mais baixo.
- Mova-se para a frente ou para trás a cada salto.

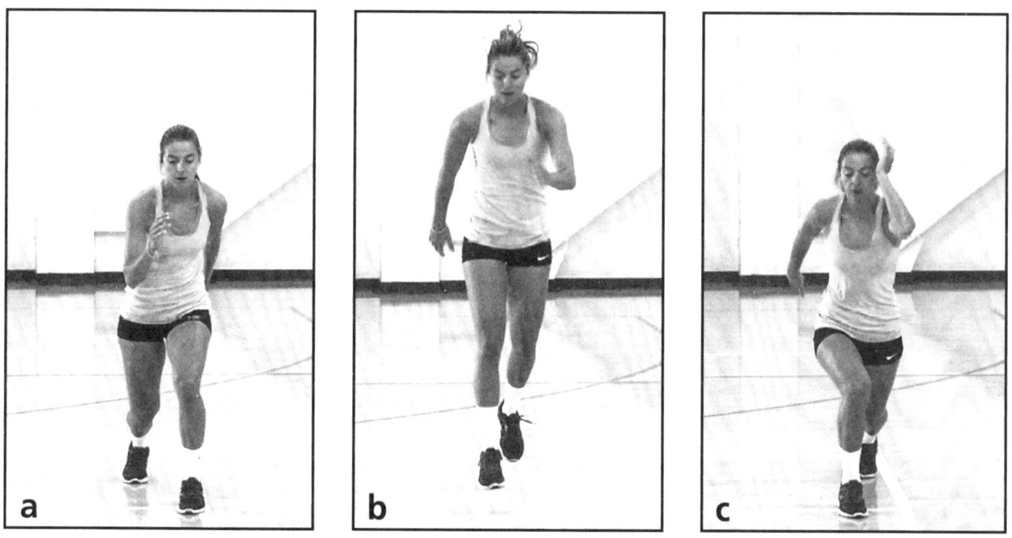

a b c

198 Passos laterais de patinador

(*Lateral skaters*)

Propósito

Melhorar a capacidade de mudança brusca de direção e a rapidez no primeiro passo lateral.

Procedimento

- Comece com os dois pés separados, e impulsione-se lateralmente com uma perna (figuras *a*, *b*).
- Ao aterrissar o pé no chão, impulsione-se imediatamente na direção oposta, e continue o exercício pelo número de repetições determinado ou por tempo cronometrado (figura *c*).
- Para desenvolver rapidez, realize o máximo de repetições possíveis dentro do tempo (10 segundos ou menos).

Variação

Salte diagonalmente, de forma que você se mova lateralmente e para a frente.

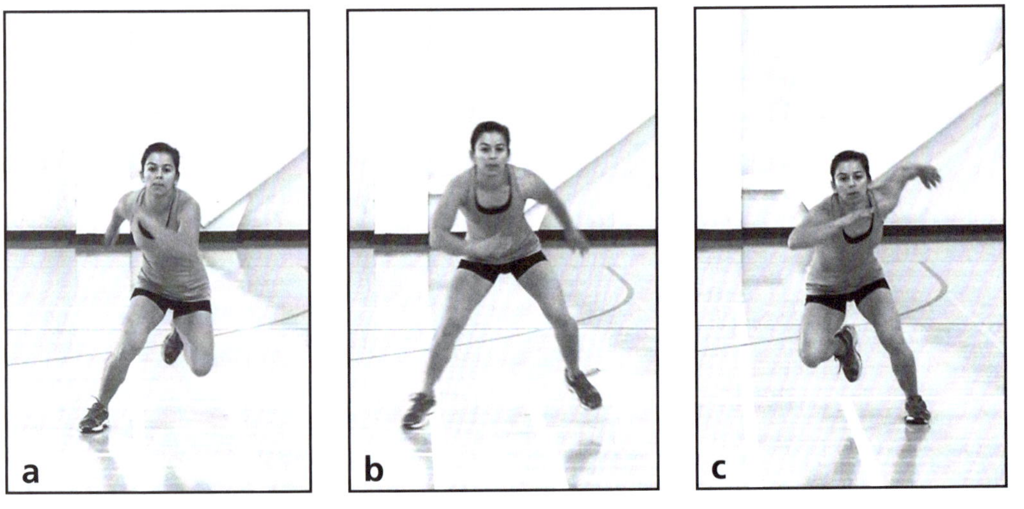

199 Salto com joelhos dobrados
(*Tuck jumps*)

Propósito

Melhorar a potência dos membros inferiores.

Procedimento

- Em pé, em postura anatômica (pernas levemente flexionadas, dedos dos pés ligeiramente para fora e coluna reta), acumule energia nos membros inferiores, jogando os dois braços para trás enquanto flexiona os quadris e os joelhos (figura *a*).
- Comece a extensão dos quadris, dos joelhos e, finalmente, dos tornozelos conforme os braços balançam para a frente, perto do corpo.
- Salte verticalmente, dobrando os dois joelhos em direção ao peito (figura *b*).
- Ao aterrissar, repita imediatamente, com a mesma técnica.
- Para treinar rapidez, realize o máximo possível de repetições dentro de um tempo determinado ou faça certo número de repetições no menor intervalo de tempo possível.

Variações

- Salte e aterrisse a uma curta distância ao lado ou adicione rotação e aterrisse a 90° da posição inicial do salto.
- Realize esse exercício unilateralmente.
- Salte sem flexionar os joelhos, mantendo as pernas estendidas, flexionando os quadris.
- Faça esse exercício conforme se move para a frente, para trás ou para os lados.

200 Salto vertical
(*Vertical jump*)

Propósito

Melhorar a rapidez e a potência explosiva dos membros inferiores.

Procedimento

- Fique com os pés alinhados com os ombros (mantendo os joelhos e os quadris flexionados em posição pré-alongada, os braços para trás e os ombros na linha dos dedos dos pés), e rapidamente fique em postura anatômica.
- Salte verticalmente, estendendo os tornozelos, os joelhos e os quadris, em seguida, estendendo os braços para cima (*vide* figura).

Variação

Ao aterrissar, redirecione imediatamente a energia para as pernas e faça outra sequência de saltovertical, passando o mínimo de tempo possível no chão.

201 Salto horizontal parado
(*Standing long jump*)

Propósito

Melhorar a potência dos membros inferiores.

Procedimento

- Fique com os pés alinhados com os ombros ou ligeiramente mais para dentro.
- Acumule energia nas pernas, flexionando os joelhos e os quadris, levando os braços para trás.
- Lance seu corpo para cima e para a frente, estendendo as pernas e usando os braços para ajudar a jogar o corpo para a frente.

202 Salto sobre obstáculos
(Barrier jumps)

Propósito

Melhorar a potência e a rapidez dos membros inferiores.

Procedimento

- Usando algo como obstáculo (barreira, cone, caixa), lance seu corpo por cima do obstáculo, saltando para a frente, com extensão de quadris, joelhos e tornozelos (figuras *a*, *b*).
- Mantendo uma postura vertical, leve os joelhos ao peito enquanto passa pelo obstáculo.
- Balance os braços para manter o equilíbrio e ajudar a obter altura para o salto.

Variações

- Realize uma mudança de direção e um *sprint* após o salto.
- *Saltos sobre obstáculo lateral*: nesta variação, o obstáculo deve ser superado lateralmente. Comece ficando de lado para o obstáculo. Faça a mesma ação de acúmulo de energia previamente descrita, mas, desta vez, lance seu corpo sobre o obstáculo lateralmente. Ao aterrissar, acumule energia nas pernas e nos braços novamente, e salte por cima do obstáculo de volta à posição original. Continue o mais rápido possível, por um número determinado de repetições ou por tempo cronometrado.
- *Saltos unilaterais sobre obstáculo*: esta variação é igual aos saltos sobre obstáculos, mas é realizada com uma só perna por vez. Isso adiciona um nível dificuldade ao salto, e deve ser inicialmente feito com obstáculos mais baixos, com aumentos graduais na altura.

a

b

203 Salto sobre obstáculo com mudança de direção e *sprint*

(*Barrier jump with cut and sprint*)

Propósito

Melhorar a potência e a rapidez dos membros inferiores.

Procedimento

- Posicione um obstáculo (como uma barreira, cone ou saco de peso) e coloque dois cones a 10 metros do obstáculo, um 45° à direita, o outro 45° à esquerda. O treinador deve ficar entre os cones, de frente para você.
- Salte por cima da barreira usando a extensão de quadris, joelhos e tornozelos (figura *a*).
- Enquanto estiver em suspensão, o treinador dá um sinal visual ou auditivo para fazer um *sprint* para a esquerda ou para a direita.
- Assim que colocar os pés no chão, abra a postura dos quadris e conduza seu primeiro passo para fazer um *sprint* na direção indicada (figura *b*).

Variação

Após saltar a barreira, use um passo cruzado e faça um *sprint* na direção pretendida.

a

b

204 Saltitos em velocidade
(Speed skips)

Propósito

Melhorar a potência e a rapidez dos membros inferiores.

Procedimento

- Faça saltitos com revezamentos rápidos dos membros inferiores.
- O objetivo é obter um movimento de saltitos rápidos sem deslocamento vertical excessivo.
- Passe o mínimo de tempo possível em contato com o chão.
- Os ombros se movem para a frente no mesmo plano horizontal.

205 Afundo com salto em potência
(Lunge with power-up jump)

Propósito

Melhorar a potência e a rapidez dos membros inferiores.

Procedimento

- Comece em posição de afundo e desloque o peso corporal para a perna da frente (figura *a*).
- Faça um movimento para a frente com a perna dianteira e, então, caia sobre os dois pés (figuras *b*, *c*).
- Inicie com a outra perna e repita o exercício.

206 Salto lateral sobre a caixa
(*Push-off box shuffle*)

Propósito

Melhorar a potência e rapidez dos membros inferiores.

Procedimento

- Use uma caixa (ou *step*) cuja altura não fique acima do meio de sua canela.
- Coloque um pé sobre a caixa e incline-se ligeiramente para a frente, de forma que seus ombros passem da beirada da caixa (figura *a*).
- De modo rápido, impulsione o pé que está sobre a caixa e salte lateralmente sobre ela, trocando os pés no ar (figura *b*).
- O calcanhar deve firmar-se no chão com rigidez no tornozelo, de forma a encorajar um novo salto logo em seguida, ou seja, resposta elástica (figura *c*).
- O objetivo é passar o máximo de tempo no ar, e o mínimo de tempo em contato com a caixa ou com o solo.

207 Pular corda com saltos multidirecionais

(Jump rope with multidirectional jumps)

Propósito

Melhorar a potência e a rapidez dos membros inferiores.

Procedimento

- Pule corda enquanto alterna entre duas posições de pés.
- Comece pulando com os dois pés para cima e, depois, mude para a posição de pular com um pé à frente e o outro atrás.
- Continue a repetir essa sequência o mais rápido que puder, alternando o pé dominante na posição desbalanceada (figuras *a*, *b*).
- Repita por um número determinado de repetições e, depois, faça outros tipos de salto – como o bilateral, no qual a distância dos pés passa de estreita para larga, e o rotacional, no qual um dos pés vira 90° para fora.

a

b

208 Variações de polichinelo
(*Jumping jacks*)

Propósito

Melhorar a potência e a rapidez dos membros inferiores.

Procedimento

- Faça polichinelos, misturando uma variedade de movimentos de braços e de pernas.
- Comece com os pés paralelos, cada um deles alinhado ao respectivo quadril, e faça um polichinelo normal.
- Prossiga com um polichinelo no qual um pé vai para a frente e o outro vai para trás, alternando o pé dominante a cada polichinelo (figuras *a*, *b*).
- Volte à posição inicial e repita.

Variações

- Adicione um salto no qual você aterrisse em uma posição de pés cruzados.
- Realize o polichinelo enquanto move o corpo para a frente, para trás, para os lados ou girando o corpo.

EXERCÍCIOS DE REAÇÃO EM MEIA ESCADA DE AGILIDADE

Observação: para evitar duplicações, dividimos os exercícios de escada de agilidade entre os Capítulos 5 e 6. Neste capítulo, os exercícios enfatizam rapidez curta de passada inicial. Eles usam metade de uma escada de agilidade padrão, para tornar o exercício mais rápido e evitar que a fadiga neural se torne um fator significativo. Além disso, um comando de reação trará o foco ao componente de reação-resposta.

O treinador pode designar cones predeterminados – por exemplo, um cone em cada lado da escada, a uma distância de 5 a 10 metros –, para os quais correr ao receber um comando visual ou auditivo. Cada exercício pode ser realizado lateralmente ou de costas, para gerar mais dificuldade.

209 *Quick feet*

Propósito

Melhorar a frequência de passos.

Procedimento

- Corra por uma escada de agilidade usando o padrão de um pé a cada quadrado (figuras *a*, *b*).
- Concentre-se na velocidade dos pés, não na velocidade de deslocamento linear.

Variação

Reaja a um comando e corra na direção de um alvo designado.

a

b

210 Saltos de coelho
(*Bunny jumps*)

Propósito

Melhorar a força elástica no complexo do tornozelo.

Procedimento

- Realizar múltiplos saltos rápidos em cada quadrado da escada (figuras *a-c*).
- Faça um movimento rápido de tornozelos e minimize o contato com o chão.
- Olhe para a frente, não para o chão.

Variação

Adicione ao exercício a realização de uma habilidade.

211 Amarelinha
(*Hopscotch drill*)

Propósito

Melhorar a força elástica no complexo do tornozelo.

Procedimento

- Comece com cada pé de um lado de fora da escada.
- Salte com os dois pés para dentro do primeiro quadrado (figura *a*), e, em seguida, vá para o próximo quadrado com os dois pés separados, de forma que cada pé seja colocado de um lado de fora da escada (figura *b*).
- Salte com os dois pés para o próximo quadrado (figura *c*) e continue repetindo a sequência.
- Olhe para a frente, não para o chão.

Variações

- Coloque um dos pés dentro dos quadrados da escada.
- Adicione ao exercício a realização de uma habilidade.

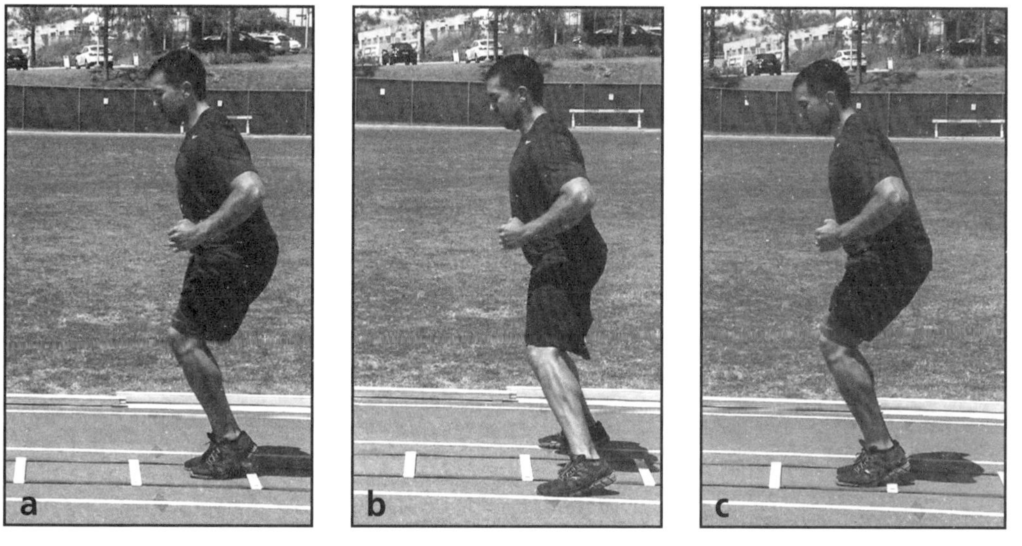

212 Salto unilateral
(*Single-leg hop*)

Propósito

Melhorar a rapidez dos membros inferiores.

Procedimento

- Salte em cada quadrado de uma escada de agilidade usando apenas uma perna (figuras *a*, *b*).
- Dê ênfase em obter o mínimo de contato com o chão.
- Olhe para a frente, não para o chão.

Variações

- Mova-se para a frente, para trás ou para os lados.
- Adicione ao exercício a realização de uma habilidade.

213 Reação a lançamento de bola na escada de agilidade
(*Half ladder skill to sport-specific skill*)

Propósito

Melhorar a rapidez dos membros inferiores.

Procedimento

- Você pode realizar qualquer exercício de escada de agilidade olhando para seu treinador, que está posicionado no outro lado da escada.
- Reaja conforme seu treinador lança a bola específica de um esporte para ambos os lados da escada.
- No meio da escada, vá para o lado ao qual a bola for jogada, pegando-a ou acertando-a.

EXERCÍCIOS DE REAÇÃO

214 O pêndulo
(*The bob*)

Propósito

Melhorar a velocidade de processamento mental, o tempo de reação dos membros superiores a estímulos visuais e a rapidez total do corpo.

Procedimento

- Fique em posição de prontidão (ou em uma posição específica de seu esporte), com um parceiro à sua frente.
- Usando taco de espuma, manopla de boxe ou luva de boxe grande, seu parceiro dá início ao exercício tentando um leve contato com a sua cabeça (figura *a*).
- O ataque é feito ao longo do plano sagital (em linha reta).
- Reaja, evitando o contato, movendo-se para ambos os lados (figura *b*).

215 Desvio de golpe
(*The parry*)

Propósito

Melhorar a velocidade de processamento mental, o tempo de reação dos membros superiores a estímulos visuais e a rapidez de todo o corpo.

Procedimento

- Fique em posição de prontidão (ou em uma posição específica de seu esporte), com um parceiro à sua frente.
- Usando um taco de espuma, manopla de boxe ou luva de boxe grande, seu parceiro dá início ao exercício tentando um leve contato com a sua cabeça (figura *a*).
- O ataque é feito ao longo do plano sagital (em linha reta).
- Reaja usando as mãos, dando um tapa no instrumento de ataque pouco antes do contato (figura *b*).

a

b

216 Desvio por baixo
(*The weave*)

Propósito

Melhorar a velocidade de processamento mental, o tempo de reação dos membros superiores a estímulos visuais e a rapidez total do corpo.

Procedimento

- Fique em posição de prontidão (ou em uma posição específica de seu esporte), com um parceiro à sua frente.
- Usando taco de espuma, manopla de boxe ou luva de boxe grande, seu parceiro dá início ao exercício tentando um leve contato com a sua cabeça (figura *a*).
- O ataque é feito ao longo dos planos sagital ou transversal (em linha reta ou com movimento em arco lateral).
- Reaja, agachando-se e desviando a cabeça por baixo do ataque (figura *b*).

a

b

217 Deslocamento lateral com resistência de parceiro e perseguição

(Partner-resisted lateral shuffle and chase)

Propósito

Melhorar a rapidez e a reação dos membros inferiores e aprimorar a capacidade de mudar de direção.

Procedimento

- Comece em paralelo a uma linha lateral, em posição atlética, pronto para um deslocamento lateral.
- Um parceiro coloca a mão no seu quadril, aquele que corresponder ao lado em que você fará o deslocamento lateral (figura *a*).
- Ao comando do treinador, o parceiro faz resistência ao seu deslocamento lateral; em seguida, ele solta seu corpo e realiza um *sprint* na mesma direção que você (figuras *b*, *c*).
- Persiga seu parceiro e tente tocá-lo o mais rápido possível.

218 *Sprints* com parceiro como espelho
(*Mirror partner sprints*)

Propósito

Melhorar a habilidade de mudar de direção.

Procedimento

- Disponha linhas ou cones por uma distância de cerca de 20 metros, colocando uma marca a cada 5 metros.
- Comece na linha de largada com seu parceiro de frente para você, a 5 metros de distância.
- Faça um *sprint* frontal de 10 metros enquanto seu parceiro corre de costas diante de você.
- Pare e corra de costas enquanto seu parceiro para e faz um *sprint* frontal de 5 metros; tentem sempre manter a mesma distância entre vocês.
- Repitam a sequência até que você passe a linha de chegada.

219 Desviar dos oponentes
(*Containing opponent drill*)

Propósito

Melhorar a habilidade de mudar de direção e de reação.

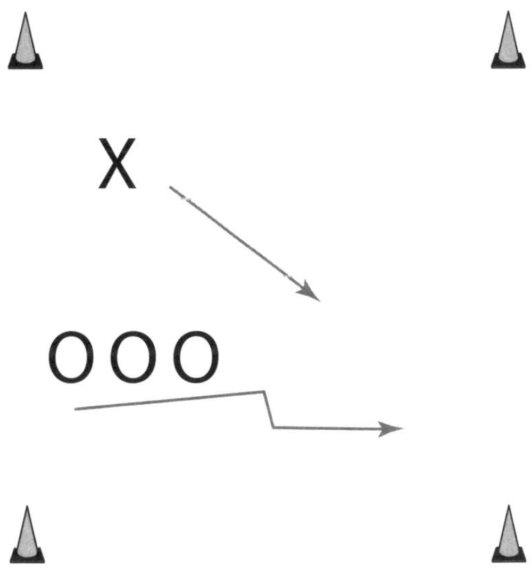

Procedimento

- Disponha cones formando um quadrado de 20 metros de cada lado.
- Próximo a um dos cones, inicie uma corrida dentro dos limites do quadrado, objetivando ultrapassar o cone posicionado na diagonal.
- Três ou quatro adversários ficam em linha, de frente para você, agindo como uma parede, para contê-lo.
- Os adversários devem tanto correr de costas como mover-se de um lado para o outro, para evitar que você os ultrapasse.

RAPIDEZ

220 *Sprint* em dois quadrados com parceiro
(*Mirror two-box sprint drill*)

Propósito

Melhorar a habilidade de mudar de direção e de reação.

Procedimento

- Faça dois quadrados paralelos, usando 4 cones para cada um, com 5 metros de cada lado.
- Comece no centro de um dos quadrados, com um parceiro no centro do outro quadrado.
- Faça um *sprint* para qualquer um dos cones, toque-o e volte ao centro do quadrado.
- Seu parceiro deve agir como um espelho, reproduzindo os seus movimentos.

221 Deslocamento lateral em dois quadrados com parceiro
(*Mirror two-box shuffle drill*)

Propósito

Melhorar a rapidez dos membros inferiores na direção lateral e sua habilidade de reação.

Procedimento

- Faça dois quadrados paralelos, usando 4 cones para cada um, com 5 metros de cada lado.
- Você começa como líder sobre uma das linhas de um dos quadrados, e seu parceiro começa na mesma linha do outro quadrado.
- Você só pode deslocar-se pelo exterior do quadrado, sempre ficando sobre as linhas.
- Seu parceiro deve reagir como um espelho, deslocando-se nas mesmas linhas do quadrado em que está.

222 Triângulo com comandos
(*Triangle drill with commands*)

Propósito

Melhorar a rapidez na fixação do pé e na mudança de direção.

Procedimento

- Disponha três cones em um triângulo com 5 metros de cada lado.
- Comece no cone que for designado, correndo o mais rápido possível.
- Mantenha-se perto dos cones.
- Mude a direção do *sprint* após duas a quatro voltas, com base no comando do treinador.

Variação

Exercício de perseguição em triângulo: comece em uma linha entre dois cones. Realize o exercício com um parceiro, o perseguidor, que deve começar no cone oposto à sua linha. Inicie a perseguição sob o comando do treinador e termine quando alcançado pelo perseguidor.

223 Três toques de pé com *sprint*
(*Three-step foot-tap drill with sprint*)

Propósito

Melhorar a rapidez do primeiro passo e o tempo de reação.

Procedimento

- Comece ao lado de um bambolê colocado no chão; rapidamente, toque um dos pés duas vezes no chão, fora do bambolê, e, depois, toque o outro pé uma vez dentro do bambolê.
- Toque dentro do bambolê com o pé mais próximo dele.
- Seu treinador deve fornecer um comando visual ou auditivo, e rapidamente você deve dar um passo à frente e fazer um *sprint* até um cone colocado 5 metros à sua frente, tocar o cone, voltar à posição inicial e continuar com o mesmo padrão de toque de pés.

224 "Pés de fogo" com reação
(*Three-point fire drill with reaction*)

Propósito
Melhorar a rapidez, a reação e a capacidade de mudar de direção dos membros inferiores.

Procedimento
- Faça um quadrado de 10 metros de cada lado, com um bambolê em cada canto.
- Coloque mais dois bambolês no meio do quadrado, a cerca de 1 metro um do outro. Você e um parceiro devem ficar no meio do quadrado, cada um designado a um bambolê.
- Ambos começam o exercício fazendo pisadas leves e rápidas, ou "pés de fogo", mantendo um dos pés dentro do seu respectivo bambolê.
- O treinador fica na base do quadrado e dá sinais visuais (como mãos para cima ou para baixo) para direcionar os dois participantes para fazer um *sprint* até a parte de trás de seu respectivo bambolê ou até o lado da frente de sua parte do quadrado, virar-se e correr de volta, tentando chegar à posição inicial antes do oponente.
- Sempre mantenha as pisadas leves e rápidas ao voltar para a posição inicial.

Variação
Seu treinador pode pedir que você toque os bambolês pelos quais passa, exigindo mais rapidez total do corpo.

RAPIDEZ

225 Três toques de pé com *sprint* até a bola
(*Three-step foot-tap drill with sprint to ball drop*)

Propósito
Melhorar a rapidez de primeiro passo e o tempo de reação dos membros superiores.

Procedimento
- Comece ao lado de um bambolê colocado no chão; rapidamente, toque um dos pés duas vezes no chão, fora do bambolê, e, depois, toque o outro pé uma vez dentro do bambolê.
- Toque dentro do bambolê com o pé mais próximo dele.
- Um parceiro deve ficar a 5 metros de distância e soltar uma bola de tênis da altura do ombro.
- Rapidamente você deve dar um passo à frente e fazer um *sprint* para pegar a bola antes que ela quique duas vezes.

226 Quatro quadrados com acréscimo de desafios

(Four-box plus drill)

Propósito

Realizar movimentos multidirecionais de agilidade, com vários desafios de agilidade reativa sob comando do treinador.

Procedimento

- Salte com os dois pés para dentro dos quadrados, seguindo a sequência de quadrados 1, 2, 3, 4, e, novamente, 1, para um padrão contínuo.
- Salte com os pés alinhados com os respectivos quadris e mantenha uma posição atlética ao longo das repetições de salto pelos quadrados.
- O treinador diz o número do quadrado para o qual você irá no próximo salto.
- Cada número tem um cone e um movimento correspondente a ele. Quando o treinador indicar um número, você deve associá-lo imediatamente ao movimento correspondente e realizar esse movimento.
  - 1: corra ao cone 1 e realize quatro repetições de flexão pliométrica.
  - 2: corra ao cone 2 e faça quatro repetições de passo lateral, simulando o movimento de um patinador.
  - 3: corra ao cone 3 e realize quatro repetições fazendo o exercício em forma de oito ao redor dos cones 3 e 4.
  - 4: corra ao cone 4 e realize o andar de urso para frente e para trás entre os cones 3 e 4.
- Após o movimento de agilidade reativo, corra de volta ao quadrado 1 e espere pelo apito do treinador para repetir o exercício.

Variação

Escolha padrões e movimentos mais avançados para os movimentos reativos em cada cone.

227 Dois quadrados com parceiro
(Mirror two-box drill)

Propósito

Melhorar a rapidez total do corpo e a capacidade de mudar de direção.

Procedimento

- Faça dois quadrados paralelos, usando 4 cones para cada um, com 5 metros de cada lado.
- Você começa como líder em um dos quadrados, com seu parceiro posicionado no outro.
- Comece fazendo um movimento à sua escolha (agachamento, deslocamento lateral, salto, círculos gigantes, correr e tocar um cone etc.).
- Seu parceiro deve reagir como um espelho e reproduzir seus movimentos.
- Em qualquer momento, seu treinador dará um sinal auditivo, e seu parceiro se tornará o líder. Agora é você que deve reagir como um espelho.

228 Exercício sobre discos coloridos
(Color dot drill)

Propósito

Treinar agilidade reativa e movimentos multidirecionais.

Procedimento

- Coloque discos ou cones em fileiras, misturando as cores entre as fileiras. Comece em uma das cores, ficando em uma posição atlética, com os pés alinhados aos quadris.
- O treinador fala uma cor, e você deve escolher um disco dessa cor e ir até ele, saltando com os pés juntos.
- Mantenha o corpo sempre na mesma direção, e faça saltos laterais para se mover para os lados, saltos frontais para discos à sua frente e saltos de costas para discos atrás de você.
- Esse exercício continua por um número específico de cores chamadas ou por um tempo predeterminado.

Variações

- Execute saltos unilaterais para se mover para a frente e para os lados, até o disco da cor anunciada.
- Use 16 discos de cores misturadas, e faça dois atletas responderem às cores anunciadas com saltos bilaterais ou unilaterais. O atleta que chegar ao disco correto primeiro terá a oportunidade de completar o movimento naquele disco. Portanto, os atletas devem prever a direção que o outro seguirá para encontrar um disco disponível da cor correta.

229 Movimento direcional do pé
(*Directional foot movement*)

Propósito

Melhorar o tempo de movimento do primeiro passo e a velocidade de processamento mental.

Procedimento

- Mova seu pé na direção de um estímulo (por exemplo, sinal de mão, sinal de pé, sinal de ombro, arremesso de bola).
- Trabalhe apenas com a reação do primeiro passo.

Variações

- Adicione um segundo passo, progredindo para um movimento de habilidade completo.
- Combine com o treinador que você responderá a um único sinal, mas que ele realizará sinais variados.

230 Movimento direcional da mão
(*Directional hand movement*)

Propósito

Melhorar a velocidade de processamento mental e o tempo de movimento dos membros superiores.

Procedimento

- Mova sua mão na direção de um estímulo (por exemplo, sinal de mão, sinal de ombro, passe de bola).
- Trabalhe apenas com a reação das mãos.

Variações

- Adicione movimentos de pés ao seu trabalho de resposta das mãos, progredindo para um movimento de habilidade completo.
- Combine com seu treinador que você responderá a um único sinal, mas que ele realizará sinais variados.

231 Movimentos direcionais com parceiro
(Directional mirror drill)

Propósito

Melhorar a rapidez do tempo de movimento e a velocidade de processamento mental.

Procedimento

- Este exercício deve ser realizado com um parceiro.
- Realize todos os movimentos direcionais de pé e suas variações.
- Inicie os movimentos de perna ou de braço (ou uma combinação de ambos). Seu parceiro deve reagir como um espelho, reproduzindo o mesmo movimento.
- Troque de posição com o parceiro e repita.

Variações

Realize espelhamentos ofensivos ou defensivos com alguma ferramenta de treino, como uma bola de basquete.

EXERCÍCIOS DE MUDANÇA DIRECIONAL

232 *Sprint* e corrida de costas sob comando
(Sprint and backpedal on command)

Propósito

Melhorar o tempo de reação e a capacidade de mudar de direção.

Procedimento

- Comece em postura de dois apoios.
- Sob comando, faça um *sprint*.
- No segundo comando, corra de costas.
- Repita.

Variações

- Inicie de diferentes posturas.
- Mude técnicas biomotoras ao longo do exercício ou a cada comando.
- Adicione um exercício de pliometria a cada comando.
- Varie as distâncias percorridas entre comandos.

233 *Sprint* com mudança de direção sob comando

(*Sprint and cut on command*)

Propósito

Melhorar a velocidade de processamento mental, a rapidez de tempo de movimento e a capacidade de mudar de direção.

Procedimento

- Comece em postura de dois apoios.
- Faça um *sprint* e, sob comando, mude de direção abruptamente.

Variações

- Inicie de diferentes posturas.
- Mude técnicas biomotoras ao longo do exercício ou a cada comando.
- Adicione um exercício de pliometria a cada comando.
- Varie as distâncias percorridas entre comandos.
- Mude o ângulo de mudança de direção.

234 Corrida de costas com mudança de direção sob comando

(*Backpedal and cut on command*)

Propósito

Melhorar a velocidade de processamento mental, a rapidez de tempo de movimento e a capacidade de mudar de direção.

Procedimento

- Comece em postura de dois apoios.
- Corra de costas e, sob comando, pare bruscamente e faça um *sprint* na direção instruída.

Variações

- Inicie de posturas diferentes.
- Mude técnicas biomotoras ao longo do exercício ou a cada comando.
- Adicione um exercício de pliometria a cada comando.
- Varie as distâncias percorridas entre comandos.
- Mude o ângulo de mudança de direção.

235 Reação em círculo
(*Circle reaction drill*)

Propósito

Melhorar a velocidade de processamento mental e a rapidez multidirecional.

Procedimento

- Posicione-se em um bambolê no meio de um círculo de oito bambolês.
- Fique em posição de prontidão e espere por um sinal.
- Reaja ao sinal e corra pelos bambolês, colocando um pé dentro de cada um.
- Corra de volta, até deixar os dois pés dentro do bambolê posicionado no centro.

Variações

- Inicie de posturas diferentes.
- Faça um deslize lateral defensivo em vez de um *sprint*.
- Adicione um movimento de habilidade sob comando (por exemplo, fazer um *sprawl* ao sinal de um apito, interceptar um passe de bola e passá-la a um alvo).
- Varie os comandos, usando tanto auditivos como visuais.

236 Deslocamento lateral com mudança de direção sob comando
(*Side shuffle reactive drill*)

Propósito

Melhorar a velocidade de processamento mental, a agilidade lateral e a rapidez.

Procedimento

- Comece numa posição de prontidão – com joelhos e quadris semiflexionados, braços relaxados ao longo do tronco e ombros alinhados com os dedos do pé – e espere por um sinal.
- Desloque-se lateralmente, sem cruzar os pés, na direção indicada por seu treinador.
- Esse exercício deve ser feito acelerando e, depois, desacelerando, de forma que se pare assim que comandos subsequentes de mudança de direção sejam dados.

Variações

- Use sinais visuais em vez de auditivos.
- Deixe seu técnico se mover em semicírculo à sua frente enquanto você faz o deslocamento lateral, para desenvolver seu senso de movimentação em quadra.

237 Exercício em X
(X drill)

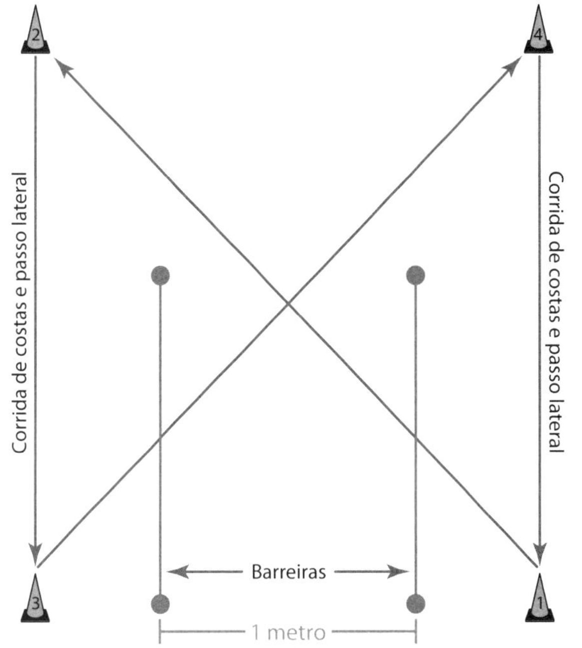

Propósito

Treinar a potência de primeiro passo para a execução de passos diagonais, necessários para a agilidade reativa.

Procedimento

- Coloque duas barreiras em paralelo a uma distância de 1 metro uma da outra.
- Dê um passo diagonal potente, levando a parte interna do pé direito da posição 1 à posição 2.
- Vá para a posição 3, alternando entre corrida de costas e passo lateral.
- Dê um passo diagonal potente, levando a parte interna do pé esquerdo da posição 3 à posição 4.
- Volte para a posição 1, alternando entre corrida de costas e passo lateral.
- Repita três vezes, mantendo-se em posição atlética o tempo inteiro.

Variações

- Realize um arremesso de bola, mantendo o padrão e o ritmo dos movimentos.
- Faça um movimento rápido de pés ("pés de fogo") para manter o corpo em uma postura de prontidão ativa, e realize um passo diagonal reativo sob uma sinalização visual ou auditiva do treinador. Após cada passo diagonal explosivo, retorne às posições 1 ou 3 e continue o movimento de pés rápidos até o próximo sinal do treinador ou o encerramento do exercício.

EXERCÍCIOS DE RAPIDEZ USANDO O CHÃO

238 Levantamento a partir da posição de quatro apoios
(*Four-point pop-up*)

Propósito

Melhorar a velocidade de processamento mental, a agilidade total do corpo, o senso cinestésico e a rapidez.

Procedimento

- Comece com suas mãos e seus joelhos apoiados no chão e espere por um sinal (figura *a*).
- Exploda o mais rápido possível conforme você se levanta (figuras *b*, *c*).

Variações

- Logo após se levantar, realize um movimento de habilidade sob comando.
- Logo após se levantar, pegue uma bola de tênis.

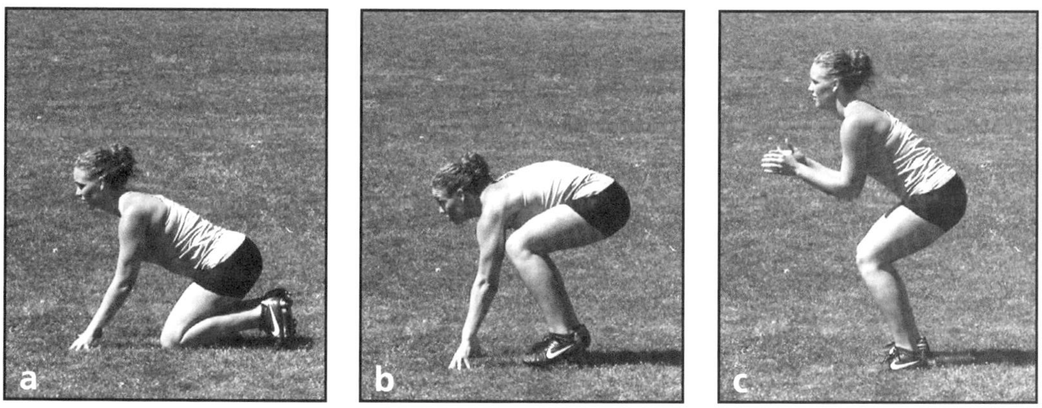

239 Levantamento a partir da posição sentado
(*Sit-to-stand pop-up*)

Propósito

Melhorar a velocidade de processamento mental, a agilidade total do corpo, o senso cinestésico e a rapidez.

Procedimento

- Comece de uma posição sentada no chão e espere por um sinal (figura *a*).
- Exploda o mais rápido possível conforme você se levanta (figuras *b*-*e*).

Variações

- Logo após se levantar, realize um movimento de habilidade sob comando.
- Imediatamente depois de se levantar, pegue uma bola de tênis.
- Varie os comandos, usando tanto auditivos como visuais.

240 Levantamento a partir da posição deitado
(*Lying-to-stand pop-up*)

Propósito

Melhorar a velocidade de processamento mental, a agilidade total do corpo, o senso cinestésico e a rapidez.

Procedimento

- Comece de uma posição em decúbito dorsal no chão e espere por um sinal (figura *a*).
- Exploda o mais rápido possível conforme você se levanta (figuras *b-e*).

Variações

- Logo após se levantar, realize um movimento de habilidade sob comando.
- Imediatamente depois de levantar, pegue uma bola de tênis.
- Varie os comandos, usando tanto auditivos como visuais.

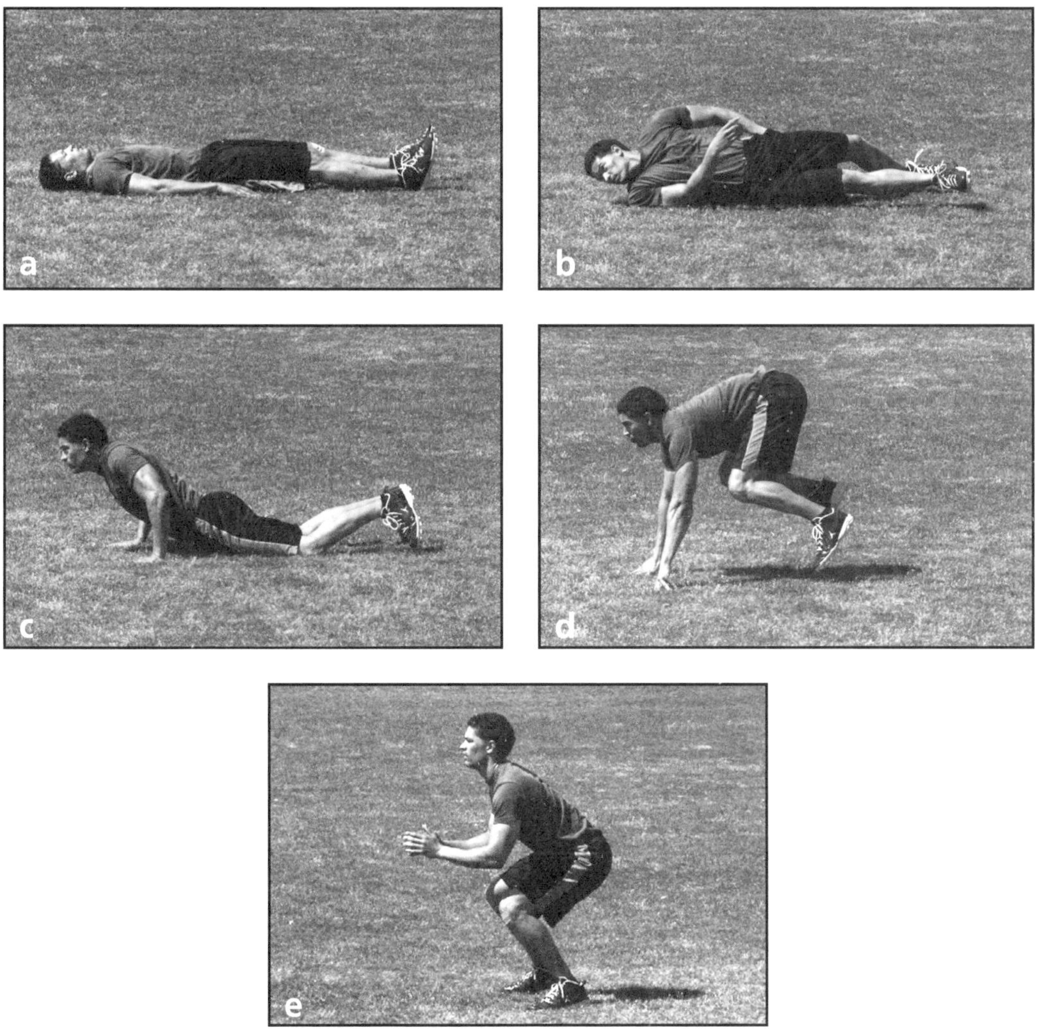

241 *Sprawl* seguido de levantamento
(*Sprawl-to-stand pop-up*)

Propósito

Melhorar a velocidade de processamento mental, agilidade total do corpo, senso cinestésico e rapidez.

Procedimento

- Comece em uma posição atlética e espere por um sinal (figura *a*).
- Faça um movimento de *sprawl* e levante-se o mais rápido possível (figuras *b-e*).

Variações

- Logo após se levantar, realize um movimento de habilidade sob comando.
- Imediatamente depois de se levantar, pegue uma bola de tênis.
- Varie os comandos, usando tanto auditivos como visuais.

242 Bola maluca

(Crazy ball drill)

Propósito

Melhorar a velocidade de processamento mental, agilidade total do corpo, senso cinestésico e rapidez.

Procedimento

- Jogue uma bola no ar (figura *a*).
- Faça um movimento de *sprawl* e levante-se o mais rápido possível (figuras *b*, *c*).
- Pegue a bola antes que ela quique duas vezes.

Variações

- Tente tocar o chão e pegar a bola antes que ela quique duas vezes.
- Use uma bola de reação para melhorar seu tempo de reação multidirecional.
- Faça um parceiro jogar a bola durante seu movimento de *sprawl*.

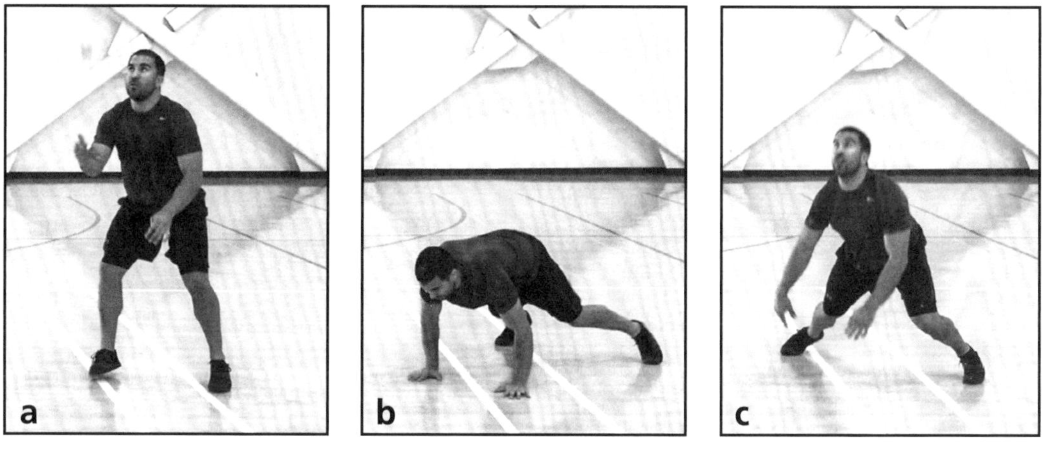

EXERCÍCIOS DE VELOCIDADE DAS MÃOS

243 Mãos quentes
(*Hot hands*)

Propósito

Melhorar a velocidade de processamento mental, o tempo de reação dos membros superiores a estímulos visuais e a rapidez.

Procedimento

- Deixe suas mãos juntas (palma com palma) à sua frente.
- Um parceiro fica à sua frente, com as mãos dele do lado do tronco (*vide* figura).
- Seu parceiro tenta tocar rapidamente (ou seja, dar um leve tapa) suas mãos, ao passo que você tenta reagir e evitar ser tocado.

Variações

- Fiquem você e seu parceiro em posição de prontidão.
- Siga o mesmo procedimento, mas use dois alvos de contato separados em vez de um só.

244 Solte a bola

(*Ball release*)

Propósito

Melhorar a velocidade de processamento mental, o tempo de reação dos membros superiores a estímulos visuais e a rapidez.

Procedimento

- Você fica em posição de prontidão e seu parceiro segura duas bolas de tênis à sua frente, na altura do ombro, uma em cada mão (figura *a*).
- Seu parceiro solta uma das duas bolas de tênis sem aviso prévio, você reage e tenta pegá-la antes que ela chegue ao chão (figura *b*).

Variações

- Usar a mão contralateral para pegar a bola.
- Soltar as duas bolas simultaneamente.

a

b

245 Pegue a carta
(*Card snatching*)

Propósito

Melhorar a rapidez e a capacidade de reação dos membros superiores a estímulos visuais.

Procedimento

- Você fica em posição de prontidão e um parceiro segura uma carta de baralho perto da altura do ombro (*vide* figura).
- Você começa o exercício tentando pegar a carta da mão de seu parceiro.
- Seu parceiro reage, tentando mover a mão com a carta, para evitar que você a pegue.

246 Solte a régua
(*Ruler drop*)

Propósito

Melhorar a rapidez e a capacidade de reação dos membros superiores a um estímulo.

Procedimento

- Você mantém a mão aberta e o braço estendido, e um parceiro segura uma régua por volta da altura do ombro (*vide* figura).
- O polegar e o indicador de seu parceiro devem estar ambos na altura na marca zero, em uma das pontas da régua.
- Seu parceiro deve soltar a régua, e você, tentar pegá-la o mais rápido possível.
- O objetivo é pegar a régua sem deixá-la cair no chão.

247 Manopla de boxe

(*Focus mitt*)

Propósito

Melhorar a velocidade de processamento mental, o tempo de reação dos membros superiores a estímulos visuais, a coordenação olho–mão e a rapidez total do corpo.

Procedimento

- Fique em posição de prontidão (ou em uma postura específica de seu esporte), com um parceiro à sua frente (figura *a*).
- Usando uma manopla de boxe, seu parceiro inicia o exercício apresentando a manopla como um alvo ao qual você deve aplicar um soco ou um tapa, conforme combinado antes do exercício (figura *b*).
- Seu ataque pode imitar movimentos específicos de um esporte, como um *forehand* de tênis ou técnicas de mão de jogadores de futebol americano.

Variações

- Inclua uma segunda manopla para respostas mais complexas.
- Realize diversos ataques ou combinações a alvos específicos.

EXERCÍCIOS DE REAÇÃO DE CORPO INTEIRO

248 Queimada
(*Dodge ball*)

Propósito

Melhorar a velocidade de processamento mental e o tempo de reação total do corpo a estímulos visuais.

Procedimento

- Esse jogo pode ser realizado contra uma parede, com dois a quatro jogadores, ou em um círculo, com cinco ou mais jogadores.
- Vários jogadores arremessam bolas macias nos demais, que devem evitar que as bolas toquem neles.

249 Fogo rápido
(*Rapid fire*)

Propósito

Melhorar a velocidade de processamento mental, o tempo de reação total do corpo a estímulos visuais ou auditivos e a rapidez total do corpo.

Procedimento

- Fique em posição de prontidão e espere um sinal de início.
- Ao sinal (visual ou auditivo), comece a bater os pés alternadamente, o mais rápido possível, até o próximo comando.
- Reaja a cada comando (por exemplo, realizar um deslocamento lateral, *sprint* frontal ou de costas, saltar, fazer *sprawl*) o mais rápido possível.

250 Cambalhota lateral com reação
(*Barrel roll to reaction*)

Propósito

Melhorar velocidade de processamento mental, tempo de reação total do corpo a estímulos visuais ou auditivos e rapidez total do corpo.

Procedimento

- Comece em postura de dois apoios, com o pé esquerdo à frente.
- Flexione o tronco e comece a cair para a frente.
- Role com o ombro esquerdo pouco antes de entrar em contato com o chão e, depois, retorne à posição de prontidão.
- Reaja ao sinal auditivo ou visual de seu treinador.

Variação

Inclua uma técnica de um esporte específico após a cambalhota (como uma defesa de vôlei, um *sprawl* para a esquerda ou para a direita ou um deslocamento lateral).

251 Cambalhota para trás com reação
(*Backward roll to reaction*)

Propósito

Melhorar a velocidade de processamento mental, o tempo de reação total do corpo a estímulos visuais ou auditivos e a rapidez total do corpo.

Procedimento

- Inicie em posição de prontidão.
- Flexione os joelhos e o corpo e comece a cair para trás.
- Role com o ombro esquerdo ou direito e retorne à posição de prontidão.
- Reaja ao sinal auditivo ou visual de seu treinador.

Variação

Inclua uma técnica de um esporte específico após a cambalhota (como uma defesa de vôlei, um *sprawl* para a esquerda ou para a direita ou um deslocamento lateral).

252 *Slalom* com reação
(*Slalom with reaction*)

Propósito

Melhorar a velocidade de processamento mental, o senso de movimento em quadra, o tempo de reação total do corpo a estímulos visuais ou auditivos, a agilidade total do corpo e a forma atlética geral.

Procedimento

- Comece em postura de dois apoios, com o pé direito dentro do primeiro quadrado da escada de agilidade e o pé esquerdo, do lado de fora.
- Salte para a frente e diagonalmente, à direita, colocando o pé esquerdo dentro do segundo quadrado da escada, e o direito em paralelo, do lado de fora.
- Logo após o movimento anterior, salte para a frente e diagonalmente, à esquerda, colocando o pé direito dentro do terceiro quadrado da escada, e o esquerdo em paralelo, do lado de fora.
- Repita essa sequência ao longo da escada enquanto reage aos comandos visuais de seu treinador (por exemplo, diga em voz alta o número de dedos levantados) durante todo o exercício.

Variações

- Inclua uma técnica de um esporte específico ao fim da escada.
- Fale em voz alta apenas números pares ou apenas ímpares; seu treinador deve mostrar ambos.
- Seu treinador pode formar um semicírculo em volta do fim da escada, para melhorar sua visão periférica.
- Dois ou três treinadores podem compor o semicírculo, mostrando números rapidamente, para estimular sua visão. Praticar reagir a estímulos no campo de visão periférico melhora o tempo de reação a estímulos obtidos na sua visão central. Da mesma forma, praticar reagir a estímulos obtidos na sua visão central melhora o tempo de reação da periférica.
- Inclua movimentos de corrida de dois ou três passos para incrementar as exigências de velocidade linear e rapidez ao longo da escada.

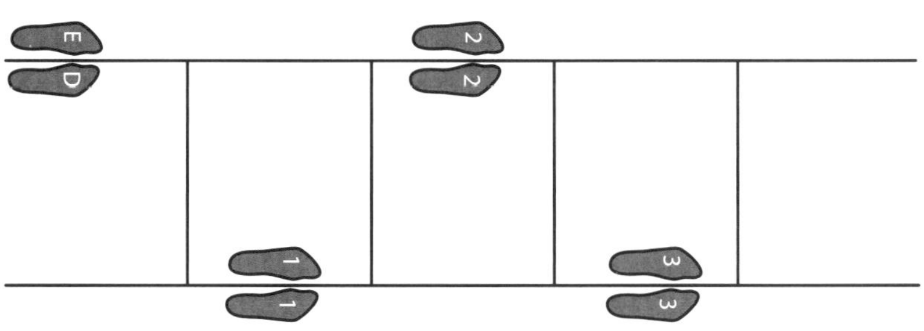

253 Amarelinha com reação
(*Hopscotch with reaction*)

Propósito

Melhorar a velocidade de processamento mental, o senso de movimento em quadra, o tempo de reação total do corpo a estímulos visuais ou auditivos, a agilidade total do corpo, a forma atlética geral e a força elástica no complexo do tornozelo.

Procedimento

- Comece com os dois pés dentro do primeiro quadrado da escada.
- Salte com os dois pés, colocando cada pé de um lado de fora da escada, ainda na altura do primeiro quadrado.
- Imediatamente depois de aterrissar, salte e coloque os dois pés dentro do quadrado seguinte.
- Repita essa sequência ao longo da escada, reagindo aos comandos visuais de seu treinador (por exemplo, diga em voz alta o número de dedos que ele tem levantados) durante todo o exercício.

Variações

- Inclua uma técnica de um esporte específico ao fim da escada.
- Fale em voz alta apenas números pares ou apenas ímpares; seu treinador mostrará ambos.
- Seu treinador pode formar um semicírculo em volta do fim da escada, para melhorar sua visão periférica.
- Dois ou três treinadores podem compor o semicírculo, mostrando números rapidamente, para estimular sua visão. Praticar reagir a estímulos no campo de visão periférico melhora o tempo de reação a estímulos obtidos na sua visão central. Da mesma forma, praticar reagir a estímulos obtidos na sua visão central melhora o tempo de reação da periférica.
- Inclua movimentos de corrida de dois ou três passos para incrementar as exigências de velocidade linear e rapidez ao longo da escada.

RAPIDEZ

254 Exercício em T com arremesso de bola
(*T drill with ball toss*)

Propósito

Melhorar a agilidade reativa e as técnicas de mudança de direção.

Procedimento

- Comece no cone 1.
- Sob o comando do treinador, faça um *sprint* até o cone 2.
- Faça um deslocamento lateral até o cone 3.
- Faça um deslocamento em passo carioca até o cone 4.
- Volte para o cone 2 em deslocamento lateral, toque-o, e corra de costas até o cone 1.

Variação

O treinador fica no topo do "T", com uma bola. Realize o padrão do exercício continuamente e, ao receber o arremesso de bola, inverta a direção do padrão de exercício.

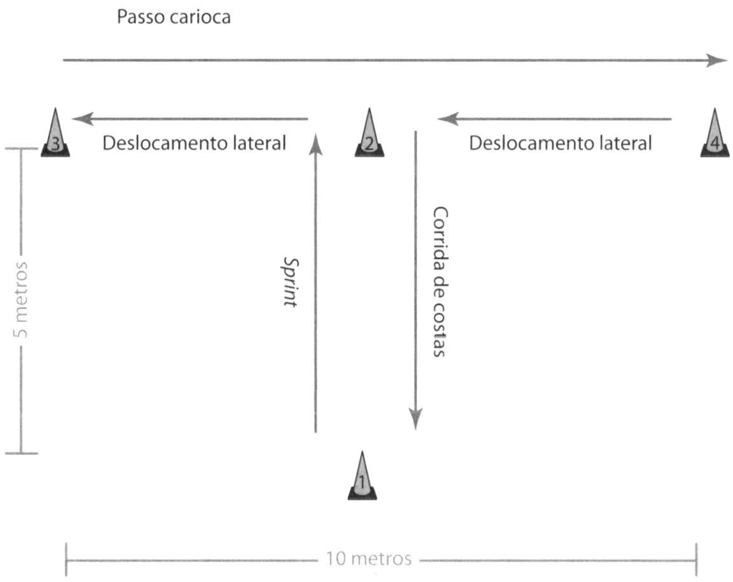

EXERCÍCIOS DE PÉS RÁPIDOS

255 *Ickey shuffle* com reação
(Ickey shuffle with reaction)

Propósito

Melhorar a velocidade de processamento mental, o senso de movimento em quadra, o tempo de reação total do corpo a estímulos visuais ou auditivos, a agilidade total do corpo e a forma atlética geral.

Procedimento

- Comece do lado esquerdo de uma das pontas escada de agilidade.
- Dê um passo lateral com o pé direito e coloque-o no primeiro quadrado da escada.
- Leve o pé esquerdo ao mesmo quadrado.
- Faça um passo ao lado com pé direito para fora da escada (do lado direito) e um passo com o pé esquerdo para o quadrado seguinte.
- Leve o pé direito para o mesmo quadrado em que estiver seu pé esquerdo.
- Faça um passo ao lado, com pé esquerdo para fora da escada (do lado esquerdo), e um passo com o pé direito para o quadrado seguinte. Repita esse padrão até o fim da escada.
- Reaja aos comandos visuais de seu treinador (por exemplo, diga em voz alta o número de dedos levantados) durante todo o exercício.

Variações

- Inclua uma técnica de um esporte específico ao fim da escada.
- Fale em voz alta apenas números pares ou apenas ímpares; seu treinador mostrará ambos.
- Seu treinador pode formar um semicírculo em volta do fim da escada, para melhorar sua visão periférica.
- Dois ou três treinadores podem compor o semicírculo, mostrando números rapidamente, para estimular a periferia de sua visão. Observe que ver objetos com áreas diferentes dos olhos produz tempos de reação diferentes. Estímulos captados pelos cones (ou os nervos no centro dos olhos) registram informações mais rápido do que objetos captados pelos bastonetes (ou nervos na área mais externa dos olhos). Praticar reagir a estímulos no campo de visão periférico melhora o tempo de reação a estímulos obtidos na sua visão central. Da mesma forma, praticar reagir a estímulos obtidos na sua visão central melhora o tempo de reação da sua periférica.
- Faça corridas de dois ou três passos, para aumentar a velocidade linear e a rapidez exigida ao longo da escada.

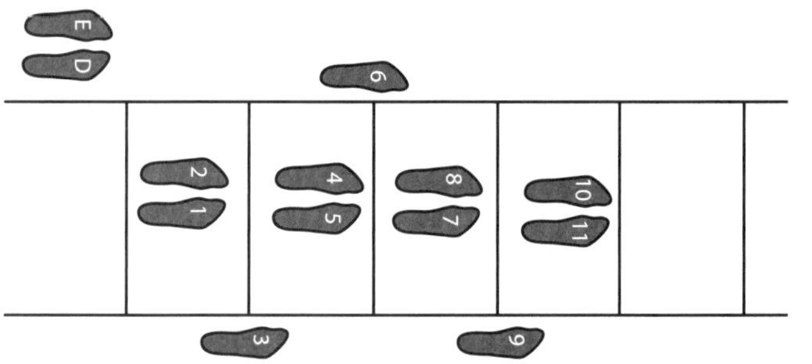

256 *Ickey shuffle* de costas com reação
(*Backward Ickey shuffle with reaction*)

Propósito

Melhorar a velocidade de processamento mental, o senso de movimento em quadra, o tempo de reação total do corpo a estímulos visuais ou auditivos, a agilidade total do corpo e a forma atlética geral.

Procedimento

- Comece do lado esquerdo de uma das pontas de uma escada de agilidade, ficando de costas para o resto da escada.
- Faça um passo ao lado com o pé direito e coloque-o no primeiro quadrado da escada.
- Leve o pé esquerdo ao mesmo quadrado.
- Faça um passo ao lado e para trás com o pé direito, para fora da escada (do lado direito), e um passo para trás com o pé esquerdo, pisando no quadrado seguinte.
- Leve o pé direito para o mesmo quadrado em que estiver seu pé esquerdo.
- Faça um passo ao lado e para trás com o pé esquerdo, para fora da escada (do lado esquerdo) e um passo para trás com o pé direito, pisando no quadrado seguinte. Repita esse padrão até o fim da escada.
- Reaja aos comandos visuais de seu treinador (por exemplo, diga em voz alta o número de dedos que ele tem levantados) durante todo o exercício.

Variações

- Inclua uma técnica de um esporte específico ao fim da escada.
- Fale em voz alta apenas números pares ou apenas ímpares; seu treinador mostrará ambos.
- Seu treinador pode formar um semicírculo em volta do fim da escada, para melhorar sua visão periférica.
- Dois ou três treinadores podem compor o semicírculo, mostrando números rapidamente, para estimular a periferia de sua visão. Observe que ver objetos com áreas diferentes dos olhos produz tempos de reação diferentes. Estímulos captados pelos cones (ou os nervos no centro dos olhos) registram informações mais rápido do que objetos captados pelos bastonetes (ou nervos na área mais externa dos olhos). Praticar reagir a estímulos no campo de visão periférico melhora o tempo de reação a estímulos obtidos na sua visão central. Da mesma forma, praticar reagir a estímulos obtidos na sua visão central melhora o tempo de reação da sua periférica.

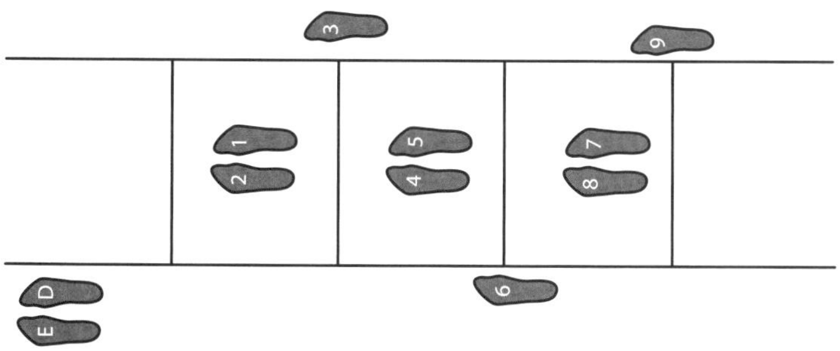

257 Deslocamento lateral dentro-fora com reação
(In-out shuffle with reaction)

Propósito

Melhorar a velocidade de processamento mental, o senso de movimento em quadra, o tempo de reação total do corpo a estímulos visuais ou auditivos, a agilidade total do corpo e a forma atlética geral.

Procedimento

- Comece em postura de dois apoios, ao lado da escada de agilidade, de frente para o primeiro quadrado da esquerda para a direita.
- Dê um passo com o pé direito para a frente, pisando dentro do primeiro quadrado.
- Leve o pé esquerdo ao primeiro quadrado.
- Dê um passo para trás, na diagonal, com o pé direito, até que ele fique de frente para o segundo quadrado.
- Leve o pé esquerdo até que ele fique de frente para o segundo quadrado.
- Repita esse padrão até o fim da escada, certificando-se de que os dois pés pisem em cada um dos quadrados.
- Reaja aos comandos visuais de seu treinador (por exemplo, diga em voz alta o número de dedos levantados) durante todo o exercício.

Variações

- Inclua uma técnica de um esporte específico ao fim da escada.
- Fale em voz alta apenas números pares ou apenas ímpares; seu treinador mostrará ambos.
- Seu treinador pode formar um semicírculo em volta do fim da escada, para melhorar sua visão periférica.
- Dois ou três treinadores podem compor o semicírculo, mostrando números rapidamente, para estimular a periferia de sua visão. Observe que ver objetos com áreas diferentes dos olhos produz tempos de reação diferentes. Estímulos captados pelos cones (ou os nervos no centro dos olhos) registram informações mais rápido do que objetos captados pelos bastonetes (ou nervos na área mais externa dos olhos). Praticar reagir a estímulos no campo de visão periférico melhora o tempo de reação a estímulos obtidos na sua visão central. Da mesma forma, praticar reagir a estímulos obtidos na sua visão central melhora o tempo de reação da sua periférica.

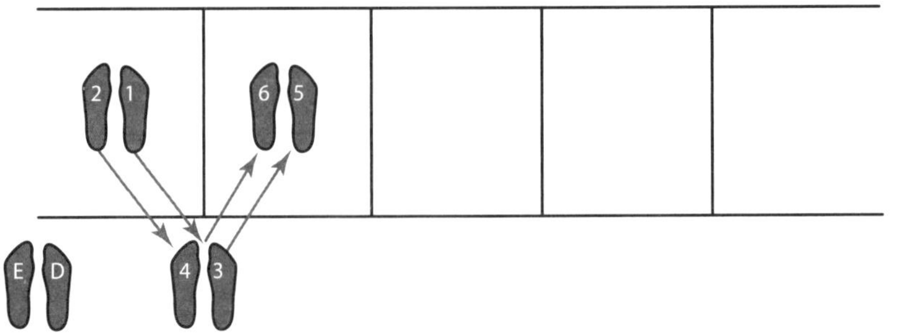

258 Serpente com reação

(Snake with reaction)

Propósito

Melhorar a velocidade de processamento mental, o senso de movimento em quadra, o tempo de reação total do corpo a estímulos visuais ou auditivos, a agilidade total do corpo, a forma atlética geral e a força elástica no complexo do tornozelo.

Procedimento

- Comece em postura de dois apoios, com o pé direito do lado de fora da escada de agilidade e o pé esquerdo do lado de dentro, em um dos lados da escada.
- Mantendo os dois pés juntos, realize uma série de saltos de um quarto de volta.
- A direção a que os pés apontam a cada salto deve ser nesta sequência: frente, esquerda, frente, direita. Ao fim da sequência, repita a partir da primeira direção.
- Mantenha os ombros relativamente retos ao girar os quadris.
- Repita essa sequência ao longo da escada enquanto reage aos comandos visuais de seu treinador (por exemplo, diga em voz alta o número de dedos levantados) durante todo o exercício.

Variações

- Inclua uma técnica de um esporte específico ao fim da escada.
- Fale em voz alta apenas números pares ou apenas ímpares; seu treinador mostrará ambos.
- Seu treinador pode formar um semicírculo em volta do fim da escada, para melhorar sua visão periférica.
- Dois ou três treinadores podem compor o semicírculo, mostrando números rapidamente, para estimular a periferia de sua visão. Observe que ver objetos com áreas diferentes dos olhos produz tempos de reação diferentes. Estímulos captados pelos cones (ou os nervos no centro dos olhos) registram informações mais rápido do que objetos captados pelos bastonetes (ou nervos na área mais externa dos olhos). Praticar reagir a estímulos no campo de visão periférico melhora o tempo de reação a estímulos obtidos na sua visão central. Da mesma forma, praticar reagir a estímulos obtidos na sua visão central melhora o tempo de reação da sua periférica.
- Inclua movimentos de corrida de dois ou três passos para incrementar as exigências de velocidade linear e rapidez ao longo da escada.

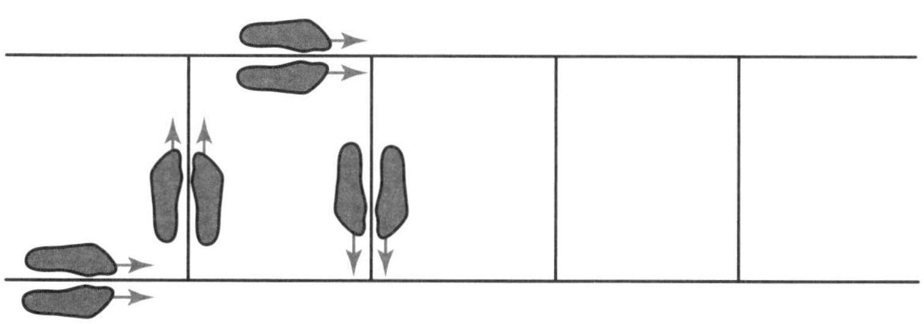

RAPIDEZ

259 Chubby Checker[1] com reação
(Chubby Checker with reaction)

Propósito

Melhorar a velocidade de processamento mental, o senso de movimento em quadra, o tempo de reação total do corpo a estímulos visuais ou auditivos, a rapidez de primeiro passo e a forma atlética geral.

Procedimento

- Comece em postura de dois apoios, ao lado da escada de agilidade, de frente para o início do primeiro quadrado da esquerda para a direita.
- Salte para o lado, com ambos os pés, colocando o pé esquerdo dentro do primeiro quadrado e o pé direito do lado de fora do primeiro quadrado.
- Logo depois de aterrissar, salte lateralmente para a direita, fazendo ambos os pés aterrissarem do lado de fora da escada.
- Os quadris devem girar de forma que os pés fiquem paralelos à escada quando o pé esquerdo estiver dentro do quadrado e perpendiculares a ela quando os dois pés estiverem fora da escada.
- Repita essa sequência conforme avança pela escada e reage aos comandos visuais de seu treinador (por exemplo, diga em voz alta o número de dedos levantados) durante todo o exercício.

Variações

- Inclua uma técnica de um esporte específico ao fim da escada.
- Fale em voz alta apenas números pares ou apenas ímpares; seu treinador mostrará ambos.
- Seu treinador pode formar um semicírculo em volta do fim da escada, para melhorar sua visão periférica.
- Dois ou três treinadores podem compor o semicírculo, mostrando números rapidamente, para estimular a periferia de sua visão. Observe que ver objetos com áreas diferentes dos olhos produz tempos de reação diferentes. Estímulos captados pelos cones (ou os nervos no centro dos olhos) registram informações mais rápido do que objetos captados pelos bastonetes (ou nervos na área mais externa dos olhos). Praticar reagir a estímulos no campo de visão periférico melhora o tempo de reação a estímulos obtidos na sua visão central. Da mesma forma, praticar reagir a estímulos obtidos na sua visão central melhora o tempo de reação da sua periférica.

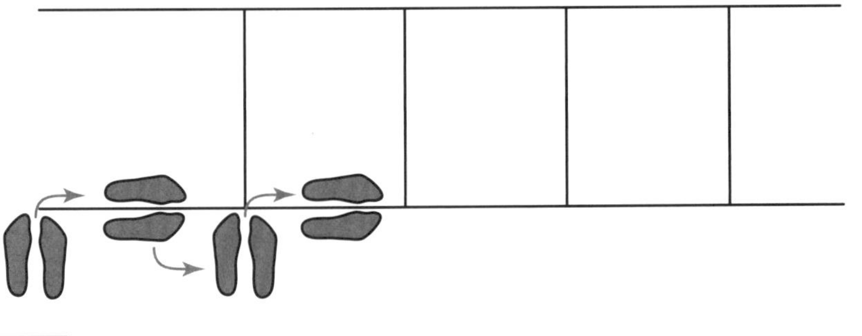

[1] N. do E.: cantor e dançarino que popularizou o estilo *twist* de música e dança.

RAPIDEZ

EXERCÍCIO BIOMOTOR REATIVO

260 Corrida de costas
(*Backpedal*)

Propósito

Melhorar a rapidez e a flexibilidade nos flexores dos quadris.

Procedimento

- Em posição atlética, mantenha seu centro de gravidade acima da sua base de apoio e corra de costas.
- Aumente sua amplitude de passos aprimorando a forma do seu movimento.

Variação

Sob comando, dê uma passada aberta e faça um *sprint* até um cone designado.

Aqui apresentamos uma variedade de exercícios, tanto simples como complexos, que treinam as variáveis que influenciam a rapidez. Exercícios de reação e de rapidez devem sempre ser executados com forma e técnica adequadas. Reforçar uma boa mecânica permitirá melhor transferência dela a técnicas de esporte e de outras atividades, além de reduzir o risco de lesões. Os exercícios também fornecem variações avançadas para ganhos em longo prazo, que tornam movimentos mais rápidos, mais fluidos e mais inconscientes, fornecendo aos atletas mais oportunidades para a diversão e o sucesso no seu desenvolvimento atlético. Ao compreender e treinar os diferentes níveis de reação nos exercícios adequados, o atleta pode obter melhorias significativas na rapidez, que podem inspirar o seu próximo nível de execução atlética independentemente do nível de desempenho ou da modalidade esportiva.

PARTE II

Programas de treinamento

Capítulo 7

Desenvolvendo um programa personalizado

Vance A. Ferrigno, Andrea M. Du Bois, Lee E. Brown

Os capítulos a seguir são programas direcionados a esportes específicos e mostram como dispor uma variedade de exercícios em um programa de 8 semanas. Contudo, eles não têm o objetivo de ser um modelo-padrão de exercícios específicos para esportes específicos; a função deles é mostrar como progredir dos exercícios fáceis para os difíceis e dos simples para os complexos ao longo de 8 semanas. Progressão é algo bastante individual, pois nenhum atleta progride exatamente da mesma maneira que outro. Em alguns dos programas de 8 semanas, mostramos progressões complexas, para as quais certos atletas não estarão prontos até a 10ª ou 12ª semana, talvez, até depois disso. Em outros casos, atletas que já têm um alicerce forte de técnicas de movimento podem ver algumas dessas progressões complexas nas primeiras 4 semanas. Cada atleta tem necessidades e objetivos distintos, que devem ser levados em conta, mas todos os atletas querem melhorar a eficiência de suas habilidades de movimento.

Escolhendo seus exercícios

Misturar exercícios aleatoriamente irá construir técnicas globais de movimento em atletas jovens, mas pode não ser a forma mais eficaz de treinar atletas com movimentos mais desenvolvidos (Bompa, 1995). Nos estágios iniciais do desenvolvimento atlético, muitas vezes, é melhor praticar mais exercícios, fornecendo uma mistura variada de desenvolvimento de habilidades e mantendo a atenção do atleta jovem. No entanto, conforme o atleta se desenvolve, os exercícios devem ser refinados, para tratar das características de movimento altamente específicas que se está tentando aprimorar. Os dados coletados na avaliação mostrada no Capítulo 2 irão ajudar a determinar os exercícios específicos que o treinador escolheria para o atleta começar.

Uma vez que o atleta comece a praticar os exercícios, os próximos devem ser escolhidos com base no sucesso ou na falta de sucesso que o atleta obteve nos exercícios anteriores. O treinamento deve ser construído com base nos sucessos! Se um atleta estiver realizando uma tarefa que é difícil demais, isso pode desencorajá-lo. Em contrapartida, se os exercícios estiverem muito fáceis, o atleta pode perder o interesse. Treinadores devem mudar qualquer exercício que não estiver funcionando ou que não estiver gerando os resultados desejados. Isso não significa que o exercício seja ruim, apenas não era o exercício certo para aquele momento. O treinador pode voltar a esse exercício quando a progressão do atleta for condizente com ele.

Outra consideração a se fazer ao escolher exercícios é a mistura de vários planos de locomoção do corpo. Como toda movimentação humana é tridimensional, os exercícios também devem ser tridimensionais (Gray, 2004). Com isso, queremos dizer que os exercícios não devem ser todos lineares. Por exemplo, em um exercício de *skipping*, o atleta deve saltar para a frente, de costas, lateralmente em ambas as direções e fazendo rotação nos dois sentidos.

Cada esporte tem exigências biomotoras e metabólicas diferentes, e, mesmo dentro de um único esporte, as várias posições podem exigir capacidades diferentes. Por exemplo, para desenvolver um programa para beisebol no Capítulo 8, há nove posições de jogadores, e cada uma delas exige habilidades biomotoras relativamente diferentes. Todo jogador deve ter acesso a vários exercícios de velocidade, agilidade e rapidez em seu programa, mas a ênfase de cada um deve variar de acordo com a posição e o resultado dos testes. Por exemplo, um defensor externo deve ter mais ênfase na habilidade de aceleração, ao passo que um defensor interno, na agilidade lateral. Continuando com o exemplo, um jogador de terceira base teria que trabalhar mais em habilidades reativas do que um jogador interbases, que precisa de um pouco mais de alcance, pelo fato de a agilidade lateral ganhar mais importância nessa posição.

Determinando a intensidade e o volume de treino

Ao decidir quantas repetições de cada exercício realizar, a extensão percorrida pelos exercícios e o intervalo de repouso, é preciso considerar igualmente as qualidades biomotoras que se está tentando melhorar e as demandas metabólicas do esporte – e, em alguns casos, da posição do atleta naquele esporte (Gambetta, 1998). Por exemplo, ao comparar o treinamento de um jogador de beisebol e o de um de basquete, o exercício em estrela pode ser usado para ambos os esportes. Entretanto, as repetições e os intervalos de recuperação seriam bastante diferentes, pois as exigências metabólicas de cada um dos esportes são muito diferentes. Além disso, nos programas a seguir, há dois exercícios para cada uma das habilidades biomotoras (velocidade, agilidade e rapidez). Isso é apenas um guia geral em favor da simplicidade. Você pode escolher usar três exercícios de velocidade, quatro de agilidade e um de rapidez. É algo bastante individual e relativo aos objetivos que você está tentando alcançar durante a temporada, em comparação com o período entre temporadas (Murphy e Forney, 1997).

Há várias formas de determinar a duração, a intensidade e os intervalos de recuperação. Em muitos dos exercícios, como nos exercícios em linha, a distância é fixa, mas os intervalos de recuperação podem variar. Na essência mais pura do aprimoramento de velocidade, agilidade e rapidez, um repouso adequado entre séries é necessário para permitir que os sistemas energético e nervoso tenham uma chance se recuperarem antes que se realize o próximo exercício. Muitas vezes, razões de 1:3 e 1:4 para exercício e repouso são usadas como diretrizes, mas intervalos ainda mais longos podem ser adotados, para garantir que o atleta consiga dedicar ao último exercício o mesmo nível de potência e de intensidade dedicado ao primeiro.

Ao usar treinos de velocidade, agilidade e rapidez para o condicionamento físico, é necessário ajustar a razão entre exercício e repouso ao esporte-alvo, de forma a tornar o treinamento metabolicamente específico. Com o desenvolvimento contínuo do atleta, a capacidade de explodir em um estágio avançado de uma partida exige que, em algum momento do treino, o volume aumente, o intervalo de recuperação diminua ou haja uma combinação dos dois, de forma a preparar o atleta para a *perfomance* de alta intensidade em estágios avançados de um jogo. Em virtude das diferenças individuais, recomendações específicas sobre o volume e a intensidade de exercícios são impossíveis de se fazer. As amostras de programas mostram uma variedade de maneiras de estabelecer os intervalos de recuperação, mas são apenas exemplos. A resposta de um atleta aos parâmetros atuais de exercício terá um impacto nas razões entre exercício e repouso que serão utilizadas na próxima sessão.

Desenvolvendo uma sessão de exercícios

Ao desenvolver sessões diárias, treinadores e atletas precisam pensar nos vários aspectos da sessão, e não apenas improvisar. Comece com o objetivo daquela sessão em particular. Não treine por treinar, treine com um propósito. Qual deve ser o aquecimento? Como o aquecimento de hoje difere do de ontem, e por quanto tempo ele deve durar? Quando fazer os períodos de repouso e quanto tempo devem durar? O que você está buscando é um fluxo suave, no qual o aquecimento faz uma transição para a parte principal da sessão de treino, que, por sua vez, faz uma transição para as fases de desaquecimento e de recuperação. Redigir a sessão no papel ajudará você a criar esse fluxo e fornecerá uma sessão de transições suaves, mas o plano descrito não é imutável. A partir do momento em que a sessão começar, o treinador deve observar e ouvir a resposta do atleta aos exercícios, além de fazer ajustes, caso eles sejam necessários.

Aquecimento

O aquecimento é uma parte crucial de cada sessão. Muitos atletas e até alguns treinadores pensam que o aquecimento é algo que você faz antes da sessão de exercícios e não o enxergam como parte da sessão em si. Trata-se de um pensamento equivocado, pois os exercícios de aquecimento são exatamente os mesmos exercícios usados na parte principal do programa, apenas realizados com uma amplitude menor. Se um atleta realizar um aquecimento abrangente de 10 minutos ao início de cada sessão, ao longo de um ano, o tempo cumulativo de aquecimento adiciona-se ao volume de treinamento, afetando diretamente a disposição física do atleta. Entre outros benefícios do aquecimento, inclui-se a redução do risco de lesão nos tecidos moles ao levar o corpo de forma gentil de um estado de repouso ao alto desempenho (Knudson, 2008). Lembre-se de que os exercícios de aquecimento devem, também, ser tridimensionais. A maioria dos exercícios de locomoção básica (*skipping*, deslocamento lateral, passo carioca e corrida simples) pode ser realizada de frente, de costas, lateralmente em ambas as direções e rotacionalmente nos dois sentidos.

A lista de exercícios a seguir compõe uma amostra de aquecimento de 10 a 15 minutos usando os exercícios deste livro. Cada exercício de locomoção é realizado por 15 a 20 metros. Comece com movimentos de fácil fluidez e, aos poucos, aumente a amplitude dos movimentos (ADM) conforme o aquecimento progride. O atleta deve realizar cada exercício entre duas e quatro vezes, dependendo de suas necessidades.

- *Skipping* multidirecional (exercício 121)
- Aceleração com chutes de calcanhar (exercício 10)
- Deslocamento lateral com viradas de 180° e de 360° (exercício 81)
- Passo carioca (exercício 128)
- Exercício com cone em forma de oito (exercício 122)
- Corrida de costas (exercício 164)
- Corrida de frente e de costas com passos cruzados (exercício 78)
- Levantamento a partir da posição deitado (exercício 240) seguido de tiro de 10 metros (exercício 21)

Pausas e desaquecimento

Pausas para beber água são uma ótima forma de obter repouso e hidratar o corpo, o que é bastante necessário, especialmente em climas quentes. Mantenha água por perto, e faça uma pausa para beber logo após o aquecimento, no meio da parte principal da sessão e no final da parte principal da sessão (ou scja, imediatamente antes da sessão de flexibilidade). Atletas nem sempre têm muita consciência sobre a importância de se hidratar de maneira adequada antes de uma sessão de treino, então, é melhor para o treinador garantir que eles se mantenham hidratados.

O desaquecimento, ou sessão de flexibilidade, é um momento para desacelerar, para trabalhar em problemas na ADM usando exercícios de flexibilidade estática e para refletir positivamente sobre a sessão. O desaquecimento não deve se tornar uma competição de flexibilidade. Em vez disso, ele deve se concentrar em melhorar deficiências individuais de ADM. A maioria dos alongamentos deve ser realizada em pé, de forma que a gravidade e a reação do chão possam exercer força sobre os músculos, as articulações e os tecidos conectivos em um ambiente de três planos, coerente em relação ao que existe durante competições e treinos (Gray, 2007).

Termine cada sessão com afirmações positivas. Concentre-se nos sucessos da sessão, não nos fracassos. Fale de melhoras necessárias de maneira positiva e com empolgação sobre cumprir todos os objetivos. Nenhum atleta gosta de ser lembrado ou constantemente importunado em relação a suas falhas. Atletas responderão melhor a um estilo de treino positivo e respeitoso. Desenvolver uma boa ética de trabalho e um desejo de obter o desempenho máximo começa com respeito e admiração mútuos entre treinador e atleta.

Ajustando exercícios para a progressão

Treinadores não devem se sentir impelidos a trocar exercícios muito rapidamente. Um atleta deve conseguir realizar um exercício de forma suave e naturalmente antes de partir para outro. Isso pode acontecer em uma sessão ou pode levar várias sessões de treino. Assim que o atleta realizar o exercício com simetria e eficiência, ele pode passar para uma variação complexa fornecida por alguns exercícios antes que o treinador precise escolher um exercício completamente novo ou mais complexo. Sinta-se à vontade para mudar um exercício ou para combiná-lo com uma técnica específica de um esporte ou de outro exercício. Todos esses exercícios foram desenvolvidos com base na experimentação. É nesse momento em que um treinador ou um atleta pode ter criatividade na formulação do programa. Conforme o atleta continua a se desenvolver, exercícios podem ser combinados para aumentar a complexidade biomotora e a demanda metabólica. Mais uma vez, é importante ter a certeza de que o atleta domina os padrões básicos de movimento antes de fazê-lo encarar exercícios mais complexos ou de combinar os existentes a outras técnicas. Se um exercício completo é feito sem cuidado, ele fará mais mal do que bem, reforçando padrões fracos de movimento e, possivelmente, colocando o atleta em uma posição na qual ele pode se lesionar.

Todo atleta é um indivíduo com necessidades próprias para melhorar em seu respectivo esporte. Um plano de treino abrangente para qualquer atleta deve levar muitas variáveis em conta. Usando as informações obtidas pela avaliação mostrada no Capítulo 2 e considerando as demandas específicas ao esporte e a posição em que se atua naquele esporte, treinadores e atletas podem personalizar um treino de forma adequada. Seja criativo e use progressões inteligentes. Caso tenha que arriscar um erro, tente errar por excesso de conservadorismo. É mais fácil subir o nível de um programa do que baixá-lo após ter aplicado um treino agressivo demais e arriscando lesões. Acima de tudo, treinadores devem ouvir o retorno de seus atletas e realizar testes com frequência, de forma que o programa possa ser ajustado para garantir que os avanços ocorram continuamente.

Capítulo 8

Beisebol e *softball*

Andrea M. Du Bois, Lee E. Brown, Vance A. Ferrigno

Beisebol e *softball* são esportes que combinam habilidade, velocidade, agilidade e rapidez. Embora os jogos sejam bastante similares um ao outro, dimensões de campo e durações de jogo diferentes fazem os programas de treinamentos ligeiramente diferentes serem necessários. Em alguns aspectos, o *softball* é mais lento do que o beisebol, contudo, os jogadores ainda precisam executar as mesmas habilidades de rebater, arremessar e pegar de forma rápida e eficiente para obter sucesso.

Defensivamente, jogadores de beisebol e de *softball* precisam responder de forma rápida, potente e precisa para pegar uma bola rebatida e, em seguida, reagir imediatamente, arremessando a bola com precisão a um jogador específico. Por exemplo, jogadores da Major League Baseball conseguem chegar à primeira base em 4,56 segundos (Barret e Burton, 2002). Isso significa que o atleta de defesa deve conseguir pegar a bola, mudar de direção e arremessar a bola com precisão à primeira base dentro desse intervalo de tempo para completar uma jogada defensiva bem-sucedida. Do lado ofensivo, o atleta deve conseguir responder a uma bola arremessada, girar o bastão a uma alta velocidade e, por fim, acelerar em direção à primeira base.

Pesquisas mostram que o tempo para chegar à primeira base na Major League Baseball está altamente relacionado ao tempo dispendido nos primeiros 13,7 metros da corrida (do *home plate* às linhas de falta). Portanto, treinar velocidade e aceleração nos primeiros 13,7 metros irá melhorar as chances de sucesso do jogador (Barret e Burton, 2002). Em geral, esse *sprint* é linear, mas, se um jogador for correr além da primeira base, ele deve estar apto a mudar de direção (de uma forma mais circular) para se dirigir rumo à segunda. Fazer *sprints* também é importante para a defesa, pois jogadores precisam correr para pegar uma bola rebatida. Porém, diferentemente de correr pelas bases, os jogadores podem precisar de movimentos de pés especializados – incluindo *sprint* frontal, deslocamento lateral (em qualquer ângulo), corrida de costas ou qualquer combinação deles – para pegar a bola. Dependendo da direção para a qual o atleta estiver voltado quando ele pega a bola, ele pode precisar mudar de direção imediatamente para arremessá-la. Essa ação precisa ser, ao mesmo tempo, rápida e precisa para completar a jogada com sucesso. Nem todas as bolas são apanhadas durante um *sprint*, e, algumas vezes, um atleta precisa saltar para pegar a bola. O salto pode ser vertical ou para qualquer um dos lados. Assim como nas mudanças de direção ocorridas nos *sprints*, o jogador deve ser ágil o suficiente para pegar a bola e arremessá-la, caso isso seja necessário para completar a jogada.

Estudos revelam que defensores internos precisam arremessar a bola em vários de ângulos e, muitas vezes, de posições sem equilíbrio (McFarland e Wasik, 1998). No entanto, essa necessidade não é exclusiva dos defensores internos e se aplica a outras posições de beisebol e de *softball*, com as diferenças residindo na distância de arremesso. Da Little League até a Major League Baseball, a distância de arremesso para um defensor interno pode variar de 1,5 a 55 metros, dependendo da jogada exigida e da posição dentro da área interna (Axe, Windley, e Snyder-Mackler, 2001). Por causa de sua colocação no campo, o jogador interbases e o da segunda base devem estar aptos a responder rapidamente a uma bola rebatida e, por vezes, precisam arremessar essa bola (à primeira ou à terceira base) imediatamente, em um único movimento contínuo e harmônico. Com frequência, o jogador de primeira base arremessa a bola na mesma direção a cada jogada (para a segunda base ou a terceira), se precisar arremessar, e não precisa ser com a mesma rapidez. Defensores externos podem precisar correr por uma distância maior em razão de suas posições no campo e, muitas vezes, precisar de certa desaceleração antes de, em seguida, arremessarem a bola. Ação de pegar a bola, assim como a de arremessar, também pode exigir movimentos coordenados dos membros superiores e inferiores em uma variedade de ângulos. Frequentemente, atletas de beisebol e de *softball* precisam responder à bola que é apanhada com um arremesso imediato e, portanto, é necessário que eles mantenham certo equilíbrio e permaneçam ágeis para completar tarefas sucessivas.

PROGRAMA DE BEISEBOL E DE *SOFTBALL*

Ao projetar um programa para um atleta, o treinador deve considerar as demandas de um jogo em particular, bem como as do esporte em questão. O beisebol tem uma temporada longa com vários jogos por semana. É, portanto, bastante importante que a programação de velocidade, agilidade e rapidez leve em consideração e atue em conjunto com jogos semanais, prática baseada em habilidades e treinos de força e em condicionamento físico.

O programa a seguir foi projetado para um defensor interno de beisebol. Porém, ele pode ser adaptado para outros jogadores do time, manipulando o tipo, o volume, a intensidade ou a duração de cada exercício. O processo mental nos exercícios de velocidade é iniciar o atleta em alguns exercícios de aceleração fundamentais antes de partir para exercícios resistidos ou assistidos na 5ª semana. A cada semana um exercício novo é adicionado, e o exercício novo da semana anterior é mantido. Com os exercícios de agilidade, usamos um deslocamento lateral rápido, curto e explosivo para tratar da reação explosiva inicial a uma bola rebatida. Na 2ª semana, foi adicionado ao deslocamento lateral rápido a ação de estender a mão até o chão, para ajudar o atleta a se agachar de forma mais eficiente para pegar uma bola no chão. Na 3ª semana, atletas pegam uma bola que o treinador rola pelo chão na direção para qual eles estão se movendo. No exercício em T da 5ª semana, conforme o atleta acelera para o primeiro cone, o treinador rola uma bola para um dos cones laterais, forçando o atleta a reagir e ir atrás da bola. Após a bola ser apanhada do chão, ele completa o exercício. Os exercícios de rapidez se concentram na explosividade do corpo como um todo e na parte inferior. Os exercícios com *medicine ball* se concentram em explosividade rotacional.

	Velocidade		Agilidade		Rapidez	
	1	2	3	4	5	6
Semana 1	*Skipping alto* (e. 16) 5 × 20 m; corra levemente de volta à largada e repita	Largada em queda (e. 41) 5 × 30 m; ande de volta à largada e repita	Deslocamento lateral (e. 81) rápido de 3-5 passos. Ande de volta à largada e repita na direção oposta. Isso totaliza 1 repetição; 10 repetições; 10 s IR Pró-agilidade (ir e vir – 20 metros) (e. 61) 5×; 45 s IR	Corrida de costas (e. 260) 10 × 10 m; ande de volta à largada e repita	Salto lateral sobre a caixa (e. 206) 5 × 10 m; 30 s IR	Arremesso lateral de *medicine ball* na parede (e. 187) 3 × 10 de cada lado; 60 s IR entre séries
Semana 2	Largada em queda (e. 41) 5 × 30 m; ande de volta à largada e repita	Resistência traseira (e. 34) 5 × 30 m; ande de volta à largada e repita	Deslocamento lateral (e. 81) rápido de 3-5 passos, tocando o chão entre as pernas na última passada. Ande de volta à largada e repita na direção oposta (totalizando 1 repetição). 5 repetições = 1 série; 10 s IR entre repetições. Fazer 2 séries com 90 s IR entre séries	*Sprint* e corrida de costas sob comando (e. 232) 10 × 15 m (5 m de corrida de costas e 10 m de *sprint* frontal)	Saltos padrão tesoura (e. 197) 5 × 10; 50 s IR	Arremesso lateral de *medicine ball* na parede (e. 187) em postura perpendicular 3 × 10 de cada lado; 60 s IR entre séries
Semana 3	Resistência frontal (e. 33) 5 × 30 m; ande de volta à largada e repita	Aceleração com elástico e auxílio de um parceiro (e. 38) 5 × 30 m; ande de volta à largada e repita	Acrescente um deslocamento lateral (e. 81) à ação de pegar e lançar uma bola 5 × 15; 45 s IR	Quadrado de 20 metros (e. 86) 5×; 30 s IR	Saltos padrão tesoura (e. 197) com movimento para a frente 5 × 10 m; 50 s IR	Lançamento de *medicine ball* na parede, por cima da cabeça (e. 189) 5 × 10; 30 s IR

Continua

Continuação

	Velocidade		Agilidade		Rapidez	
	1	2	3	4	5	6
Semana 4	Aceleração com elástico e auxílio de um parceiro (e. 38) 5 × 30 m; ande de volta à largada e repita	Pés rápidos e joelhos altos (e. 9) 10 × 10 m; 20 s IR	Exercício em T de 30 metros (e. 65) 5×; 30 s IR	Quadrado de 20 metros (e. 86) com ação de pegar e lançar 5×; 30 s IR	Passos laterais de patinador (e. 198) 5 × 10; 50 s IR	Lançamento de *medicine ball* na parede, por cima da cabeça (e. 189), com uma perna só 5 × 10 de cada lado; 30 s IR
Semana 5	Passos rápidos com aceleração (e. 24) 10 × 15 m (5 m de pés rápidos e 10 m de aceleração); 40 s IR	Puxar trenó de peso leve (e. 29) 5 × 20 m; 60 s IR	Exercício em T com arremesso de bola (e. 254) 5×; 30 s IR	Múltiplas habilidades em X (e. 87) 5×; 30 s IR	Passos laterais de patinador (e. 198) com movimento para a frente 5 × 10 m; 50 s IR	Lançamento de *medicine ball* na parede, por cima da cabeça (e. 189), com uma perna só 5 × 10 de cada lado; 30 s IR
Semana 6	Puxar trenó de peso leve (e. 29) 5 × 20 m; 60 s IR	Arquibancada (e. 32) 6 × 5 degraus; 30 s IR	Exercício em V (e. 115) 5×; 30 s IR	Múltiplas habilidades em X (e. 87) com ação de pegar e lançar 5×; 30 s IR	Passos laterais de patinador (e. 198) 5 × 5 m para cada direção; 50 s IR	Lançamento de *medicine ball* na parede com passe de peito (e. 185) 5 × 10; 30 s IR
Semana 7	Arquibancada (e. 32) 6 × 5 degraus; 30 s IR	Corridas de aceleração em subida (e. 31) 6 × 5 ; 30 s IR	*Ickey shuffle* (e. 123) 4× comprimento da escada; ande de volta à largada e repita	*Sprawl* seguido de levantamento (e. 241) 5 séries × 5 rep.; 60 s IR entre séries	Salto unilateral (e. 212) 5× metade da extensão da escada de agilidade para cada perna	Lançamento de *medicine ball* na parede com passe de peito (e. 185), com um braço só 5 × 10 cada braço; 30 s IR
Semana 8	Corridas de aceleração em subida (e. 31) 6 × 5 ; 30 s IR	Lançamento de *medicine ball* agachado (e. 44) com Corridas de aceleração em subida (e. 31) 10 × 5 ; 60 s IR	*Ickey shuffle* (e. 123) com ação de pegar uma bola no chão metade da extensão da escada de agilidade	*Sprawl* seguido de levantamento (e. 241) 5 séries × 3 rep. Com 15-20 s entre repetições; 60 s IR entre séries	Salto unilateral (e. 212) 5× metade da extensão da escada de agilidade para cada perna	Lançamento de *medicine ball* na parede com passe de peito (e. 185), com um braço só e uma perna só 5 × 10 cada braço e perna; 30 s IR

IR: intervalo de repouso.

Capítulo 9

Futebol americano e rúgbi

Andrea M. Du Bois, Lee E. Brown, Vance A. Ferrigno

O futebol americano é caracterizado por explosões de atividade em alta intensidade, separadas por períodos curtos de repouso passivo ou ativo. O nível de demanda varia por posição, mas a maioria dos jogadores precisa ter velocidade, rapidez e agilidade para obter sucesso. Ao longo do jogo, haverá períodos de *sprints* repetidos em múltiplas direções. Ao longo de um *sprint*, um jogador pode precisar acelerar, mudar de direção bruscamente ou com giros, evitar o contato ou resistir a ele e desacelerar. Qualquer uma das habilidades pode ser executada repetidas vezes em uma única jogada. Esses movimentos, muitas vezes, exigem coordenação com *hand-offs*, passes curtos, arremessos ou recepções. Os requisitos de posições específicas são discutidos mais adiante neste capítulo.

O rúgbi, como o futebol americano, é um esporte de alto contato e alta intensidade. Há duas formas de rúgbi: o de 7 jogadores, e o tradicional, de 15 jogadores. Esta seção se concentra na versão de 7, cada vez mais popular, porém, as demandas de cada versão são bastante similares, com diferenças mínimas entre as regras. O jogo é jogado em dois tempos de 7 minutos, separados por um intervalo de 2 minutos (no formato de 15 jogadores, os tempos são de 10 minutos). Essas partidas mais curtas permitem que vários jogos sejam jogados por dia, aumentando as demandas físicas e o risco de lesão dos jogadores. O rúgbi é um esporte de altíssima intensidade, com as demandas sendo maiores no formato de 7 jogadores do que no de 15. Dependendo da posição, as demandas específicas variam ligeiramente, mas, no geral, todos os jogadores devem ter velocidade, agilidade, rapidez, força e potência. O tempo de jogo é normalmente dividido entre períodos de atuação de alta intensidade separados por períodos curtos de repouso ativo ou passivo. Um jogador de rúgbi deve evitar o contato ou resistir a ele ao realizar *sprints* pelo campo em várias direções. Esse movimento exige períodos de aceleração, *sprints* lineares, desaceleração e mudança de direção brusca ou com giros. Essas habilidades são executadas repetidas vezes ao longo do jogo de 14 minutos. Muitas vezes, um jogador precisa arremessar ou receber a bola com precisão enquanto corre, precisando, portanto, de coordenação dos membros superiores e inferiores. Por causa da alta frequência de contato, os jogadores costumam ficar em posições vulneráveis, e o risco de lesão é alto. Treinos de velocidade, agilidade e rapidez podem auxiliar no desenvolvimento de força, de agilidade, de rapidez e de velocidade para obter êxito em todas as habilidades mencionadas e reduzir o risco de lesões (Meir, 2012).

Embora demandas de posições variem no futebol americano, há alguns requisitos comuns de velocidade, agilidade e rapidez. Estudos com rastreio por GPS mostram que, juntando todas as posições (ofensiva, defensiva, especialistas), jogadores percorrem 11,7 a 12,3 km, a uma velocidade média de 6,8 a 7,5 km/h ao longo de 105 minutos de jogo. Observando a fundo, descobrimos que jogadores executam 237 a 248 acelerações para velocidades acima de 4 km/h em 1 segundo, e 77 a 89 explosões que atingem mais de 18 km/h. Além disso, jogadores mantêm a velocidade de 20 km/h por 10 ou 11 segundos e passam de 20 a 25 minutos de jogo a velocidades acima de 8 km/h e de 4,5 a 5,5 minutos a velocidades acima de 18 km/h (Wisbey et al., 2010). Esse estudo mostra que jogadores realizam vários *sprints* ao longo da partida. Esses *sprints* exigem aceleração, mudança de direção, desaceleração e, algumas vezes, reaceleração. Também é importante lembrar-se que isso ocorre enquanto jogadores tentam evitar o contato de jogadores adversários ou resistir a eles, sendo, portanto, necessárias mudanças bruscas de direção, giros e habilidade de manter o equilíbrio após um contato. Jogadores precisam desenvolver explosividade para reagir ao começo de uma jogada, bem como precisam de aceleração e de desaceleração para completar essa jogada. Mudanças de direção também são essenciais para o sucesso e devem ser desenvolvidas em uma variedade de direções e de estilos de movimento. A extensão do *sprint* pode variar de alguns metros a um máximo de 109 metros, dependendo da jogada, e, portanto, a velocidade do *sprint* deve ser desenvolvida de forma a contemplar todas essas distâncias e a corresponder a demandas relativas à posição do atleta. Além disso, jogadores devem correr várias vezes ao longo de uma única partida; portanto, a capacidade de realizar *sprints* repetidos é essencial para o sucesso. Os atletas mais velozes e ágeis evitam contato e completam jogadas com sucesso. Por isso, o treinamento de velocidade, agilidade e rapidez é de absoluta importância para o sucesso do atleta.

Assim como no futebol americano, as exigências de cada posição variam no rúgbi, mas também há o tema comum de velocidade, agilidade e rapidez. Estudos com rastreamento por GPS realizados com atletas de elite de rúgbi feminino de sete jogadoras mostram que elas percorrem de 4,9 a 6,5 km em um único jogo, e as de posições de defesa percorrem mais distância que as de posições de ataque. Quando essas distâncias foram analisadas, 9,5% da distância percorrida foi em média intensidade, 1,8% foi em alta intensidade, e 1,2% foram tiros de velocidade. A velocidade média ao longo da partida foi de 4 km/h, e a média das velocidades máximas foi de 22,9 km/h. Ao longo de um jogo, uma atleta realiza cerca de cinco *sprints*, cada um percorrendo de 6 a 12 metros (Suarez-Arrones et al., 2014). Assim como no futebol americano, esses tiros de velocidade exigem explosividade, aceleração e desaceleração enquanto se evita o contato ou se resiste a ele. Na partida estudada, as jogadoras sofreram 705 impactos por jogo, dos quais 65 foram fortes, 43 foram muito fortes e 6 foram graves (Suarez-Arrones et al., 2014). Como resultado, assim como no futebol americano, o treinamento de velocidade, agilidade e rapidez deve se concentrar em desenvolver explosividade, aceleração, velocidade, mudança de direção, agilidade e desaceleração.

PROGRAMA DE FUTEBOL AMERICANO E RÚGBI

O programa a seguir foi projetado para um *running back* de futebol americano. Contudo, ele pode ser adaptado a outros jogadores do time, manipulando o tipo, o volume, a intensidade ou a duração de cada exercício. Em razão de o futebol americano e o rúgbi serem esportes de alto contato, deve-se tomar cuidado especial para reduzir lesões não causadas por contato. Um jogador deve estar saudável antes de começar qualquer treino de velocidade, agilidade e rapidez. Além disso, esse tipo de treinamento pode ajudar a desenvolver as características fisiológicas necessárias para reduzir essas lesões. Como em qualquer esporte, a prática baseada em habilidades deve ser equilibrada com treinos de força e de condicionamento físico, bem como de velocidade, agilidade e rapidez. Reduzir a carga de exercícios apropriadamente é necessário conforme o número de vitórias e de derrotas ao longo da temporada determina a classificação para as finais do campeonato.

	Velocidade		Agilidade		Rapidez	
	1	2	3	4	5	6
Semana 1	Empinada (e. 12) 5 × 15 m; corra levemente de volta à largada e repita	*Skipping* alto (e. 16) 5 × 30 m; ande de volta à largada e repita	*Skipping* multidirecional (e. 121) 5 × 15; 30 s IR; acrescente velocidade conforme o exercício é dominado	Zigue-zague em cones (e. 96) 5×; 30 s IR	Salto lateral sobre a caixa (e. 206) 5 × 10 m; 30 s IR	*Quick feet* (e. 209) 5× comprimento da escada; 30 s IR
Semana 2	*Skipping* alto unilateral (e. 17) 5 × 20 m; ande de volta à largada e repita	Atravessando barreiras (e. 52) 5 × 15 m; ande de volta à largada e repita	Quadrado de 20 metros (e. 86) 5×; 30 s IR	Exercício da serpente 2 (e. 114) 5×; 30 s IR	Saltos padrão tesoura (e. 197) 5 × 10; 50 s IR	*Quick feet* (lateral) (e. 209) 5× na escada, de cada lado; 30 s IR
Semana 3	Atravessando barreiras (e. 52) 5 × 15 m; ande de volta à largada e repita	Dentro e fora (e. 19) 5 × 75 m; ande de volta à largada e repita	Quadrado de 20 metros (e. 86) com ação de pegar 5×; 30 s IR	Costura lateral (e. 152) 5×; 30 s IR	Saltos padrão tesoura (e. 197) com movimento para a frente 5 × 10 m; 50 s IR	*Quick feet* (e. 209) de 5 m e o exercício de escada anunciado conforme o atleta conclui 5×; 30 s IR
Semana 4	Dentro e fora (e. 19) 5 × 90 m; ande de volta à largada e repita	Puxada com cinto de tração (e. 36) 10 × 30 m; 20 s IR	Movimento em H (e. 119) 5×; 30 s IR	Costura lateral (e. 152) com ação de pegar 5×; 30 s IR	Passos laterais de patinador (e. 198) 5 × 10; 50 s IR	Afundo com salto em potência (e. 205) 5 × 5 com cada perna; 30 s IR

Continua

Continuação

	Velocidade		Agilidade		Rapidez	
	1	2	3	4	5	6
Semana 5	Puxada com cinto de tração (e. 36) 10 × 30 m; 20 s IR	Transição de marchas (e. 20) 5 × 100 m; 60 s IR	Movimento em H (e. 119) com pegada de bola 5×; 30 s IR	Estrela (*sprint*–carioca–corrida de costas) (e. 120) 5×; 30 s IR	Passos laterais de patinador (e. 198) com movimento para a frente 5 × 10 m; 50 s IR	Afundo com salto em potência (e. 205) 5 × 10 s com cada perna; 30 s IR
Semana 6	Transição de marchas (e. 20) 5 × 100 m; 60 s IR	Aceleração com elástico e auxílio de um parceiro (e. 38) 6 × 20 m; 30 s IR	Mudança de direção em Z (e. 95) 5×; 30 s IR	Estrela (*sprint*–corrida de costas–deslocamento lateral) (e. 120) 5×; 30 s IR	Passos laterais de patinador (e. 198) com movimento lateral 5 × 10 m para cada direção; 50 s IR	Dois quadrados com parceiro (e. 227) 5 × 30 s; 30 s IR
Semana 7	Aceleração com elástico e auxílio de um parceiro (e. 38) 6 × 20 m; 30 s IR	Puxar trenó de peso pesado (e. 30) 6 × 20 m; 30 s IR	*Squirm* (e. 62) 5×; ande de volta à largada e repita	Múltiplas habilidades em X (e. 87) 5×; 60 s IR	Desviar dos oponentes (e. 219) 5 × 30 s; 30 s IR	Triângulo com comandos (e. 222) 5 × 10 s com cada perna; 30 s IR
Semana 8	Puxar trenó de peso pesado (e. 30) 6 × 20 m; 30 s IR	Corridas de aceleração em subida (e. 31) 10 × 5 ; 60 s IR	*Squirm* (e. 62), com pegada de bola na segunda virada 5×; ande de volta à largada e repita	Múltiplas habilidades em X (e. 87) com pegada de bola em várias posições 5×; 60 s IR	Deslocamento lateral com resistência de parceiro e perseguição (e. 217) 5 × 30 s; 30 s IR	Triângulo com comandos (e. 222) e perseguição de parceiro 5 × 10 s com cada perna; 30 s IR

IR: intervalo de repouso.

Capítulo 10

Basquete e *netball*

Andrea M. Du Bois, Lee E. Brown,
Vance A. Ferrigno

O basquete é um esporte que exige uma combinação entre habilidade, velocidade, agilidade e rapidez. Os jogadores devem correr (em múltiplas direções), driblar, fazer e receber passes, pular e arremessar para ser bem-sucedido. Durante um jogo da segunda divisão masculina da National Collegiate Athletic Association (NCAA), os jogadores realizam uma variedade de movimentos multidirecionais, que consistem em correr, driblar e fazer deslocamentos laterais em várias velocidades. Ao longo de uma partida de 40 minutos, os jogadores percorrem entre 4,5 e 5 km. Quando analisamos os movimentos ao longo do jogo, observamos que os jogadores passam 57% do jogo andando, 33% do jogo correndo, 9% parados e 1,5% pulando (Narazaki et al., 2009). Taylor (2003) estudou individualmente os movimentos de um jogador na Australian National Basketball League ao longo de dois anos. Nos quatro jogos avaliados, o atleta jogou uma média de 35 minutos por jogo. Em termos de razões de intensidade (intensidade alta:intensidade submáxima), o resultado foi uma razão de 1:1,12. De todos os esforços de alta intensidade, 52% duraram de 1 a 5 segundos e 97% duraram de 1 a 15 segundos. Em relação a esforços submáximos, 38% duraram de 5 a 10 segundos, 25% duraram de 10 a 20 segundos e 94% duraram de 1 a 20 segundos. No geral, havia um total de 19 esforços por série (período de jogo entre pausas de tempo). Jogadores também realizaram paradas intermitentes ao longo do jogo, um total de 25 paradas por partida. O resultado é uma razão entre parada e esforço de 1:11, podendo variar de

1:10 para 1:20 (Taylor, 2003). Esses esforços não foram categorizados por tipo de movimento, mas é possível supor que eles consistiam em correr, pular, driblar e fazer deslocamentos laterais.

Assim como em outros esportes, a posição em que o atleta joga influencia os requisitos específicos do jogador, e ajuda a guiar a manipulação de variáveis críticas (Capítulo 1). De forma geral, as posições no basquete podem ser divididas em armadores, alas e pivôs. Em relação à necessidade de velocidade, agilidade e rapidez, os alas e os pivôs devem estar aptos a saírem do chão explosivamente, a pegarem um rebote e, então, ou a arremessarem a bola (ofensivamente) ou a passarem essa bola a outro jogador. Eles devem ser capazes de realizar essas ações caso tenham seu equilíbrio perturbado. *Sprints* em quadra serão relativamente curtos em duração. Atletas podem precisar girar sobre um pé, fazer deslocamentos laterais ou correr de costas diante da pressão do time oponente, para que, então, consigam executar com sucesso uma jogada ofensiva ou defensiva. Alas e pivôs tendem a ser os jogadores de maior tamanho no time, por isso, é essencial desenvolver a habilidade de saltar e de repetir saltos. Armadores também precisam ser capazes de sair do chão explosivamente para pegar rebotes ou para arremessar. Esse movimento pode ser seguido de um salto, de um giro sobre um pé, de um deslocamento lateral ou de um *sprint*. Armadores tendem a ser os jogadores que avançam com a bola pela quadra. Isso requer que armadores corram por uma distância moderada enquanto evitam oponentes por meio de mudanças de direção e de giros rápidos. O treinamento de velocidade, agilidade e rapidez para armadores deve se concentrar em *sprints* em distância moderada, em cortes e mudanças rápidas de direção, em habilidade de saltar e de repetir saltos, e em movimentos multidirecionais.

O *netball* é um esporte internacional cuja estrutura é muito similar à do basquete, mas apresenta diferenças significativas em relação a este desporto. Uma quadra de *netball* tem 30 metros de comprimento por 15 metros de largura. A quadra é dividida pelo comprimento em três partes iguais. Em cada ponta, os terços são definidos como terços de gol, ao passo que o terço do meio é referido como terço de centro. Dentro de cada terço de gol, há um semicírculo (círculo de gol), com um diâmetro de 5 metros, localizado na extremidade da quadra (International Federation of Netball Associates, 1999). Ao longo da partida, jogadores ficam restritos a áreas específicas da quadra. De forma similar ao basquete, há uma cesta localizada dentro do círculo de gol, e os jogadores devem jogar a bola para dentro do anel a 3 metros de altura do chão. Porém, diferentemente do basquete, não há uma tabela atrás da cesta. Além disso, todos os gols devem ser marcados dentro do círculo de gol, e, portanto, apenas dois dos sete jogadores do time podem marcar um gol. O jogo de *netball* é composto por quatro quartos de 15 minutos de duração. Os jogadores fazem uma pausa, de 3 minutos, após o primeiro e o terceiro quarto, e outra pausa, de 5 minutos, após o segundo quarto.

Esse esporte exige que os jogadores peguem e arremessem a bola rapidamente em várias direções, mantendo o equilíbrio. Defensivamente, os atletas devem tentar bloquear as bolas arremessadas, sem encostarem nos outros jogadores. Nesse quesito, é bastante similar ao basquete. Porém, diferentemente do basquete, um jogador não pode driblar e correr com a bola. Os jogadores devem pegar e soltar a bola em 3 segundos, podendo apenas dar um giro ou passo antes de arremessarem a bola. Como resultado disso, o *netball* requer uma variedade de movimentos rápidos e explosivos para que os passes de bola sejam realizados e recebidos. Os jogadores também precisam ter a velocidade para correr pela quadra (de 10 a 20 metros, no máximo, dependendo da posição do jogador) para ou pegar a bola ou realizar uma defesa (International Federation of Netball Associates, 1999). Em média, um total de 173 saltos para a frente, 134 saltos verticais e 109 saltos laterais são registrados em um único jogo (Lavipour, 2009). Para os 173 saltos para a frente, há um igual número de aterrissagens unilaterais ou bilaterais, bem como o mesmo número de saltos que incluem uma virada. Porém, aterrissa-se unilateralmente em 65% dos saltos, e 28% dos saltos exigem um salto imediato ou uma rápida mudança de direção para completar o passe (Lavipour, 2009). Como resultado disso, para o sucesso no *netball*, é essencial que se tenha velocidade, agilidade e rapidez nos saltos. Embora jogadores não possam correr com a bola, eles devem desenvolver velocidade multidirecional para se posicionarem adequadamente para uma jogada. Portanto, programas de treinamento de velocidade, agilidade e rapidez devem ter foco em desenvolver tanto velocidade em diversas direções como agilidade e rapidez durante saltos realizados repetidas vezes e com uma variedade de direções e estilos de aterrissagens.

PROGRAMA DE BASQUETE E DE *NETBALL*

O programa a seguir foi projetado para um ala-pivô. Porém, ele pode ser adaptado para outros jogadores do time ao se modificar o tipo, o volume, a intensidade e a duração de cada exercício. Assim como em todos os esportes, é essencial equilibrar treinos feitos com base em técnicas com os treinamentos de força, de condicionamento físico e de velocidade, agilidade e rapidez. O exemplo de programa de velocidade, agilidade e rapidez aqui apresentado ajuda a melhorar esses atributos, permitindo que o atleta se mova melhor em quadra. Contudo, a prática baseada em habilidades não deve ser substituída por esses exercícios (mesmo que eles sejam específicos ao esporte), porque o jogador ainda precisa jogar a bola para outros jogadores e arremessá-la ao cesto de forma precisa.

Como basquete e *netball* são definidos por início e fim explosivos de corrida, que dependem fortemente de agilidade e de rapidez, essas duas qualidades biomotoras são enfatizadas em relação à velocidade.

	Velocidade		Agilidade		Rapidez	
	1	2	3	4	5	6
Semana 1	Corrida saltada para altura e distância máximas (e. 13) 10 × 10 m; 20 s IR	Arquibancada (e. 32) 15 × 10 degraus; 45 s IR	Deslocamento lateral cruzado em zigue-zague (e. 148) 5-7×; ande de volta à largada e repita	Deslocamento lateral linear de 40 metros (e. 66) 3-4×; 40 s IR	Saltos com o antepé (e. 196) parado no lugar 10 × 20 s; 10 s IR	Flexão pliométrica com *medicine ball* (e. 191) 5 × 10; 30 s IR
Semana 2	Agachamento com salto unilateral (e. 54) 5 × 5 com cada perna; 30 s IR	Resistência frontal (e. 33) 5 × 10 m; ande de volta à largada e repita	Exercício da serpente 2 (e. 114) 5-7×; ande de volta à largada e repita	*Sprint* e corrida de costas lineares (55 metros) (e. 69) 5×; 30 s IR	Flexão pliométrica com *medicine ball* (e. 191) 5 × 10; 30 s IR	Saltitos em velocidade (e. 204) 7 × 10 m; recupere-se fazendo saltitos simples para trás, volte à largada e reinicie imediatamente
Semana 3	Puxar trenó de peso pesado (e. 30) 5 × 10 m; 30 s IR	Corrida saltada para altura e distância máximas (e. 13) 10 × 10 m; 20 s IR	Estrela (*sprint*–corrida de costas–deslocamento lateral) (e. 120) 5 × 40 s; 20 s IR	Múltiplas habilidades em quadrado de 40 metros (e. 112) 5 × 20 s; 10 s IR	Salto com joelhos dobrados (e. 199), parado no lugar 10 × 5; 30 s IR	Lançamento de *medicine ball* na parede (e. 188) 10 × 5 lançamentos; 30 s IR
Semana 4	Corrida saltada (e. 22) 7 × 15 m; 30 s IR	Arquibancada (e. 32) 20 × 10 degraus; 60 s IR	Múltiplas habilidades em quadrado de 40 metros (e. 112) 5 × 20 s; 10 s IR	Estrela (*sprint*–carioca–corrida de costas) (e. 120) 5 × 40 s; 20 s IR; realize exercícios de passe	Salto com joelhos dobrados (e. 199) em movimento linear 10 × 5; 30 s IR	Lançamento de *medicine ball* na parede, por cima da cabeça (e. 189) com um ou dois braços 5 × 10; 10 s IR
Semana 5	Puxada com cinto de tração (e. 36) 10 × 15 m; 20 s IR	Puxar trenó de peso pesado (e. 30) 7 × 15 m; 45 s IR	Exercício de mudança de direção (15 metros) (e. 85) 5-7×; 20 s IR	Zigue-zague em cones (e. 96) 10×; 20 s IR	Lançamento de *medicine ball* na parede, por cima da cabeça (e. 189), com uma perna só 7-8× 10; 20 s IR	Saltos verticais (e. 200) repetidos 10 × 20 s; 40 s IR

Continua

Continuação

	Velocidade		Agilidade		Rapidez	
	1	**2**	**3**	**4**	**5**	**6**
Semana 6	Do lançamento de *medicine ball* na parede com passe de peito (e. 185), com um braço só, para o dentro e fora (e. 19) 5 × 4 cones separados por 10 m; 60 s IR	Resistência frontal (e. 33) 10×; 30 s IR	Zigue-zague de costas (e. 97) 10×; 20 s IR	Múltiplas habilidades em X (e. 87) 5-7×; 20 s IR	Flexão de braços pliométrica (e. 184) com batida de palmas 10 × 10 s; 30 s IR	Saltos verticais (e. 200) repetidos com deslocamento lateral (e. 81) (3 saltos, 3 passos para a esquerda, 3 saltos, 3 passos para a direita) 4×; 60 s IR
Semana 7	Arquibancada (e. 32) 15 × 10 degraus; 20 s IR	Aceleração com elástico e auxílio de um parceiro (e. 38) 10 × 15 m; 45 s IR	Múltiplas habilidades em X (e. 87) enquanto dribla a bola 5-7×; 20 s IR	Movimento em E (e. 117) enquanto passa a bola 5×; 20 s IR	Afundo com salto em potência (e. 205) 10 × 5; 40 s IR	Salto sobre obstáculo com mudança de direção e *sprint* (e. 203) 10 × 5 m; 40 s IR
Semana 8	Corridas de aceleração em subida (e. 31) 10×; 30 s IR	Do lançamento de *medicine ball* na parede, por cima da cabeça (e. 189) para corridas de aceleração em subida (e. 31) 10 × 5 ; 60 s IR	Movimento em E (e. 117) enquanto dribla ou passa a bola 5×; 20 s IR	Movimento em H (e. 119) enquanto dribla a bola 5×; 60 s IR	Salto unilateral (e. 212) com movimento linear para a frente, para trás e para os lados enquanto passa a bola 10 × 20 s com cada perna; 50 s IR	*Sprint* e corrida de costas sob comando (e. 232) usando várias linhas da quadra 5 × 40 s; 20 s IR

IR: intervalo de repouso.

Capítulo 11

Esportes de combate

Andrea M. Du Bois, Lee E. Brown, Vance A. Ferrigno

Esportes de combate agregam uma variedade de artes marciais, incluindo – mas não se limitando a – *kickboxing*, *muay thai*, judô, luta livre e greco-romana, luta corpo a corpo e *mixed martial arts* (artes marciais mistas – MMA). Independentemente do tipo, a velocidade, a agilidade e a rapidez não são apenas essenciais para o sucesso como também são importantes para evitar lesões. Esportes de combate são explosivos por natureza. Os movimentos rápidos exigem velocidade, precisão e coordenação de múltiplas partes do corpo, incluindo pernas, braços e tronco de forma que se execute golpes com sucesso (Lenetsky, Harris e Brughelli, 2013). Além disso, as pernas são a força motora por trás da maioria dos movimentos dos membros superiores. Portanto, atletas precisam estar aptos para agir e reagir rapidamente e em diferentes direções diante de uma variedade de ataques do oponente, muitas vezes, passando de uma posição erguida para o chão e de volta à primeira posição em questão de segundos. Vagarosidade pode resultar em um acerto do adversário, além da colocação do corpo em uma posição que fragiliza a estrutura das articulações (em especial, o joelho).

Dadas as várias formas de artes marciais, as seções a seguir discutirão as demandas de velocidade, agilidade e rapidez para formas populares de artes marciais.

Kickboxing e muay thai

Tanto *kickboxing* como *muay thai* exigem que atletas executem uma variedade de técnicas, incluindo socos, chutes, joelhadas, cotoveladas, agarramentos e derrubadas (Buse e Santana, 2008; Turner, 2009). Socos exigem uma extensão tripla (tornozelo, joelho e quadril) e sincronização de múltiplas articulações e musculaturas. Essa sincronização é necessária para chutes, joelhadas e cotoveladas (Turner, 2009). Os atletas devem executar as técnicas supracitadas não apenas com rapidez e força, mas, também, repetidas vezes, portanto, é essencial o desenvolvimento do ciclo de alongamento-encurtamento por meio de treinamento de pliometria (Buse e Santana, 2008; Turner, 2009).

Judô

O judô é um esporte bastante dinâmico, que consiste em disputas de alta intensidade misturadas a períodos de menor intensidade. Ele exige que os atletas executem técnicas complexas de forma rápida e eficiente. Essas técnicas envolvem arremessos, imobilizações e golpes de constrição, que resultam de movimentos coordenados de múltiplas articulações. É necessário executar essas técnicas em várias direções e muitas vezes, passando de uma posição erguida para o chão e de volta à primeira posição (Henry, 2011).

Luta (*wrestling*)

A modalidade de luta inclui uma variedade de formas (como luta greco-romana ou luta em estilo livre), cada uma com regras específicas, mas, no geral, todas as formas tem natureza similar. Lutadores precisam usar tanto seus membros superiores como seus membros inferiores para atacar e controlar o corpo do oponente. Velocidade, potência, agilidade, equilíbrio, rapidez e coordenação são essenciais para o sucesso no esporte (Ratamess, 2011). Essas características permitem que os atletas ajam de forma tanto ofensiva quanto defensiva, de forma a controlar seus adversários com agarramentos em proximidade, derrubadas e golpes de constrição.

MMA

O MMA, esporte que ganhou popularidade recentemente, combina jiu-jítsu brasileiro, *muay thai*, *kickboxing* e luta em uma única modalidade. Ele exige que os atletas rapidamente mudem de direção, girem sobre um pé e executem uma série rápida de socos, chutes e derrubadas; basicamente, todas as habilidades dos esportes de combate supracitados. Para obter sucesso, os atletas devem estar aptos a executar uma variedade de movimentos, que incluem golpes em que se levanta o adversário, agarramentos e imobilizações. As derrubadas podem ser realizadas em longa ou em curta distância e incluem socos, chutes, joelhadas e cotoveladas. As imobilizações são um tipo de agarramento em que se fica imóvel e podem envolver cotoveladas e joelhadas em curta distância, além de arremessos e derrubadas. Os agarramentos exigem que os atletas realizem movimentos similares às modalidades de luta, incluindo golpes de constrição. Muitas vezes, uma explosão de alta intensidade pode exigir uma combinação dos três tipos de movimentos em várias direções (Lenetsky e Harris, 2012). Portanto, atletas precisam desenvolver velocidade, agilidade e rapidez em múltiplas direções, incluindo passar de uma posição em pé para o solo, e voltar à primeira posição. Treinos de pliometria podem não apenas melhorar o desempenho atlético, mas, também, ajudar a evitar lesões, em particular no joelho de mulheres atletas (Schick, Brown e Schick, 2012).

PROGRAMAS DE ESPORTES DE COMBATE

O desenvolvimento de velocidade, agilidade e rapidez desempenha um papel importante não apenas no sucesso do atleta de esporte de combate, mas, também, na prevenção de lesões. Movimentos lentos resultam no acerto de socos e de chutes ou de derrubadas e golpes de constrição realizados pelo adversário. Por causa do alto índice de torções ocorridas nesse gênero esportivo, o treinamento de velocidade, agilidade e rapidez pode também ajudar a proteger a integridade das articulações, em especial, do joelho. Embora socos sejam considerados um movimento dos membros superiores, eles se originam nos membros inferiores. Portanto, o treinamento dos membros inferiores deve ser enfatizado. Por causa da natureza agressiva desses esportes, os atletas participam de menos eventos e torneios ao longo do ano, em comparação com outros esportes. Em suma, o MMA requer treinamentos abrangentes de técnica, de força, de velocidade, de agilidade e de rapidez, mas também inclui periodização e repouso apropriados, de forma a evitar o *overtraining*.

Sugere-se que os atletas realizem treinos de velocidade, agilidade e rapidez duas vezes por semana em períodos fora de temporada e apenas uma vez por semana durante as temporadas.

	Velocidade		Agilidade		Rapidez	
	1	2	3	4	5	6
Semana 1	Corrida saltada para altura e distância máximas (e. 13) 10 × 15 m; 20 s IR	Arquibancada (e. 32) 15 × 10 degraus; 45 s IR	Cambalhota para trás sobre o ombro (e. 172) 10-12×	Múltiplas habilidades em quadrado de 40 metros (e. 112); andar de urso 4 séries: 75 s entre séries	*Rope skipping* (e. 195) 5 × 3 min; 60 s IR	Levantamento a partir da posição de quatro apoios (e. 238) 10× sem IR; 3-5 séries com 40 s entre séries
Semana 2	Corrida saltada para altura e distância máximas (e. 13) 10 × 15 m; 20 s IR	Puxar trenó de peso pesado (e. 30) 5 × 15 m; 30 s IR	Cambalhota para trás sobre o ombro (e. 172) 10-12×	Múltiplas habilidades em quadrado de 40 metros (e. 112); a cada cone, caia, levante-se e siga 4 séries: 75 s entre séries	O pêndulo (e. 214), desvio de golpe (e. 215) e desvio por baixo (e. 216) 5-7 × 45 s; 15 s IR. Misture combinações de cada exercício	Salto com joelhos dobrados (e. 199) com movimento para trás, lateral ou rotacional 10 × 10 saltos; 30 s IR
Semana 3	Agachamento com salto unilateral (e. 54) 5 × 5 com cada perna; 30 s IR	Corridas de velocidade da subida para o plano (e. 55) 10 × 20 m; 60 s IR	Cambalhota frontal sobre o ombro (e. 171) 10-12×	10 flexões de braço pliométricas (e. 184) e estrela (*sprint*–andar de urso–deslocamento lateral) (e. 120) 5×; 60-90 s IR	*Sprints* com parceiro como espelho (e. 218) 5×; 30 s IR	*Rope skipping* (e. 195) 10 × 45 s; 15 s IR; Salte na maior velocidade possível; adicione saltos unilaterais

Continua

Continuação

	Velocidade		Agilidade		Rapidez	
	1	2	3	4	5	6
Semana 4	Resistência frontal (e. 33) 10 × 10 m; ande de volta à largada e repita	Arquibancada (e. 32) 15 × 10 degraus; 30 s IR	Cambalhota frontal sobre o ombro (e. 171) 10-12×	Mudança de direção em Z (e. 95) realizada como um andar de urso com flexões de braço a cada cone 5 cones × 5 flexões; 60 s IR	Do salto com joelhos dobrados (e. 199) para o pêndulo (e. 214) 5 × 10 saltos com 45 s de esquivas; 60 s IR	Do levantamento a partir da posição de quatro apoios (e. 238) para o salto com joelhos dobrados (e. 199) 10× sem IR; 3-5 séries com 40 s entre séries
Semana 5	*Sprints* com parceiro como espelho (e. 218) 5-7×; 30 s IR	Puxar trenó de peso pesado (e. 30) 5 × 20 m; 30 s IR	Lançamento de *medicine ball* à frente com *sprint* para pegá-la (e. 177) 5-7 × 10 m; 60 s IR	*Ickey shuffle* (e. 123) com as mãos em posição de flexão de braços, com levantamento ao fim da escada e deslocamento de volta à largada 5×; 60 s IR	De *sprints* com parceiro como espelho (e. 218) para manopla de boxe (e. 247) *Sprints* de 45 s e 5× manoplas de boxe; 40 s IR	Lançamento de *medicine ball* agachado (e. 44) 5 × 30 s; 15 s IR
Semana 6	Puxada com cinto de tração (e. 36) 10 × 20 m; 20 s IR	Do levantamento a partir da posição sentado (e. 239) para a corrida saltada (e. 22) 8 × 10 m; 30 s IR	50× alpinista com aceleração (e. 28) e 3× cambalhota frontal sobre o ombro (e. 171), a partir da posição ajoelhado 3×; 60-90 s IR	Salto em *slalom* (e. 131) com as mãos em posição de flexão de braços; faça para a frente e para trás 5×; 60-90 s IR	Do lançamento de *medicine ball* agachado (5×) (e. 44) para o lançamento de *medicine ball* na parede com passe de peito (e. 185), com um braço só (5×). Repita com o braço oposto. 5× com cada braço; 45 s IR	Lançamento de *medicine ball* na parede com passe de peito (e. 185), com um braço só 10 × 10 de cada lado; 30 s IR

Continua

Continuação

	Velocidade		Agilidade		Rapidez	
	1	**2**	**3**	**4**	**5**	**6**
Semana 7	Agachamento com salto unilateral (e. 54) 8 × 5 com cada perna; 30 s IR	Do levantamento a partir da posição deitado (e. 240) para as corridas de velocidade em descidas (e. 56) 10 × 15 m; 30 s IR	Salto em *slalom* (e. 131) realizado em meia escada com as mãos em posição de flexão de braços; levante e execute desvio por baixo (e. 216) por 45 s; repita 3× por série. 3-5 séries; 90 s IR	*Ickey shuffle* (e. 123) com as mãos em posição de flexão de braços; vá e volte pela escada; levante e faça um deslocamento lateral de ida e volta pela escada 5×; 60 s IR	Do *sprawl* seguido de levantamento (e. 241) para o deslocamento lateral com passe de *medicine ball* (e. 175) 10 × 20 s; 20 s IR	Flexão com salto na caixa (e. 193) 10 × 10 de cada lado; 30 s IR
Semana 8	Do *sprawl* seguido de levantamento (e. 241) para as corridas de aceleração em subida (e. 31) 10 × 10; 60 s IR	Puxar trenó de peso pesado (e. 30) 8 × 15 m; 30 s IR	Dos saltos unilaterais (e. 23) para o zigue-zague em cones (e. 96). (Esse é um exercício de velocidade para potência aliado a um exercício de agilidade para trabalho com os pés.) 3-5 saltos por dez cones 3-5 séries por perna	Do *sprint* linear de 40 metros (e. 63) para 10 puxões explosivos reclinados (e. 194) 4-5×; IR mais curto que o atleta aguentar	Da cambalhota lateral com reação (e. 250) para o pêndulo (e. 214), desvio de golpe (e. 215) e desvio por baixo (e. 216); o atleta começa com uma cambalhota, se levanta e reage com uma das defesas; sob comando do técnico, ele dá outra cambalhota, se levanta e finaliza o exercício 5 × 45 s; 60 s IR	Lançamento de *medicine ball* na parede com passe de peito (e. 185), com um braço só e uma perna só 10 × 10 de cada lado; 30 s IR

IR: intervalo de repouso.

Capítulo 12

Atletismo

Andrea M. Du Bois, Lee E. Brown,
Vance A. Ferrigno

Atletismo é um esporte de várias disciplinas, incluindo *sprints*, corridas de resistência, saltos, arremessos e lançamentos. O atleta que consegue correr mais rápido, saltar mais alto e arremessar mais longe é o vencedor; portanto, o desenvolvimento de velocidade e de rapidez é essencial para o sucesso, independentemente do evento. A agilidade não tem um papel significativo nessa modalidade. *Sprints* exigem coordenação da musculatura dos membros inferiores para gerar velocidade com eficácia (Kyröläinen, Avela, e Komi, 2005; Kyröläinen, Komi e Belli, 1999; Miller, Umberger e Caldwell 2012). Pesquisas mostram que o aumento da sensibilidade no ciclo de alongamento-encurtamento pode levar a melhoras no tempo de corrida (Kyröläinen, Komi, e Belli, 1999; Komi, 2000; Miller, Umberger e Caldwell, 2012). Portanto, incluir pliometria em um programa de treinamento pode levar a uma melhora de desempenho (Behrens e Simonson, 2011; Brown e Vescovi, 2012). Provas de salto, de arremesso e de lançamento exigem que atletas gerem potência rapidamente tanto nos membros inferiores como nos membros superiores, muitas vezes, de forma coordenada. Em geral, é possível dividir os atletas de atletismo em quatro grupos: velocistas, fundistas (incluindo meio-fundistas), saltadores e lançadores (incluindo arremessadores). Uma compreensão das exigências para cada uma dessas categorias de atletas pode ajudar a guiar a escolha de exercício e a manipulação de variáveis críticas para tratar das necessidades específicas do atleta.

Velocistas

Provas de tiros de velocidade variam de 100 a 400 metros a serem percorridos. Obter sucesso em *sprints* depende da rápida reação ao tiro de largada, da aceleração nos blocos e da velocidade linear ao longo da corrida. Aqueles que participam de corridas com barreiras são uma subcategoria única de velocistas, que não apenas precisam desenvolver velocidade linear como os demais velocistas, mas, também, devem coordenar seus músculos para manter essa velocidade enquanto atravessam barreiras, saltando por cima delas. Esse salto aparece como uma passada larga entre esses atletas de elite, exigindo que eles desenvolvam habilidades específicas que os lancem vertical (para passar pela barreira) e horizontalmente (para manter velocidade). O treinamento de velocidade, agilidade e rapidez irá ajudar a desenvolver essas habilidades, bem como o equilíbrio dinâmico necessário.

Fundistas e meio-fundistas

Provas de fundo e meio-fundo no atletismo podem variar de 800 a 10.000 metros. Embora velocidade linear máxima não seja o principal enfoque de treinamento para esses atletas, a velocidade linear certamente influencia o desempenho. Há muitos momentos durante uma corrida na qual um atleta precisa ultrapassar um adversário na pista. Essa ultrapassagem exige que se tenha aceleração, velocidade e que se faça uma desaceleração suave, para voltar ao ritmo normal do atleta. Velocidade linear e aceleração também são bastante importantes ao fim de uma corrida, pois mesmo eventos de longa distância podem terminar em uma disputa determinada por fotografia. Portanto, velocidade e aceleração lineares podem ter um papel significativo no sucesso de um atleta. Assim como ocorre entre velocistas, há uma subcategoria de fundistas que realizam corridas com obstáculos e precisam manter sua velocidade de corrida enquanto passam por obstáculos, incluindo uma poça d'água. Esses atletas têm de desenvolver habilidades que lhes permitam se lançarem vertical e horizontalmente, de forma que eles passem com segurança por esses obstáculos.

Saltadores

Provas de salto envolvem salto em distância, salto triplo, salto em altura e salto com vara. Cada prova tem requisitos ligeiramente diferentes, mas todos são altamente dependentes da habilidade do atleta de coordenar um *sprint* e, em seguida, fazer um salto unilateral. No salto em distância e no salto triplo, o atleta deve acelerar rapidamente pela pista de forma consistente para que ele consiga iniciar o salto com a maior precisão possível a partir da posição designada. O atleta deve, depois, transferir com sucesso a energia desenvolvida no *sprint* para um salto horizontal unilateral. No salto triplo, o atleta deve realizar dois saltos antes de realizar o salto em distância final. Durante esses saltos, é importante que o atleta preserve a velocidade gerada durante o *sprint*. No salto em altura, o atleta também deve acelerar até o local de salto, mas isso é feito em curva para que ele possa iniciar o salto de costas para a barra. Diferentemente do salto em distância e do triplo, o objetivo do atleta é saltar o mais alto possível, e, portanto, o sucesso depende de sua habilidade de transferir a energia horizontal da corrida em energia vertical. Atletas de salto com vara precisam acelerar rapidamente e correr pela pista enquanto seguram uma vara de 4,5 metros ou mais. Ao fim da corrida, o atleta deve colocar a ponta da vara em uma caixa de apoio enquanto salta com um pé e arqueia as pernas no ar. Isso exige que o atleta coordene com sucesso os movimentos dos membros inferiores e superiores. Independentemente da prova de salto em questão, velocidade e rapidez são componentes de treinamento importantes que irão ajudar atletas e beneficiar seus desempenhos.

Arremessadores e lançadores

Provas desse gênero incluem arremesso de peso e lançamentos de martelo, de disco e de dardo. A técnica utilizada e o peso do objeto arremessado ou lançado variam entre as diferentes provas, mas o sucesso em qualquer uma dessas provas depende da habilidade de desenvolver potência rotacional por meio da coordenação dos membros inferiores e superiores. Lançadores de disco e de martelo giram rápido antes de soltar o objeto em questão e precisam de movimentos ligeiros e coordenados de pés. Um lançador de dardo corre antes de soltar o objeto e, por isso, precisa desenvolver velocidade e aceleração dos membros inferiores em coordenação com o lançamento. Embora arremessadores de peso tenham movimento limitado antes do arremesso, o sucesso depende da rápida aceleração transicional.

PROGRAMA DE ATLETISMO

O treinamento de velocidade, agilidade e rapidez é importante para qualquer prova dentro do atletismo e deve ser incorporado ao programa normal de treinamento. Porém, velocidade é o fator predominante em provas de pista. Diferentemente de outros esportes, praticantes de atletismo podem ter apenas alguns poucos eventos por ano, com classificatórias para campeonatos que, muitas vezes, exigem apenas que o atleta atinja a marca predeterminada uma vez durante uma temporada. Por isso, pode-se dedicar mais tempo a treinos, ao passo que a periodização deve apresentar uma redução de carga apropriada antes de eventos significativos. Embora o programa a seguir tenha sido projetado para velocistas de corridas de 100 e 110 metros com barreiras, ele pode ser adaptado para outras modalidades do atletismo ao se modificar o tipo, o volume, a intensidade ou a duração de cada exercício.

	Velocidade		**Rapidez**	
	1	**2**	**3**	**4**
Semana 1	*Skipping* alto (e. 16) 10 × 10 m; ande de volta à largada e repita	Largada em queda (e. 41) 10 × 10 m; ande de volta à largada e repita	Saltos com o antepé (e. 196) 10 × 15; 20 s IR	*Quick feet* (e. 209) 5×; ande de volta à largada e repita
Semana 2	*Wall drill* com elevação da coxa (e. 1) 7×; ande de volta à largada e repita	*Fast leg* com barreiras (e. 53) 7×; ande de volta à largada e repita	Saltos padrão tesoura (e. 197) 5 × 5 cada perna; 30 s IR	Lançamento de *medicine ball* à frente com *sprint* para pegá-la (e. 177) 7 × 15 m; 30 s IR
Semana 3	De *wall drill* com abaixamento da perna (e. 2) para corrida rápida pela escada com *sprint* (e. 149) 5×; 30 s IR	Aceleração com chutes de calcanhar (e. 10) 10×; 30 s IR	*Ickey shuffle* (e. 123) 7×; ande de volta à largada e repita	Passos laterais de patinador (e. 198) 7 × 10 s; 20 s IR
Semana 4	Agachamento com salto unilateral (e. 54) 5 × 5 com cada perna; 30 s IR	Corridas de aceleração em subida (e. 31) 10 × 15 m; 60 s IR	Salto unilateral (e. 212) 7×; ande de volta à largada e repita	Salto sobre obstáculos (e. 202) 6 × 3 saltos; 30 s IR
Semana 5	Corrida saltada para altura e distância máximas (e. 13) 7 × 20 m; 30 s IR	Arquibancada (e. 32) 10 × 10 degraus; 30 s IR	Salto lateral sobre a caixa (e. 206) 5 × 10 cada perna; 45 s IR	Saltos padrão tesoura (e. 197) 7-8 × 5 cada perna; 30 s IR
Semana 6	Corrida com e sem paraquedas (e. 59) 7 × 20 m; 45 s IR	Corrida saltada (e. 22) 7 × 15 m; 30 s IR	Salto sobre obstáculo com mudança de direção e *sprint* (e. 203) 5× (corridas de 20 m); 45 s IR	Chubby Checker com reação (e. 259) 8×; ande de volta à largada e repita
Semana 7	Corridas de velocidade em descidas (e. 56) 10 × 15 m; 45 s IR	Aceleração com elástico e auxílio de um parceiro (e. 38) 10 × 20 m; 45 s IR	Afundo com salto em potência (e. 205) 10 × 5 cada perna; 60 s IR	*Quick feet* (e. 209) 10×; ande de volta à largada e repita

Continua

Continuação

	Velocidade		Rapidez	
	1	2	3	4
Semana 8	Saltos unilaterais (e. 23) 5× cada perna × 4 séries; 30 s IR	Cinto de tração com *sprint* (e. 37) 10 × 20 metros; 60 s IR	Lançamento de *medicine ball* à frente com *sprint* para pegá-la (e. 177) 8 × 20 m; 60 s IR	Passos laterais de patinador (e. 198) 5-7 × 10 s; 20 s IR

IR: intervalo de repouso.

Capítulo 13

Futebol

Andrea M. Du Bois, Lee E. Brown, Vance A. Ferrigno

O futebol é um esporte explosivo que também é, por natureza, bastante aeróbio. Ao avaliar os padrões de movimento de atletas femininas de futebol, foi observado que elas podem percorrer de 9,1 a 11,9 km por jogo. Esses movimentos não incluem apenas trabalho aeróbio submáximo, mas, também, *sprints* e saltos. Quando analisamos mais profundamente esses movimentos, observamos que uma jogadora de futebol participa, em média, de 250 ações anaeróbias intensas por jogo. Isso inclui 39 *sprints* seguidos, e a atleta precisa correr a cada 90 segundos, por 2 a 4 segundos. Durante esses *sprints*, a velocidade é essencial para o sucesso, pois ela determina se a jogadora pode ganhar a posse da bola, marcar gols ou defender o gol de seu time. A distância percorrida em *sprints* por uma jogadora de futebol totaliza 1.025 metros por partida (Turner, Munro e Comfort, 2013).

Executar *sprints* não é a única exigência de jogadoras de futebol. Uma análise mais aprofundada aponta que uma jogadora participa de 111 atividades com a bola e muda de direção de 90 a 100 vezes em uma única partida. Durante essas atividades, as atletas devem chutar a bola, virar-se, saltar, acelerar, desacelerar e mudar bruscamente de direção (Turner, Munro e Comfort, 2013). Tanto aceleração como desaceleração ocorrem em múltiplas direções e de diversos pontos de partida. Por exemplo, uma jogadora pode receber a bola e imediatamente virar-se entre 90 e 180 graus e executar um *sprint* para outra direção. Ao jogar ofensiva ou defensivamente sem a posse de bola, jogadoras precisam realizar corridas de costas ou laterais durante o jogo (Jeffreys, 2008). Portanto, deveria ser óbvio por que o treinamento de velocidade, agilidade e rapidez é essencial para o sucesso no futebol. O jogador mais rápido e mais potente será capaz de obter posse de bola com os pés ou a cabeça, manter essa posse, avançar pelo campo com a bola e marcar um gol. Nas posições defensivas, o atleta mais rápido e potente será mais capaz de defender a área de adversários, prevenindo chutes a gol.

Generalizando, futebolistas precisam executar ações ofensivas e defensivas ao longo da partida. Dependendo da posição do jogador, a distribuição relativa das responsabilidades pode variar. Em geral, há habilidades fundamentais que jogadores de futebol precisam ter, incluindo aceleração, velocidade, mudança de direção e desaceleração. Os atletas também precisam coordenar vários segmentos do corpo para fazer dribles, passes, chutes e cabecear a bola, bem como saltar e investir para conseguir a posse da bola. De modo geral, em *sprints* no futebol, os jogadores podem percorrer de 5 a 30 metros e, muitas vezes, essas corridas envolvem correr sem a bola, mas o contato com esta pode ocorrer no começo ou no fim da corrida (Hedrick, 1999).

Os requisitos ofensivos e defensivos de um jogador de futebol dependem das mesmas habilidades básicas. Ao receber a bola de um companheiro de time, o atleta precisa avançar com ela pelo campo, realizar um passe ou chutar para o gol. O ato básico de receber um passe pode exigir rápida aceleração até a bola, mudança de direção para a trajetória do passe e um salto. Conforme o atleta avança pelo campo com a bola, ele deve evitar adversários e pode ter que realizar mudanças bruscas de direção, giros ou caminhos costurados. Muitas vezes, esses movimentos envolvem execução rápida, seguida por aceleração imediata. Defensivamente, um jogador precisa ser capaz de acelerar rapidamente para a posição da jogada, na tentativa de roubar a bola do time adversário. Uma disputa de bola pode envolver saltar para cabecear a bola, um *sprint* para interceptar um passe ou uma investida para tentar roubar a bola. Em qualquer um desses casos (ofensivos e defensivos), o jogador mais rápido e mais ágil ganha e mantém a posse de bola. Portanto, o jogador mais rápido, mais veloz e mais ágil é o de maior sucesso.

PROGRAMA PARA O FUTEBOL

Jogadores de futebol, particularmente as mulheres, têm um alto risco de lesão no ligamento cruzado anterior. O treinamento de velocidade, agilidade e rapidez pode amenizar esse risco. Além disso, jogadores de futebol (com exceção dos goleiros) devem manter o condicionamento aeróbio e a potência anaeróbia. Como resultado dessas demandas conflitantes, um treinador não conseguirá desenvolver todas essas características até seu potencial máximo. Independentemente disso, o treinamento de velocidade, agilidade e rapidez deve ser executado em conjunto com o treinamento aeróbio, a prática baseada em habilidades e o treino de resistência. Internacionalmente, o futebol é um esporte que dura o ano inteiro. É comum que você não possa escolher um evento principal (como a Copa do Mundo) ou um momento no qual você quer o atleta no auge, pois os torneios dependem de várias partidas e rodadas classificatórias antes das finais. Portanto, deve-se adotar um programa com uma periodização mais ondulada.

Sugere-se que os atletas realizem treinos de velocidade, agilidade e rapidez duas vezes por semana em períodos fora de temporada, e apenas uma vez por semana durante a temporada.

	Velocidade		Agilidade		Rapidez	
	1	**2**	**3**	**4**	**5**	**6**
Semana 1	Corrida com o tornozelo (e. 11) 10 × 10 m; ande de volta à largada e repita	Largada em queda (e. 41) 10 × 10 m; ande de volta à largada e repita	Corrida de costas e *sprint* lineares (40 metros) (e. 67) 5×; 20 s IR	*Ickey shuffle* (e. 123) 4×; 15 s IR	Do levantamento a partir da posição de quatro apoios (e. 238) para *sprint* de 10 m 5×; 15 s IR	Lançamento de *medicine ball* na parede, por cima da cabeça (e. 189) 5 × 10; 20 s IR
Semana 2	Corrida rápida pela escada com *sprint* (e. 149) 7×; ande de volta à largada e repita	Transição de marchas (e. 20) 4×; ande de volta à largada e repita	Deslocamento lateral linear de 40 metros (e. 66) 5×; 20 s IR	Deslocamento lateral dentro-fora (e. 124) 7×; 15 s IR	Do levantamento a partir da posição de quatro apoios (e. 238) para a *Ickey shuffle* (e. 123) em meia escada. 5×; 15 s IR	Lançamento de *medicine ball* na parede, por cima da cabeça (e. 189) com saltos unilaterais 5 × 5 cada perna; 20 s IR
Semana 3	Da largada em queda (e. 41) para a corrida rápida pela escada com *sprint* (e. 149) 5×; 30 s IR	Transição de marchas (e. 20); disponha os cones com 10 m de distância entre si para realizar o exercício 95 no próximo bloco 4×; 90 s IR	Mudança de direção em Z (e. 95) 6×; 4 cones; 20 s IR	Costurando pelos *steps* (e. 151) 8×; 20 s IR	Dois quadrados com parceiro (e. 227) 8-10 × 15 s; 45 s IR	Corrida de costas com mudança de direção sob comando (e. 234) 10 × 10; 50 s IR; varie as técnicas biomotoras
Semana 4	Corridas de aceleração em subida (e. 31) 10×; 30 s IR	Dentro e fora (e. 19); disponha os cones com 15 m de distância entre si 5 ×; 40 s IR	*Squirm* (e. 62) 5×; 40 s IR	Zigue-zague combinado (e. 98) 5×; 30 s IR	Dois quadrados com parceiro (e. 227) 8-10 × 15 s; 45 s IR	Salto sobre obstáculos (e. 202) 6 × 3 saltos; 30 s IR

Continua

Continuação

	Velocidade		Agilidade		Rapidez	
	1	2	3	4	5	6
Semana 5	Corridas de aceleração em subida (e. 31) 10 × 15 m; 60 s IR	Da largada em queda (e. 41) para o zigue-zague combinado (e. 98) 5×; 40 s IR	Zigue-zague em cones (e. 96) 6×; 20 s IR	*Sprint* linear de 60 metros (e. 64) 8-10×; 60 s IR	Deslocamento lateral com resistência de parceiro e perseguição (e. 217) 5-7×; 20 s IR	Salto sobre obstáculo com mudança de direção e *sprint* (e. 203) 8-10×; 40 s IR
Semana 6	Corridas de aceleração em subida (e. 31) no formato de transição de marchas (e. 20) 10×; 60 s IR	Corrida saltada (e. 22) 7 × 15 m; 30 s IR	Zigue-zague em cones (e. 96) usando 5 cones, com drible de bola para o *squirm* (e. 62) 6×; 40 s IR	*Sprint* e corrida de costas lineares (55 metros) (e. 69) 8-10×; 60 s IR	Triângulo com comandos (e. 222) 5×; 40 s IR	Salto sobre obstáculo com mudança de direção e *sprint* (e. 203) 8-10×; 40 s IR
Semana 7	Corrida saltada (e. 22) com corrida de costas para voltar à largada e repetir 5 × 15 m; 90 s IR	Puxada com cinto de tração (e. 36) 5 × 15 m; 40 s IR	Roda (e. 154) 8-10×; 40 s IR	Movimento em H (e. 119) 5×; 40 s IR	*Sprint* e corrida de costas sob comando (e. 232) 10 × 15 m; 40 s IR	Triângulo com comandos (e. 222) e variação de parceiro 5×; 40 s IR
Semana 8	Saltos unilaterais (e. 23) 5× cada perna × 4 séries; incorpore um dos exercícios de cone	Cinto de tração com *sprint* (e. 37) 10 metros; após soltar o cinto, incorpore um exercício de cone com habilidades de bola	Da roda (e. 154) para qualquer exercício de cone 8-10×; 40 s IR	Do movimento em H (e. 119) para uma habilidade com bola 5×; 40 s IR	*Ickey shuffle* de costas com reação (e. 256) 5-7×; 20 s IR	De passos laterais de patinador (e. 198) para qualquer exercício com cone 5-7×; 20 s IR

IR: intervalo de repouso.

Capítulo 14

Lacrosse

Andrea M. Du Bois, Lee E. Brown,
Vance A. Ferrigno

O *lacrosse* combina as demandas fisiológicas do futebol, do futebol americano, do basquete e do hóquei. Como o futebol, o *lacrosse* envolve tanto condicionamento aeróbio como potência anaeróbia. A atividade é intermitente ao longo da partida, com jogadores alternando entre períodos de movimentos explosivos e de alta intensidade e repousos ativos e passivos. Ao longo da partida, há uma distribuição equilibrada entre *sprints*, corridas em ritmo lento e caminhadas. Os atletas devem realizar com frequência movimentos explosivos em várias direções, além de fazer mudanças de direção rápidas. Algumas dessas habilidades são similares às do basquete, no sentido de que os atletas precisam executar mudanças bruscas de direção e giros, mantendo potência explosiva e velocidade. Mudanças rápidas de movimentos ofensivos para movimentos defensivos também são essenciais para o sucesso (Gutowski e Rosene, 2011). Os jogadores precisam ter velocidade e agilidade na parte inferior do corpo, e os movimentos dessa parte devem ser coordenados com técnicas de lançar e pegar a bola, que exigem movimentos rápidos, mas, também, precisos, sob a pressão de contato com um adversário. Por causa disso, o treinamento de velocidade, agilidade e rapidez pode ajudar a desenvolver a explosividade dos membros inferiores, necessária para se mover pelo campo, bem como a agilidade necessária para manter o equilíbrio e a precisão em lançar e pegar a bola em situações dinâmicas e de alto contato.

Embora as atribuições das posições variem entre os jogadores, o sucesso atlético em qualquer uma das posições depende da velocidade, da agilidade e da rapidez do atleta em questão. Ofensivamente, a maior responsabilidade do atleta é marcar gols. Para realizar isso, ele precisa ter velocidade, agilidade e habilidades de taco distintas. O sucesso depende da habilidade de correr mais rápido do que os oponentes e evitar o contato com eles, necessitando, então, de rápidas mudanças de direção e de períodos de aceleração e de desaceleração (Gutowski e Rosene, 2011). Esses movimentos precisam ser coordenados com passes e recepções precisos, além de jogadas para o gol. Ao sofrer contato durante o jogo, o atleta precisa manter o equilíbrio e ser capaz de reacelerar ou de reagir rapidamente e passar a bola a um companheiro de equipe. Assim como no beisebol, a velocidade, a agilidade e a rapidez dos membros superiores e inferiores precisam ser desenvolvidas e sincronizadas para executar as ações supracitadas. Um jogador lento será atingido pelo time adversário, sofrendo o risco de perder controle sobre a bola; portanto, um jogador rápido e ágil terá mais sucesso. Defensivamente, o atleta também precisa das habilidades de acelerar rapidamente, mudar de direção e desacelerar para prevenir que um adversário marque um gol ou complete um passe. Assim como no futebol, não é incomum que um jogador precise alternar rápido entre responsabilidades ofensivas e defensivas.

PROGRAMA DE *LACROSSE*

O *lacrosse* é um esporte de alto contato no qual os jogadores entram em contato uns com os outros por 88% da partida. Por causa disso, lesões por contato são extremamente comuns. É importante que os atletas participem do treinamento de velocidade, agilidade e rapidez. Mesmo que esses treinos sejam limitados em sua capacidade de prevenir lesões por contato, eles podem ajudar a reduzir o risco de lesões não relacionadas a contato e, portanto, reduzir o total de lesões ao longo de uma temporada. Também se deve enfatizar que o treinamento de velocidade, agilidade e rapidez não deve ser usado em substituição a exercícios específicos de manuseio da bola. A realização de passes e recepções precisos exige habilidades específicas de agilidade e precisão, e horas de prática exaustiva. Como ocorre com todos os esportes, deve haver um equilíbrio equalizado entre a prática baseada em habilidades, o treino de força e de condicionamento físico, e o treinamento de velocidade, agilidade e rapidez.

	Velocidade		Agilidade		Rapidez	
	1	2	3	4	5	6
Semana 1	*Fast leg* unilateral (e. 49) 5× cada perna; 45 s IR	Transição de marchas (e. 20) 5×; 60 s IR	*Skipping* multidirecional (e. 121) 5-7 × 25 m; 60 s IR;	Exercício em T de 30 metros (e. 65) 4-6×; 30 s IR	Triângulo com comandos (e. 222) 8 × 20 s; 20 s IR	Lançamento de *medicine ball* na parede com passe de peito (e. 185), com um braço só 3-4 × 10 cada braço; 30 s IR entre braços
Semana 2	*Fast leg* alternado (e. 50) 5×; 45 s IR	Corridas de aceleração em subida (e. 31) 5-7 × 15 m; 60 s IR	Exercício da serpente 1 (e. 113) 6-8×; 30 s IR	*Sprint* linear de 60 metros (e. 64) 4×; 40 s IR	Queimada (e. 248) 4 × 45 s; 15 s IR	Do levantamento a partir da posição de quatro apoios (e. 238) para um *sprint* 5 × 15-20 m; 30 s IR
Semana 3	*Fast leg* alternado (e. 50) 5×; 45 s IR	Corridas de aceleração em subida (e. 31) 5-7 × 15 m; 60 s IR	Exercício da serpente 2 (e. 114) 5-7×; 40 s IR	*Sprint* e corrida de costas lineares (55 metros) (e. 69) 4×; 40 s IR	Touro na arena com *medicine ball* (e. 174) 5-7 × 20 s; 40 s IR	Triângulo com comandos (e. 222) 8 × 15; 45 s IR
Semana 4	Corrida com paraquedas (e. 58) 5 × 20 m; 60 s IR	Corridas de velocidade da subida para o plano (e. 55) 5-7 × 15 m; 60 s IR	Deslocamento lateral dentro-fora (e. 124) para a frente e para trás com passe de bola 6-8×; 30 s IR	Corrida de ir e vir de 100 metros (e. 70) 4×; 60 s IR	Dois quadrados com parceiro (e. 227) 5-7 × 20 s; 40 s IR	Corrida de costas com mudança de direção sob comando (e. 234) 5 × 15-20 m
Semana 5	Corrida com e sem paraquedas (e. 59) 5 × 20; 45 s IR	Corridas de aceleração em subida (e. 31) 5-7 × 15 m; 60 s IR	Do deslocamento lateral cruzado (e. 147) para o *sprint* básico de 36,6 metros (e. 18) 5-7×; 45 s IR	Da mudança de direção em Z (e. 95) para o *squirm* (e. 62) 5×; 40 s IR	Deslocamento lateral com passe de *medicine ball* (e. 175) com reação de mudança de direção 6-8 × 20 s; 60 s IR	*Sprints* com parceiro como espelho (e. 218) 5-7 × 20 m; 40 s IR

Continua

Continuação

	Velocidade		Agilidade		Rapidez	
	1	**2**	**3**	**4**	**5**	**6**
Semana 6	Corridas de velocidade em descidas (e. 56) 4-6 × 15-20 m; ande de volta à largada e repita	Puxada com cinto de tração (e. 36) 5-7 × 15 m; 60 s IR	Do *Ickey shuffle* (e. 123) para o quadrado de 40 metros com passo carioca (e. 89) 5-7×; 90 s IR	Do zigue-zague em cones (e. 96) para o exercício de mudança de direção (15 metros) (e. 85) 5-7×; 90 s IR	Desviar dos oponentes (e. 219) 6-8 × 20 s; 60 s IR	Do levantamento a partir da posição de quatro apoios (e. 238) para os *sprints* com parceiro como espelho (e. 218) 5-7 × 20 m; 40 s IR
Semana 7	Corridas de velocidade da descida para o plano (e. 57) 4-6 × 15-20 m; ande de volta à largada e repita	Cinto de tração com *sprint* (e. 37) 5-7 × 15 m; 60 s IR	*Squirm* (e. 62) 5-7×; 60 s IR	Estrela (*sprint*–corrida de costas–deslocamento lateral) (e. 120) 5-7×; 75-90 s IR	Dois quadrados com parceiro (e. 227) com passe de bola 5-7 × 20 s; 40 s IR	Deslocamento lateral com resistência de parceiro e perseguição (e. 217) 5-7×; 40 s IR
Semana 8	Aceleração com elástico e auxílio de um parceiro (e. 38) 5-7 × 15 m; 60 s IR	Puxar trenó de peso pesado (e. 30) 6-8 × 20 m; 90 s IR	Corrida em Z (e. 88) e corrida leve por 10 m pelo campo enquanto realiza uma habilidade 5-7×; 60 s IR	Do levantamento a partir da posição de quatro apoios (e. 238) para o exercício em V (e. 115) 6-8×; 45 s IR	Do lançamento de *medicine ball* agachado (e. 44) para o exercício em forma de oito com cone (e. 122); 3 lançamentos explosivos antes de cada corrida 5×; 10 s IR	Cambalhota para trás sobre o ombro (e. 172) com levantamento para executar pró-agilidade (ir e vir de 20 metros) (e. 61) 5-7×; 60 s IR

IR: intervalo de repouso.

Capítulo 15

Tênis e *badminton*

Andrea M. Du Bois, Lee E. Brown, Vance A. Ferrigno

O tênis é um esporte no qual velocidade, agilidade e explosividade estão fortemente correlacionados ao alto desempenho. Registrando o tempo que se passa em cada atividade mostra que um jogador passa de 4 a 10 segundos atuando em alta intensidade durante uma troca de bolas (Fernandez-Fernandez, Sanz-Rivas e Mendez-Villanueva, 2009). A Federação Internacional de Tênis (ITF) exige 20 segundos de repouso (recuperação ativa) entre trocas de bola, 90 segundos de repouso (sentado) entre *games* e 120 segundos de repouso (sentado) entre *sets* (ITF, 2013). Esses períodos de tempo resultam numa partida com média de 1h30 (variando de 1 a 5 horas ou mais) (Fernandez-Fernandez, Sanz-Rivas e Mendez-Villanueva, 2009). A superfície da quadra afeta sobremaneira a duração e as exigências da atividade. A superfície de saibro costuma resultar em movimentos mais lentos, dando aos jogadores mais tempo para acertar a bola, ao passo que quadras de piso duro são mais rápidas e exigem mais atividade explosiva (Fernandez-Fernandez, Sanz-Rivas e Mendez-Villanueva, 2009). Como resultado disso, em quadras de saibro, de 20% a 30% do tempo total de partida são gastos jogando de fato, ao passo que, em quadras de piso duro, esse tempo é de apenas 10% a 15%.

Durante a ação de uma troca de bolas, os jogadores devem mudar rapidamente de direção, acelerar por curtos períodos de tempo e executar rebatidas potentes. Uma bola pode ser sacada a uma velocidade de até 210 km/h, exigindo que o jogador reaja rápido para rebater a bola. Em média, um jogador é obrigado a correr 3 metros por rebatida e de 8 a 15 metros por troca de bolas, o que consiste em cerca de quatro mudanças de direção. Durante uma partida, um jogador pode percorrer um total de 1.300 a 3.600 metros, dependendo da superfície. Ao examinar a distância que um atleta precisa percorrer para rebater uma bola, 80% das rebatidas (tipicamente, 2,5 a 3 por troca de bolas) ocorrem a 2,5 metros da posição anterior do jogador e são realizadas em pé. Dez por cento das rebatidas ocorrem de 2,5 a 4,5 metros da posição anterior e exigem um movimento deslizante. Menos de 5% das rebatidas ocorrem a mais de 4,5 metros e exigem um padrão de corrida (Fernandez-Fernandez, Sanz-Rivas e Mendez-Villanueva, 2009). Em relação à direção, 47% das rebatidas exigem movimento para a frente, 48% exigem movimento lateral e 5% exigem movimento para trás. No geral, a reação rápida e o movimento lateral são essenciais para o sucesso no tênis, e o atleta precisa ser capaz de mudar de direção rapidamente (Parsons e Jones, 1998).

O *badminton* também exige movimentos explosivos e altamente reativos, pois o volante pode atingir a uma velocidade de até 332 km/h. Para obter sucesso no *badminton*, é preciso que os atletas reajam rapidamente a um volante sacado, permitindo que eles cheguem ao volante, e também o devolvam de forma eficiente e eficaz aos adversários. O movimento, embora não seja muito amplo, é bastante rápido e explosivo, além de ocorrer em várias direções. Durante esse movimento explosivo, o jogador também deve ser capaz de manter uma postura de corpo eficaz enquanto muda rapidamente de direção para a frente, para trás e para os lados. Portanto, o treinamento de agilidade é bastante importante (Sturgess e Newton, 2008).

PROGRAMA DE TÊNIS E *BADMINTON*

Como tênis é mais relativo à agilidade e à rapidez, com pouca velocidade em si, os exercícios de velocidade são mínimos, sendo o enfoque principal deles na força e na resistência das pernas. Também partimos do princípio que o jogador de tênis joga tanto em quadras de saibro como em quadras de piso duro. Portanto, os exercícios de agilidade precisarão ser realizados nas diversas superfícies de quadra e com uso de calçados de tenista. Por fim, a troca de bolas no tênis dura, em média, de 10 a 25 segundos, mas a partida pode, nos níveis mais elevados, durar de 4 a 5 horas. Então, embora seja, por natureza, um esporte de potência anaeróbia, o tênis exige um condicionamento físico extremo nos *sets* finais de uma partida. Portanto, quanto mais alto for o nível da competição, maior o volume de trabalho para preparar atletas para partidas mais longas. A maioria dos exercícios tem intervalo de repouso de 20-90 segundos.

	Velocidade		**Agilidade**		**Rapidez**	
	1	**2**	**3**	**4**	**5**	**6**
Semana 1	Dentro e fora (e. 19) 5×; 30 s IR	Corrida saltada para altura e distância máximas (e. 13) 5 × 10 m; 20 s IR	Exercício em T de 30 metros (e. 65) executado em quadra, da linha de saque longo à de saque curto 5×; 20 s IR	Pró-agilidade (ir e vir de 20 metros) (e. 61) 5×; 20 s IR	*Skipping* multidirecional (e. 121) 10 × 10 s sob comando visual	Variações de polichinelo (e. 208) com mudança de sequência sob comando 10 × 20 s
Semana 2	De corrida saltada para altura e distância máximas (e. 13) para exercício em T de 30 metros (e. 65) 5×; 20 s IR	Puxar trenó de peso leve (e. 29) 5 × 10 m; 20 s IR	Pró-agilidade (ir e vir de 20 metros) (e. 61) com pegada de bola 7×; 20 s IR	Deslocamento lateral linear de 40 metros (e. 66) 5×; 60 s IR	Variações de polichinelo (e. 208) com locomoção; mudar sequência sob comando 10 × 20 s	Pular corda com saltos multidirecionais (e. 207); mudar sequência sob comando 10 × 20 s
Semana 3	Puxar trenó de peso leve (e. 29) 5 × 10 m; 20 s IR	De corrida saltada para altura e distância máximas (e. 13) para corrida de costas (e. 260) 5 × 10 m; 20 s IR	Corrida de costas e *sprint* lineares (40 metros) (e. 67) 5×; 60 s IR	Deslocamento lateral linear de 40 metros (e. 66) 5×; 60 s IR	Pular corda com saltos multidirecionais (e. 207) com locomoção; mudar sequência sob comando 10 × 20 s	Fogo rápido (e. 249) 10 × 20 s IR

Continua

Continuação

	Velocidade		**Agilidade**		**Rapidez**	
	1	**2**	**3**	**4**	**5**	**6**
Semana 4	Puxar trenó de peso leve (e. 29) 8 × 10 m; 20 s IR	Corridas de aceleração em subida (e. 31) 5 × 20 m; ande de volta à largada e repita	Deslocamento lateral linear de 40 metros (e. 66), tocando a linha com a mão oposta 5×; 60 s IR	Corrida de costas e *sprint* lineares (40 metros) (e. 67) 5×; 60 s IR	Fogo rápido (e. 249) com voleio 10×; 20 s IR	Deslocamento lateral com mudança de direção sob comando (e. 236), de uma lateral da quadra à outra, com toque de cone 10 × 20 s; 20 s IR
Semana 5	Corridas de aceleração em subida (e. 31) com colete de peso 10 × 10 m	Puxar trenó de peso pesado (e. 30) 10 × 20 m; 60 s IR	Corrida de costas e *sprint* lineares (40 metros) (e. 67) 5×; 60 s IR	Quadrado de 40 metros em passo carioca (e. 89) 5×; 60 s IR	Deslocamento lateral com mudança de direção sob comando (e. 236), de uma lateral da quadra à outra, com sinal visual 20 s × 20 s IR	Arremesso lateral de *medicine ball* na parede (e. 187) 10 × 5 cada lado; sem IR entre um lado e outro; 20 s IR entre séries
Semana 6	Puxar trenó de peso pesado (e. 30) 10 × 20 m; 60 s IR	Arquibancada (e. 32) 10 × 10 degraus; 60 s IR	Quadrado de 40 metros em passo carioca (e. 89) 5×; 60 s IR	Estrela (*sprint*–carioca–corrida de costas) (e. 120) 5×; 60 s IR	Deslocamento lateral (e. 81) com arremesso lateral de *medicine ball* na parede (e. 187) 10 × 15 s; 30 s IR	Passo carioca (e. 128) com sinal visual de uma lateral da quadra à outra 5×; 20 s IR

Continua

Continuação

	Velocidade		Agilidade		Rapidez	
	1	**2**	**3**	**4**	**5**	**6**
Semana 7	Arquibancada (e. 32) com colete de peso 10 × 10 degraus; 60 s IR	Do lançamento de *medicine ball* agachado (e. 44) para corridas de aceleração em subida (e. 31); 4 arremessos e *sprints*, sem IR entre eles; 90 s IR entre séries	Estrela (*sprint*–carioca–corrida de costas) (e. 120) 5×; 60 s IR	*Sprint* e corrida de costas lineares (55 metros) (e. 69) 5×; 60 s IR	Passo carioca (e. 128) com voleio de uma lateral da quadra à outra 5×; 20 s IR	Passos laterais de patinador (e. 198) 10 × 10 s; 20 s IR
Semana 8	Do arremesso lateral de *medicine ball* na parede (e. 187) para corridas de aceleração em subida (e. 31); 4 arremessos e *sprints*, sem IR entre eles; 90 s IR entre séries	Corridas de velocidade em descidas (e. 56) 5 × 20 m; ande de volta à largada e repita	*Sprint* e corrida de costas lineares (55 metros) (e. 69) 5×; 60 s IR	Exercício em V (e. 115) 5×; 60 s IR	De passos laterais de patinador (e. 198) para exercício em T de 30 metros (e. 65), com pegada de bola 5×; 20 s IR	Reação a lançamento de bola na escada de agilidade (e. 213): reação de voleio 10×; 20 s IR

IR: intervalo de repouso.

Capítulo 16

Raquetebol e *squash*

Andrea M. Du Bois, Lee E. Brown,
Vance A. Ferrigno

Raquetebol e *squash* são esportes de ritmo acelerado que demandam movimentos curtos e explosivos, além de reações rápidas. Para obter sucesso, os atletas precisam ter velocidade e agilidade em várias direções, incluindo para a frente, para os lados e para trás. Por causa do tamanho pequeno da quadra, os *sprints* são bastante curtos, e saltos e mergulhos são frequentemente usados para alcançar a bola. O jogador deve não apenas reagir rapidamente a uma bola rebatida, mas, também, ser capaz de devolver essa bola com potência. Isso frequentemente exige uma mudança de direção e precisão na rebatida. Essas exigências são bastante similares às do tênis. Considerando isso, de uma perspectiva ofensiva, um jogador bem-sucedido consegue mandar a bola para uma localização precisa na quadra. De uma perspectiva defensiva, um jogador deve ter velocidade, agilidade e rapidez em múltiplas direções para que seja capaz de alcançar a bola em qualquer área da quadra (USA Racquetball, 2008; World Squash Federation, 2010).

PROGRAMA DE RAQUETEBOL E DE *SQUASH*

Tanto o raquetebol como o *squash* são jogados em áreas fechadas (World Squash Federation, 2013), portanto, o treinamento de velocidade, agilidade e rapidez deve ser projetado em torno de explosões curtas. Os jogadores precisam que os movimentos dos membros inferiores sejam coordenados com os dos membros superiores, de forma a aumentar a precisão das rebatidas. Como em outros esportes, esse treinamento não deve substituir a prática com base em técnicas quanto à precisão, mas deve ser adotado para ajudar jogadores a executar as técnicas com mais potência.

	Velocidade		Agilidade		Rapidez	
	1	2	3	4	5	6
Semana 1	Corrida saltada para altura e distância máximas (e. 13) 10 × 10 m; corra levemente de volta à largada e repita	Largada em queda (e. 41) 10 × 15 m; ande de volta à largada e repita	Passo carioca (e. 128) 10 × 10 m cada perna; ande de volta à largada e repita	Deslocamento lateral cruzado (e. 147) 5 ×; ande de volta à largada e repita	*Quick feet* (e. 209) 5×; 30 s IR	Arremesso lateral de *medicine ball* na parede (e. 187) 3 × 10 cada lado; 60 s IR entre séries
Semana 2	Largada em queda (e. 41) 10 × 15 m; ande de volta à largada e repita	Resistência frontal (e. 33) 10 × 15 m; ande de volta à largada e repita	Quadrado de 20 metros (e. 86) 5 ×; 30 s IR	Deslocamento lateral cruzado em zigue-zague (e. 148) 5×; ande de volta à largada e repita	*Quick feet* (e. 209) para a frente e para trás 5×; 30 s IR	Arremesso lateral de *medicine ball* na parede (e. 187); posição perpendicular 3 × 10 cada lado; 60 s IR entre séries
Semana 3	Resistência frontal (e. 33) 10 × 15 m; ande de volta à largada e repita	Resistência traseira (e. 34) 10 × 15 m; ande de volta à largada e repita	Quadrado de 20 metros (e. 86) com movimento de raquete no final 5 ×; 30 s IR	Exercício em V (e. 115) 5 ×; 30 s IR	*Quick feet* (e. 209) com reação em todas as direções 5 ×; 30 s IR	Lançamento de *medicine ball* na parede com passe de peito (e. 185) 5 × 10; 30 s IR
Semana 4	Resistência traseira (e. 34) 10 × 15 m; ande de volta à largada e repita	Arquibancada (e. 32) 5 × 10 degraus; 40 s IR	*Skipping* multidirecional (e. 121) 10 × 10 m cada perna; ande de volta à largada e repita	Exercício em V (e. 115) acertando a bola com a raquete 5 ×; 30 s IR	Salto lateral sobre a caixa (e. 206) 5 × 10 m; 30 s IR	Lançamento de *medicine ball* na parede com passe de peito (e. 185), com um braço só 5 × 10 cada braço; 30 s IR

Continua

Continuação

	Velocidade		**Agilidade**		**Rapidez**	
	1	**2**	**3**	**4**	**5**	**6**
Semana 5	Arquibancada (e. 32) 8 × 10 degraus; 40 s IR	Corrida saltada para altura e distância máximas (e. 13) 10 × 10 m; ande de volta à largada e repita	Zigue-zague em cones (e. 96) 5×; 30 s IR	Múltiplas habilidades em X (e. 87) 5×; 30 s IR	Saltos padrão tesoura (e. 197) 5 × 10; 50 s IR	Deslocamento lateral com passe de *medicine ball* (e. 175) e mudança de direção 5 × 10; 30 s IR
Semana 6	Corrida saltada para altura e distância máximas (e. 13) 10 × 10 m; ande de volta à largada e repita	Agachamento com salto unilateral (e. 54) 5 × 5 cada perna; 30 s IR	Zigue-zague em cones (e. 96) com movimento de raquete 5×; 30 s IR	Múltiplas habilidades em X (e. 87) com movimento de raquete 5×; 30 s IR	Saltos padrão tesoura (e. 197) com movimento para a frente 5 × 10 m; 50 s IR	Flexão com salto (e. 192) 5 × 10; 30 s IR
Semana 7	Agachamento com salto unilateral (e. 54) 5 × 5 cada perna; 30 s IR	Dentro e fora (e. 19) 6 × 15 m; ande de volta à largada e repita	*Ickey shuffle* (e. 123) 4× extensão da escada; ande de volta à largada e repita	Estrela (*sprint*–corrida de costas–deslocamento lateral) (e. 120) 5 × 30 s; 30 s IR	Passos laterais de patinador (e. 198) com movimento para a frente 5 × 10 m; 50 s IR	Flexão de braços com uma mão sobre a *medicine ball* (e. 190) 5 × 10; 30 s IR
Semana 8	Dentro e fora (e. 19) 6 × 15 m; ande de volta à largada e repita	Aceleração com elástico e auxílio de um parceiro (e. 38) 10 × 15 m; ande de volta à largada e repita	*Ickey shuffle* (e. 123) enquanto rebate a bola 4× extensão da escada; ande de volta à largada e repita	Estrela (*sprint*–corrida de costas–deslocamento lateral) (e. 120) sob comando 5 × 30 s; 30 s IR	Passos laterais de patinador (e. 198) 5 × 5 m em cada direção; 50 s IR	Flexão pliométrica com *medicine ball* (e. 191) 5 × 10; 30 s IR

IR: intervalo de repouso.

Referências

Capítulo 1

Abad, C., Prado, M., Ugrinowitsch, C., Tricoli, V., and Barroso, R. 2011. Combination of general and specific warm-ups improves leg-press one repetition maximum compared with specific warm-up in trained individuals. *J Strength Cond Res* 25 (8): 2242-45.

Bradley-Popovich, G.E. 2001. Nonlinear versus linear periodization models. *Strength Cond J* 23 (1): 42.

Dierking, J., and Bemben, M. 1998. Delayed onset muscle soreness. *Strength Cond J* 20 (4): 44-48.

Graham, J. 2002. Periodization research and an example application. *Strength Cond J* 24 (6): 62-70.

Nazem, T., and Ackerman, K. 2012. The female athlete triad. *Sports Health: A Multidisciplinary Approach* 4 (4): 302-11.

Parsons, L., and Jones, M. 1998. Development of speed, agility, and quickness for tennis athletes. *Strength Cond* 20:14-19.

Plisk, S. 2000. Speed, agility, and speed-endurance development. In *Essentials of Strength Training and Conditioning*, ed. T.R. Baechle and R.W. Earle, 457-85. Champaign, IL: Human Kinetics.

Plisk, S. 2004. Periodization: Fancy name for a basic concept. *Olympic Coach 16* (2): 14-18.

Capítulo 2

Brown, L.E., Khamoui, A.V. & Jo, E. 2013. Test administration and interpretation. In *Conditioning for Strength and Human Performance*. 2nd ed. Ed T.J. Chandler and L.E. Brown pp. 165-193. Philadelphia: Lippincott, Williams & Wilkins.

Gambetta, V. 1998. *The Gambetta Method*. Sarasota, FL: Gambetta Sports Training Systems.

Gray, G. 2004. *Knee 1.1*. Functional Video Digest. Adrian, MI: Gray Institute.

Gray, G. 2006a. *Coordination/Agility*. Fast Function Series. Adrian, MI: Gray Institute.

Gray, G. 2006b. *Fundamentals/Skills*. Fast Function Series. Adrian, MI: Gray Institute.

Harman, E. 2008. Principles of test selection and administration. In *Essentials of Strength and Conditioning*, 3rd ed., ed. T.R. Baechle and R.W. Earle. pp. 237-247. Champaign, IL: Human Kinetics.

Capítulo 3

Butler, R.J., and Hardy, L. 1992. The performance profile: Theory and application. *Sport Psychol* 6:253-64.

Gould, D., and Eklund, R.C. 2007. The application of sport psychology for performance optimization. In *Essential Readings in Sport and Exercise Psychology*, ed. D. Smith and M. Bar-Eli, 231-40. Champaign, IL: Human Kinetics.

Jones, G., Hanton, S., and Connaughton, D. 2002. What is this thing called mental toughness: An investigation of elite sport performers. *J Appl Sport Psychol* 14:205-18.

Loehr, J. 1986. *Mental Toughness Training for Sports: Achieving Athletic Excellence*. Lexington, MA: Stephen Greene Press.

Moran, A. 2011. Concentration/attention. In *Routledge Handbook of Applied Sport Psychology*, ed. S. Hanrahan and M. Andersen, 500-509. New York: Routledge.

USOC. 2002. *U.S. Olympic Committee Coaches Guide: Sport Psychology Training Manual*. Colorado Springs, CO: USOC Coaching and Sport Sciences.

Vernacchia, R., McGuire, R., and Cook, D. 1996. *Coaching Mental Excellence*. Portola Valley, CA: Warde.

Capítulo 4

Cronin, JB, Green, JP, Levin, GT, Brughelli, ME, and Frost, DM. Effect of starting stance on initial sprint performance. J Strength Cond Res 21:990-992, 2007.

Cusick J, Lund R, and Ficklin T. A comparison of three different start techniques on sprint speed in collegiate linebackers. *J Strength Cond Res*. 2014. DOI: 10.1519/JSC.0000000000000453. Post Acceptance March 11, 2014.

Duthie, G.M., Pyne, D.B., Marsh, D.J., & Hooper, S.L. Sprint patterns in rugby union players during competition. J Strength Cond Res. 20(1) 208-214, 2006.

Gambetta, V. Getting Gait Right *Training & Conditioning,* 11.4, May/June 2001, www.momentummedia.com/articles/tc/tc1104/gait.htm

Harland.MJ and Steele,JR Biomechanics of the sprint start. *Sports Med*. 1997 Jan; (23)11-20.

Jeffreys I (2009) Gamespeed: Movement Training for Superior Sports Performance. Monterey CA. Coaches Choice.

Capítulo 5

Arthur, M., and Bailey, B. 1998. Agility drills. In *Complete Conditioning for Football*, 191-237. Champaign, IL: Human Kinetics.

Barnes, M., and Attaway, J. 1996. Agility and conditioning of the San Francisco 49ers. *Strength Cond* 18 (4): 10-16.

Brittenham, G. 1996. Athleticism for basketball. In *Complete Conditioning for Basketball*, 69-87. Champaign, IL: Human Kinetics.

Brown, L., and Khamoui, A.V. 2012. Agility training. In *NSCA's Guide to Program Design*, ed. J.R. Hoffman, 143-164. Champaign IL: Human Kinetics.

Cissik, J., and Barnes M. 2011. *Sport Speed and Agility*, 2nd ed, Monterey, CA: Coaches Choice.

Costello, F., and Kreis, E.J. 1993. Introduction to agility. In *Sports Agility*, 2-3. Nashville, TN: Taylor Sports.

Halberg, G.V. 2001. Relationships among power, acceleration, maximum speed, programmed agility, and reactive agility: The neural fundamentals of agility. Master's thesis, Central Michigan University.

Harman, E. 2008. The biomechanics of resistance exercise. In *Essentials of Strength Training and Conditioning*, 3rd ed., ed. T.R. Baechle and R.W. Earle, 65-91. Champaign IL: Human Kinetics.

Hoffman, J.R. 2012. Anaerobic conditioning. In *NSCA's Guide to Program Design*, ed. J.R. Hoffman, 119-129. Champaign IL: Human Kinetics.

Murphy, P., and Forney, J. 1997. Agility training. In *Complete Conditioning for Baseball*, 126-36. Champaign, IL: Human Kinetics.

Plisk, S. 2008. Speed, agility, and speed-endurance development. In *Essentials of Strength Training and Conditioning*, 3rd ed., ed. T.R. Baechle and R.W. Earle. Champaign IL: Human Kinetics.

Capítulo 6

Clark, M. 2001. *Integrated Training for the New Millennium*. Thousand Oaks, CA: National Academy of Sports Medicine.

Guyton, A.C. 1991. *Textbook of Medical Physiology*, 6th ed. Philadelphia: Saunders.

Jeeves, M.A. 1961. Changes in performance at a serial reaction task under conditions of advance and delay of information. *Ergonomics* 4:329-38.

Leonard, J.A. 1953. Advance information in sensori-motor skills. *Q J Exp Psychol* 5:141-9.

Prentice, W.E., and Voight, M.I. 1999. *Techniques in Musculoskeletal Rehabilitation*. Chicago: McGraw-Hill.

Schmidt, R.A., and Lee, T.D. 1998. *Motor Control and Learning: A Behavioral Emphasis*, 3rd ed. Champaign, IL: Human Kinetics.

Schmidt, R.A., and Wrisberg, C.A. 2000. *Motor Learning and Performance*, 2nd ed. Champaign, IL: Human Kinetics.

Young, W. and Farrow, D. 2013. The Importance of a Sport-Specific Stimulus for Training Agility. *Strength & Conditioning Journal 35:39-43.*).

Capítulo 7

Bompa, T. 1995. *From Childhood to Champion Athlete*. Toronto: Veritas.

Gambetta, V. 1998. *The Gambetta Method*. Sarasota, FL: Gambetta Sports Training Systems.

Gray, G. 2004. *Running 2.7*. Functional Video Digest. Adrian, MI: Gray Institute.

Gray, G. 2007. *Flexibility/Mobility*. Fast Function Series. Adrian, MI: Gray Institute.

Knudson, D. 2013. Warm-up and flexibility. In *Conditioning for Strength and Human Performance*, 2nd ed. ed. J. Chandler and L. Brown, 194-209. Philadelphia: Lippincott, Williams & Wilkins.

Murphy, P., and Forney, J. 1997. *Complete Conditioning for Baseball*. Champaign, IL: Human Kinetics.

Capítulo 8

Axe, M.J., Windley, T.C., and Snyder-Mackler, L. 2001. Data-based interval throwing programs for baseball position players from age 13 to college level. *J Sport Rehabil* 10:267-86.

Barrett, D.D., and Burton, A.W. 2002. Throwing patterns used by collegiate baseball players in actual games. *Res Q Exer Sport* 73 (1): 19-27.

McFarland, E.G., and Wasik, M. 1998. Epidemiology of collegiate baseball injuries. *Clin J Sport Med* 8 (1): 10-13.

Capítulo 9

Meir, R. Training for and competing in sevens rugby: Practical considerations from experience in the International Rugby Board world series. *Strength Cond J* 34(4): 76-86, 2012.

Suarez-Arrones, L., Portillo, J., Pareja-Blanco, F., Sáez de Villareal, E., Sánchez-Medina, L., and Munguía-Izquierdo, D. 2014. Match play activity profile in elite women's rugby union players. *J Strength Cond Res* 28:452-8.

Wisbey, B., Montgomery, P.G., Pyne, D.B., and Rattray, B. 2010. Quantifying movement demands of AFL football using GPS tracking. *J Sci Med Sport* 13:531-6.

Capítulo 10

International Federation of Netball Associates. 1999. Official Rules of the International Federation of Netball Associations. Available: http://simnetball.tripod.com/netball_rules.pdf

Lavipour, D. 2009. *Development of a Netball Specific Dynamic Balance Assessment.* Auckland, NZ: Auckland University of Technology.

Narazaki, K., Berg, K., Stergiou, N., and Chen, B. 2009. Physiological demands of competitive basketball. *Scand J Med Sci Sports* 19:425-32.

Taylor, J. 2003. Basketball: Applying time motion data to conditioning. *Strength Cond J* 25:57-64.

Capítulo 11

Buse, G.J, and Santana, J.C. 2008. Conditioning strategies for competitive kickboxing. *Strength Cond J* 30 (4) : 42-8.

Henry, T. 2011. Resistance training for judo: Functional strength training concepts and principles. *Strength Cond J* 33 (6): 40-9.

Lenetsky, S., and Harris, N. 2012. The mixed martial arts athlete: A physiological profile. *Strength Cond J* 34 (1): 32-47.

Lenetsky, S., Harris, N., and Brughelli, M. 2013. Assessment and contributors of punching forces in combat sports athletes: Implications for strength and conditioning. *Strength Cond J* 35 (2): 1-7.

Ratamess, N.A. 2011. Strength and conditioning for grappling sports. *Strength Cond J* 33 (60): 18-24.

Schick, M.G, Brown, L.E., and Schick, E.E. 2012. Strength and conditioning considerations for female mixed martial artists. *Strength Cond J* 43 (1): 66-75.

Turner, A.N. 2009. Strength and conditioning for muay Thai athletes. *Strength Cond J* 31 (6): 78-92.

Capítulo 12

Behrens, M.J., and Simonson, S.R. 2011. A Comparison of the various methods used to enhance sprint speed. *Strength Cond J* 33:64-71.

Brown, T.D., and Vescovi, J.D. 2012. Maximum speed: Misconceptions of sprinting. *Strength Cond J* 34:37-41.

Komi, P.V. 2000. Stretch–shortening cycle: A powerful model to study normal and fatigued muscle. *J Biomech* 33:1197-1206.

Kyröläinen, H., Avela, J., and Komi, P.V. 2005. Changes in muscle activity with increasing running speed. *J Sports Sci* 23:1101-9.

Kyröläinen, H., Komi, P.V., and Belli, A. 1999. Changes in muscle activity patterns and kinetics with increasing running speed. *J Strength Cond Res* 13:400-406.

Miller, R.H., Umberger, B.R., and Caldwell, G.E. 2012. Sensitivity of maximum sprinting speed to characteristic parameters of the muscle force–velocity relationship. *J Biomech* 45:1406-13.

Capítulo 13

Hedrick, A. 1999. Soccer-specific conditioning. *Strength Cond J* 21 (2): 17-21.

Jeffreys, I. 2008. Movement training for field sports: Soccer. *Strength Cond J* 30 (40): 19-27.

Turner, E., Munro, A.G., and Comfort, P. 2013. Female soccer: Part 1—a needs analysis. *Strength Cond J* 35 (1): 51-7.

Capítulo 14

Gutowski, A.E., and Rosene, J.M. 2011. Preseason performance testing battery for men's lacrosse. *Strength Cond J* 33 (2): 16-22.

Capítulo 15

Fernandez-Fernandez, J., Sanz-Rivas, D., and Mendez-Villanueva, A. 2009. A review of the activity profile and physiological demands of tennis and match play. *Strength Cond J* 31 (4): 15-26.

International Tennis Federation. 2013. *ITF Rules of Tennis*. London: ITF.

Parsons, M.S., and Jones, M.T. 1998. Development of speed, agility, quickness for tennis athletes. *Strength Cond J* 20 (3): 14-19.

Sturgess, S., and Newton, R.U. 2008. Design and implementation of a specific strength program for badminton. *Strength Cond J* 30 (3): 33-41.

Capítulo 16

USA Racquetball. 2008. Intro to Racquetball Rules and Play. Available: www.usaracquetballevents.com/how_to_play_racquetball.pdf.

World Squash Federation. 2010. World Squash Singles Rules 2010. Available: www.ussquash.com/wp-content/uploads/2012/08/WSF-Singles-Rules.pdf.

World Squash Federation. 2013. Court Specifications. Available: www.worldsquash.org/ws/resources/court-construction.

Sobre os organizadores

Lee E. Brown, EdD,[1] CSCS*D,[2] FNSCA,[3] FACSM,[4] é ex-presidente do conselho administrativo da Associação Nacional de Força e Condicionamento Físico (National Strength and Conditioning Association – NSCA). Em 2014, Brown recebeu o prêmio da NSCA de homenagem à carreira por seu trabalho com a associação. Brown tem mestrado em Ciência do Exercício e doutorado em Liderança Educacional pela Universidade Atlântica da Flórida. Ex-professor de Educação Física de ensino médio e ex-treinador de vários esportes, atualmente, Brown é professor de força e condicionamento físico no departamento de Cinesiologia na Universidade Estadual da Califórnia em Fullerton. Ele e sua esposa, Theresa, moram em Buena Park, na Califórnia.

Vance Ferrigno, BS,[5] FAFS,[6] é presidente da F3 Training Systems LLC, e é, também, um especialista de desempenho de golfe Nike NG360 para os Cliffs Clubs, supervisionando o programa de desempenho no golfe. Ferrigno obteve seu título de bacharel em Ciência do Exercício na Universidade Estadual da Flórida e de *fellow* de ciência funcional aplicada no Gray Institute. Suas qualificações incluem diretor da American College of Sports Medicine's Health Fitness Specialist e da Health Fitness, especialista certificado em força e condicionamento da National Strength and Conditioning Association, treinador de clube da equipe de halterofilismo dos EUA, treinador nível 2 da equipe USA Cycling e especialista de desempenho em golfe Nike NG360. Ele mora em Travelers Rest, na Carolina do Sul.

Sobre os colaboradores

Tori Beaudette, MS,[7] obteve seu mestrado em Cinesiologia na Universidade Estadual da Califórnia em Fullerton, onde estudou os efeitos de saltos verticais sob velocidades extremas e foi diretora do laboratório de desempenho físico humano. Beaudette foi uma especialista em desempenho físico para a EXOS, no complexo da Google, em Mountain View, Califórnia, e é membro adjunto do departamento de Cinesiologia na Universidade Estadual da Califórnia em San Bernardino (CSUSB).

Jay Dawes, ph.D., CSCS, CPT,[8] **HFS,**[9] **FNSCA,** é professor assistente de Força e Condicionamento Físico na Universidade do Colorado, em Colorado Springs. Jay trabalhou como treinador de força e desempenho, *personal trainer*, educador e especialista de pós-reabilitação por mais de 15 anos e continua a atuar como um consultor de desempenho para uma série de atletas, agentes da lei e pessoas cujas ocupações têm demandas físicas. Ele é certificado como especialista em Força e Condicionamento Físico e como *personal trainer* pela NSCA e como especialista em Saúde e *Fitness* pelo Colégio Americano de Medicina Esportiva (American College of Sports Medicine – ACSM). É técnico de clube da equipe de halterofilismo dos EUA e técnico de 2º nível de força e condicionamento físico da Australian Strength and Conditioning Association. Além disso, Jay foi reconhecido como um *fellow* da NSCA em 2009.

Andrea Du Bois, MS, HFS, é uma especialista em Saúde e *Fitness* certificada pelo ACSM. Andrea obteve um mestrado em Cinesiologia na Universidade Estadual da Califórnia em Fullerton com uma pesquisa em força, condicionamento físico e desempenho esportivo. Durante seu tempo em Fullerton, Andrea era uma assistente de ensino e pesquisa no departamento de Cinesiologia e diretora de laboratório para o Laboratório de Desempenho Humano. Antes de concluir seu Mestrado, Andrea trabalhou como coordenadora de *fitness* e atividades aquáticas para a divisão de esportes recreativos da Universidade Estadual da Califórnia em San Bernardino (CSUSB). Ela também atuou como assistente técnica para a equipe feminina de *cross- country* da CSUSB. Andrea está realizando um doutorado em Biocinesiologia na Universidade do Sul da Califórnia. Como parte de seus estudos, Andrea é assistente de ensino no programa de doutorado em Fisioterapia e assistente de pesquisa no Laboratório de Pesquisa de Biomecânica Musculoesquelética Jacquelin Perry.

John Graham, MS, HFS, CSCS*D, RSCC*D,[10] FNSCA, é o diretor-sênior de esportes e desempenho físico humano da rede de saúde da St. Luke's University em Allentown e Bethlehem, na Pensilvânia. Ele é professor adjunto da College of New Jersey, no departamento de Saúde e Ciência do Exercício, e da DeSales University, no departamento de Esporte e Ciência do Exercício. John está na conselho de indústria do American Council on Exercise (ACE) e é um editor associado da *Strength and Conditioning Journal*. Ele tem uma cadeira no Comitê de Certificação da NSCA, sendo também um *fellow* da instituição. John é especialista certificado em Força e Condicionamento Físico, técnico de força e condicionamento físico registrado e especialista em Saúde e *Fitness* certificado pela ACSM. John esteve no conselho administrativo da NSCA de 2001 a 2003, e foi vice-presidente em 2002 e secretário-tesoureiro em 2003. Em 2000, ele recebeu o prêmio de excelência editorial pela *Strength and Conditioning Journal*, da NSCA. Ele foi reconhecido por suas contribuições para o *fitness* e para o desempenho esportivo pela Medical Fitness Association, pela National Multiple Sclerosis Society, pela *Eastern Pennsylvania Business Journal*, pela câmara e pelo senado estadual da Pensilvânia e pela Hamot Health Systems.

Doug Lentz, MS, CSCS*D, RSCC*E, é o diretor de *fitness* e bem-estar da Results Therapy and Fitness, em Chambersburg, na Pensilvânia. Doug também é técnico da equipe de halterofilismo dos EUA. Desde sua graduação na Universidade Estadual da Pensilvânia em 1981, Doug treinou atletas profissionais, olímpicos, colegiados e de ensino médio, realizando treinamentos de força e velocidade em 16 esportes diferentes. Lentz foi treinador de força para o maratonista olímpico Steve Spence durante a maior parte da carreira profissional do atleta. Atualmente, Doug trabalha com Neely Spence Gracey, que corre profissionalmente no Hansons-Brooks Distance Project. Para o treinamento de seus velocistas e fundistas, Doug focaliza o desenvolvimento de potência e as mecânicas de aceleração. Lentz foi diretor da NCSA no estado da Pensilvânia de 1992 a 1998 e presidiu o comitê de conferência da NSCA de 1994 a 2004. Também foi consultor clínico para a American Running Association de 1991 a 2005.

Logan Schwartz, MEd,[11] CSCS, FAFS, é assistente técnico de força, condicionamento físico e desempenho do programa de basquete masculino da Universidade do Texas. Antes de se juntar à equipe da universidade, Schwartz passou quatro anos na academia profissional Train 4 The Game, localizada em Austin, como especialista em Desempenho, treinador de força e diretor do programa de estagiários. Ele é bacharel em Cinesiologia e mestre em Fisiologia do Exercício pela Univesidade do Texas em Austin. Schwartz é um especialista certificado em Força e Condicionamento Físico pela NSCA e um *fellow* da Applied Functional Science (FAFS), além de ser certificado em reação manual funcional pelo Gray Institute for Functional Transformation (GIFT). Logan também tem certificação em ciência funcional aplicada (CAFS) e é especialista de desempenho em golfe da Nike NG360. Schwartz também é médico e fabrica e receita órteses biomecânicas para o pé, além de trabalhar com transformação funcional de tecido mole.

Traci Statler, ph.D., CC-AASP,[12] CSCS, é professora associada de Esporte e Psicologia Esportiva e do Desempenho Atlético na Universidade Estadual da Califórnia em Fullerton e uma consultora certificada pela Association of Applied Sport Psychology (CC-AASP). Ela é uma especialista em Força e Condicionamento Físico certificada pela NSCA e trabalhou como uma consultora de psicologia esportiva e treinadora de desempenho cognitivo na equipe de atletismo dos EUA por 15 anos. Como professora universitária, Statler dá aulas de problemas teóricos, aplicados e consultivos de psicologia esportiva, bem como de problemas legais e éticos na cinesiologia. Ela trabalha em psicologia esportiva aplicada há duas décadas e já prestou consultoria a atletas colegiados, profissionais e olímpicos em vários esportes, além de médicos, profissionais da Saúde e policiais na região sul da Califórnia.

Diane Vives é presidente e diretora de treinamento de desempenho da Vives Training Systems e da Fit4Austin, ambas em Austin, Texas. A treinadora Vines se devota a guiar seu time de treinadores de desempenho por novos métodos de treinamento conduzidos por sistemas feitos com base em evidências. Seu treinamento de desempenho abrange tanto atletas como a população geral, com enfoque no treino de grupos pequenos e times. Vives é também a diretora de educação e uma instrutora-líder da Functional Movement Systems. Ela foi a única mulher no Under Armour Performance Training Council de 2008 a 2013. Ela participou do conselho administrativo da NSCA de 2006 a 2009. Vives foi coautora de *Developing Speed* e da segunda edição original de *Training for speed, agility, and quickness*, ambos publicados pela Human Kinetics. Ela produziu cursos em vídeo para Training the Female Athlete, SMARTsets Training Volumes 1 a 4, e H2O Innovative Training With Active Resistance. Vives é uma mentora de treinadores e técnicos de força em todo o mundo, além de contribuir com apresentações a muitas organizações internacionais de ponta dedicadas a criar um impacto positivo nas indústrias de desempenho esportivo e do *fitness*.

[1] EdD – Doctor of Education.
[2] CSCS – Certified Strength and Conditioning Specialist.
[3] FNSCA – Fellow of the National Strength and Conditioning Association.
[4] FACSM – Fellow of the American College of Sports Medicine.
[5] BS – Bachelor of Science.
[6] FAFS – Fellow of Applied Functional Science.
[7] MS – Master of Science.
[8] CPT – Certified Personal Trainer.
[9] HFS – Health Fitness Specialist.
[10] RSCC – Registered Strength and Conditioning Coach.
[11] MEd – Medical Degree.
[12] CC-AASP – Certified Consultant of the Association for Applied Sport Psychology.

Sobre o Livro
Formato: 21 x 28 cm
Mancha: 14 x 22,6 cm
Papel: Offset 90g
nº páginas: 368
3ª edição: 2020

Equipe de Realização
Assistência editorial
Liris Tribuzzi

Assessoria editorial
Maria Apparecida F. M. Bussolotti

Edição de texto
Gerson Silva (Supervisão de revisão)
Roberta Heringer de Souza Villar (Preparação do original e copidesque)
Fernanda Fonseca (Revisão)

Editoração eletrônica
Évelin Kovaliauskas Custódia (Capa e diagramação)
©Human Kinetics (Ilustrações)
Doug Fink (Fotografia)

Impressão
BMF Gráfica e Editora